本书由浙江传媒学院2016年度青年教师科研提升计划项目（项目批准号ZC16XJ016）、2017年浙江省教育厅一般科研项目（项目批准号Y201738366）资助。

市场逻辑的主宰与驱动：
美国传媒企业国际化研究

陈 杰 著

中国社会科学出版社

图书在版编目(CIP)数据

市场逻辑的主宰与驱动:美国传媒企业国际化研究/陈杰著.
—北京:中国社会科学出版社,2019.6
ISBN 978-7-5203-4916-1

Ⅰ.①市… Ⅱ.①陈… Ⅲ.①传播媒介—国际化经营—企业管理—研究—美国 Ⅳ.①G219.712

中国版本图书馆 CIP 数据核字(2019)第 183984 号

出 版 人	赵剑英
责任编辑	陈肖静
责任校对	刘 娟
责任印制	戴 宽

出　版	中国社会科学出版社
社　址	北京鼓楼西大街甲 158 号
邮　编	100720
网　址	http://www.csspw.cn
发行部	010-84083685
门市部	010-84029450
经　销	新华书店及其他书店

印　刷	北京明恒达印务有限公司
装　订	廊坊市广阳区广增装订厂
版　次	2019 年 6 月第 1 版
印　次	2019 年 6 月第 1 次印刷

开　本	710×1000　1/16
印　张	17.25
插　页	2
字　数	195 千字
定　价	88.00 元

凡购买中国社会科学出版社图书,如有质量问题请与本社营销中心联系调换
电话:010-84083683
版权所有　侵权必究

目 录

第一章 绪论:研究缘起、意义与概念界定 …………（1）
 第一节 研究缘起与问题意识 …………………………（1）
 第二节 研究意义、思路、方法与可能创新 …………（7）
 第三节 核心概念的界定与章节结构 ………………（12）

第二章 美国传媒企业国际化研究的学术史梳理 …………（23）
 第一节 企业国际化研究:理论基础与研究进展 …………（24）
 第二节 美国传媒企业国际化研究文献述评 …………（42）

第三章 案例研究方法与研究设计 ………………………（58）
 第一节 案例研究的合法性建构 ……………………（59）
 第二节 案例选择与研究设计 ………………………（63）
 第三节 案例企业基本情况 …………………………（67）

第四章 美国传媒企业国际化的内外因驱动 ……………（105）
 第一节 不变的市场逻辑:市场谋求与利润赚取的
    内部驱动 ……………………………………（106）

第二节　外部环境的嬗变：新自由主义、全球化语境与
　　　　　　传媒技术的发展 …………………………………（122）
　　第三节　四大传媒集团国际化内外因驱动的
　　　　　　案例研究 …………………………………………（134）

第五章　美国传媒企业国际市场进入模式选择 ………………（155）
　　第一节　美国传媒企业国际化历程：从雏形到
　　　　　　快速发展 …………………………………………（157）
　　第二节　美国传媒企业国际市场进入模式选择：从出口
　　　　　　到跨国并购 ………………………………………（167）
　　第三节　四大传媒集团国际市场进入模式选择的
　　　　　　案例研究 …………………………………………（178）

第六章　美国传媒企业国际化经营战略选择 ……………………（205）
　　第一节　美国传媒企业国际化经营战略选择的内外部
　　　　　　环境考察 …………………………………………（207）
　　第二节　在全球整合与地方响应之间的平衡：美国传媒
　　　　　　企业国际化经营战略选择 ………………………（221）
　　第三节　四大传媒集团国际化经营战略的案例研究 ……（230）

第七章　结语 ……………………………………………………（248）
　　第一节　主要结论 …………………………………………（248）
　　第二节　进一步研究方向 …………………………………（252）

参考文献 …………………………………………………………（253）

图目录

图1-1 国际市场进入模式分类 ……………………………（15）
图1-2 全球一体化——地方响应框架 ……………………（19）
图2-1 企业国际化的基本机制 ……………………………（34）
图4-1 电视节目的发行渠道和窗口 ………………………（132）
图5-1 全球传媒业的跨国并购（1983—2005）…………（166）
图5-2 美国传媒业的跨国并购（1983—2005）…………（166）
图5-3 国际市场进入模式选择的影响因素 ………………（185）
图5-4 国际市场进入模式的折衷框架 ……………………（186）

表目录

表1−1 2011—2016年美国传媒集团在世界五百强中的排名及营业收入 …………………………………………（2）

表1−2 2012—2016年全球传媒市场国家（地区）产值及市场份额 ………………………………………………（6）

表1−3 国际市场进入模式分类 …………………………（14）

表1−4 国际市场进入模式内在特点 ……………………（18）

表2−1 经济类学派与过程类学派视角下的企业国际化的代表性理论 …………………………………………（25）

表2−2 进行对外直接投资的条件 ………………………（32）

表2−3 企业国际化的网络模型 …………………………（37）

表3−1 时代华纳的部分并购 ……………………………（73）

表3−2 时代华纳的经营领域 ……………………………（75）

表3−3 2012—2016年时代华纳各版块收入情况 ………（75）

表3−4 新闻集团的部分并购 ……………………………（83）

表3−5 新闻集团的经营领域 ……………………………（84）

表3−6 2012—2016年新闻集团各版块收入情况 ………（84）

表3−7 迪士尼的部分并购 ………………………………（91）

表3-8	迪士尼的经营领域	（92）
表3-9	2012—2016年迪士尼各版块收入情况	（92）
表3-10	维亚康姆的部分并购	（101）
表3-11	维亚康姆的经营领域（拆分前）	（102）
表3-12	维亚康姆的经营领域（拆分后）	（102）
表3-13	2012—2016年维亚康姆各版块收入情况	（102）
表4-1	仅出一家日报的城市数目的增长：1880—1930	（110）
表4-2	美国报业集团及其控制日报数：1900—1930	（110）
表4-3	1990年占美国传媒市场垄断地位的23家传媒集团	（117）
表4-4	2012—2016年时代华纳海外市场收入情况	（137）
表4-5	2012—2016年新闻集团海外市场收入情况	（140）
表4-6	2012—2016年迪士尼海外市场收入情况	（143）
表4-7	2012—2016年维亚康姆海外市场收入情况	（146）
表5-1	1979年各国播出的电视节目中进口节目所占比例	（162）
表5-2	1979年主要电视节目输出国	（163）
表5-3	1980年书籍、报刊、唱片和录像带出口国及所占百分比	（169）
表5-4	2010—2014年美国服务业出口总量及传媒产品出口	（170）
表5-5	国际市场进入模式分类	（180）
表6-1	宏观环境影响因素—PEST模型	（208）

第一章
绪论:研究缘起、意义与概念界定

第一节 研究缘起与问题意识

20世纪80年代以来经济全球化浪潮将世界各国裹挟其中,在不断推动世界各国经济相互依赖向纵深发展从而带来新的发展机遇的同时,经济全球化也给微观企业主体带来竞争日益激烈的全球市场这一现实挑战,如何积极回应这一挑战关涉企业生存与未来发展空间的大小。在这一背景之下,越来越多的企业在关注国内市场的同时,也开始更多地将发展重心放置于更大的全球市场之中进行全球化战略布局。美国传媒企业当然也不例外,在新自由主义、传媒政策管制放松、经济全球化、市场逻辑等多重因素的驱动之下,将利润最大化原则奉为圭臬的美国传媒企业在世界各国的传媒市场抢占市场份额,建造超级传媒帝国。需要指出的是,在产品生产与盈利模式方面,传媒企业又有其自身的独特性,具体可归纳为:(1)传媒产品独有的基本盈利模式,即双重市场上的二次售卖。尽管在当下新媒体迅猛发展的语境之下,对于这一基本盈利模式的质疑声不绝于耳，但目前其他可见的拓展的盈利模式仍然是"双重市场上二次售卖"的变种或延伸，这一盈利模式的基础仍然没有被颠覆或替代；（2）传媒产品具有的准公共物品的特点使得其销售的过程中到达的受众越多，则其赚取利润的可能性就越大；（3）传媒产品生产过程中的高初始成本、低边际成本的特点也推动其攫取更多市场以覆盖更多受众，其中的逻辑显而易见，到达的受众越多意味着成本愈低从而获取的利润越大；（4）传媒产品生产与投资的高风险性也使得传媒企业不断试图突破国家的地理边界进入更多的海外市场以降低集中于某一国家或地区的经营与投资风险。传媒产品生产与盈利模式的独特性使得美国传媒企业的国际扩张更显必要与迫切，因此无论是美国的老牌传媒集团抑或是传媒新贵都在积极践行国际化战略。这些将经营版图扩张至不同东道国的跨国传媒集团已经成为当今全球经济格局的显著特征以及全球资本流动必不可少的部分。[①] 在2011—2016年跨国公司五百强中，迪士尼、时代华纳、新闻集团[②]等美国传媒集团均榜上有名，在市场绩效方面的表现相当抢眼。（表1-1）。

表1-1 2011—2016年美国传媒集团在世界五百强中的排名及营业收入 （单位：百万美元）

	年份	2011	2012	2013	2014	2015	2016
时代华纳	营业收入	28974	28729	29795	28774	28118	29328
	五百强排名	381	402	408	415	376	371

[①] Richard A., "Gershon. Issues in Transnational Media Management", *Global Media and Communication*, 2007, 1 (1).

[②] 2013年新闻集团分拆为新闻集团（新）与21世纪福克斯。表中数据在2013年及之前是新闻集团的收入与排名数据，2013年之后的数据为21世纪福克斯的收入与排名数据。

续表

	年份	2011	2012	2013	2014	2015	2016
沃特迪士尼	营业收入	40893	42278	45041	48813	56425	55632
	五百强排名	249	248	232	214	164	161
新闻集团	营业收入	33405	33706	36566	31867	28987	27326
	五百强排名	332	332	318	375	360	396

资料来源：财富中文网。

美国传媒企业国际化并不是新鲜事，其国际化发端可追溯至19世纪。1906年美国电影公司已开始向欧洲电影市场进军。[①] 然而需要指出的是，美国传媒企业国际化的加速发展则出现在20世纪80年代以后，也即其国际化发展进程与经济全球化的发展进程紧密勾连。质言之，这一时期外部环境的急遽变化为美国传媒企业国际化的前进道路扫清障碍并提供前进驱动力，具体可见于：（1）新自由主义的兴起和美国传媒管制政策的放松；（2）经济全球化的宏观背景和非传媒业跨国公司的加速发展；（3）国际组织的积极协调与持续推动；（4）新兴市场的不断涌现与相继开放；（5）传媒技术的迅猛发展。在这一外部环境的推动之下，美国传媒业掀起自由化浪潮，在商业化、私有化、集中化的过程中，美国传媒企业通过内部成长、频繁并购、组建战略联盟等方式快速成长为实力雄厚的跨国传媒集团。这些实力雄厚的美国传媒企业在利润的驱动之下不再满足于在国内市场纵横驰骋，而是将目光对准更为广阔的海外市场进行全球化战略布局以更快的速度抢占全球传媒市场份额。1998年新闻集团宣称其产品已覆盖全球75%的受众人群，迪士尼与时代华纳也先后声称其传媒帝国版图已分别扩展至一百多个国家和二百多

---

① C. Ann Hollifield, "Crossing Borders: Media Management Research in a Transnational Market Environment", *Journal of Media Economics*, 2001, 14 (3), p.134.

个国家。① 相关文献亦显示，当时传播于世界各地的新闻，90%以上由美国和西方国家垄断，其中又有70%是由跨国大公司控制。美国控制了全球75%的电视节目的生产和制作，许多第三世界国家的电视节目有60%—80%的栏目内容来自美国。② 当时的一位评论员这样写道："美国统治着全球的信息和观念。美国的音乐、电影、电视节目和软件都具有统治地位，而且它们还广受欢迎，很明显，现在它们已经在这个地球上随处可见了。它们塑造着我们的品位和生活，甚至改变着我们对自身民族的一种热爱。"③

而今美国传媒企业在世界传媒市场的霸主地位仍然非常牢固，丝毫没有显示出被撼动的迹象，相关的最新数据可以为这一判断提供坚实支撑。数据显示，欧洲购买的外国电视节目中，60%—80%出自美国。至少50%的欧洲影院放映的是好莱坞的作品，拉美60%的影院上映好莱坞的电影。④ 就微观层面的传媒企业而言，新闻集团、时代华纳、迪士尼最近五年的市场表现以及在跨国公司五百强中的排名可以给我们提供最为直观的感受（如表1-1所示）。从传媒产业的具体产业门类来看，美国仍然是最大的网络电视和视频市场，2009年到2014年间，网络电视和视频收入从13亿英镑增加到68亿英镑⑤，其他的产业门类同样具有优势

---

① C. Ann Hollifield, "Crossing Borders: Media Management Research in a Transnational Market Environment", *Journal of Media Economics*, 2001, 14 (3), p. 134.

② 花建：《软权力之争：全球化视野中的文化竞争潮流》，上海社会科学出版社2001年版，第11页。

③ 达雅·屠苏：《国际传播——延续与变革》，董关鹏译，新华出版社2004年版，第8页。

④ 托马斯·L.麦克费尔：《全球传播：理论、利益相关者和趋势》，张丽萍译，中国传媒大学出版社2016年版，第150页。

⑤ Ofcom, *The International Communications Market*, London: Ofcom, Global Media, 2015, p. 81.

地位。就传媒产业的总体发展而言,2012—2016 年美国传媒产业在世界市场中的份额仍居首位,2016 年美国传媒产业收入和具体份额占比分别为 3014 亿美元和 34.3%。[①]

尽管有学者认为,美国在全球范围内日渐显现的媒介霸权,很大程度上是"盲目的"历史机制——特别是规模经济的产物。[②]但更为显而易见的是,美国传媒企业的国际化扩张在为其赚取大量利润的同时,其国际化影响也远远超越经济层面。早在 20 世纪 70 年代传播学者就在热烈争论是否存在由美国支配的全球"媒介帝国主义"。美国学者赫伯特·席勒是"媒介帝国主义"的支持者之一,他认为,大公司、政府机构和军方有意制定政策,开拓第三世界及其他国家的市场,并在这些国家引入美国的媒体模式与价值观。法国学者阿蒙马特拉及伊夫厄德也持有类似的观点。[③]近年来有大量学者持续研究美国传媒业在世界传媒市场的霸权地位及其影响。Amelia H. Arsenault,Manuel Castells(2008)认为由美国的跨国传媒集团主导的全球网络已通过生产、分销、金融等方面的合作将跨国传媒集团之间以及与区域性媒体和地方性媒体紧密交织在一起形成一个网络结构。[④] Nickesia Stacy Ann Gordon(2009)对美国 3 家主要国家电视台即 Television Jamaica(TVJ),CVM Television(CVMTV)以及 Love Television(LOVETV)在牙买加播放的电视内容进行内容分析,同时与该国传媒从业者进行访谈,研究发现文化和信息产品主要从美国流向牙买加。在牙买

---

① Global Media, 2017, Marketline Industry Profile, www.marketline.com.
② 雅普·梵·吉内肯(Jaap van Ginneken):《理解国际新闻:批判性导论》,李红涛译,中国传媒大学出版社 2016 年版,第 42 页。
③ 同上。
④ Amelia H. Arsenault, Manuel Castells, "The Structure and Dynamics of Global Multi-Media Business Networks", *International Journal of Communication 2*, 2008, pp. 707 – 748.

加的电视产业中有强烈的偏爱美国电视节目模式的倾向,尽管牙买加人愿意观看能够反映他们文化的电视节目,但播放的内容主要是美国流行文化的本地化版本,这应该是文化帝国主义的新形式。[①] Abida Eijaz, Rana Eijaz Ahmad (2011) 认为以美国传媒集团为首的传媒全球化对发展中国家的民主、经济、文化和意识形态的影响极其深远,发展中国家的传媒规范理论也受到极大挑战,在这个全球化的语境之中,发展中国家是极其脆弱的。[②] 美国传媒集团不断集中从而垄断全球传媒市场的结果自然是,讯息提供者的数量日渐萎缩,少数规模日益庞大的媒体集团垄断着整个媒体光谱的核心部分。[③]

表1-2　　　　2012—2016年全球传媒市场国家（地区）
产值及市场份额　　（单位：十亿美元）

	2012年		2013年		2014年		2015年		2016年	
	产值	份额(%)	产值	份额(%)	产值	份额(%)	产值	份额(%)	产值	份额(%)
美国	325.8	36.8	379.3	41.6	316.9	32.9	310.2	34.9	301.4	34.3
欧洲	283.3	32	272.4	29.8	286.8	29.8	237.1	26.7	230.6	26.3
亚太	253.6	28.6	237	26	270.6	28.1	262.4	29.5	271.7	30.9
中东	23.4	2.6	24	2.6	17.2	1.8	19.7	2.2	17.7	2
其他	0	0	0	0	71	7.4	59.5	6.7	56.7	6.5
总和	886.1	100	912.7	100	962.5	100	888.9	100	878.1	100

资料来源：www.marketline.com。

美国传媒企业国际化的发展历史与现实状况日益引发笔者兴

---

① Nickesia Stacy Ann Gordon, "Globalization and Cultural Imperialism in Jamaica", *International Journal of Communication 3*, 2009, pp. 307-331.

② Abida Eijaz, Rana Eijaz Ahmad, "Challenges of Media for Developing Countries", *International Journal of Business and Social Science*, Vol. 2, No. 18; October, 2011.

③ 雅普·梵·吉内肯 (Jaap van Ginneken):《理解国际新闻:批判性导论》,李红涛译,中国传媒大学出版社2016年版,第49页。

趣，作为国际化经营较早的以及在全球传媒市场牢占霸主位置的美国传媒企业，其在国际化动因、国际市场进入模式选择、国际化经营战略选择等方面的具体情况如何？呈现何种图景？又积累了何种经验？这些经验能够为中国传媒企业"走出去"提供何种镜鉴与启示？这是笔者希望通过研究得到的答案，也是本书的出发点与旨趣所在。正是基于本书的研究旨趣，笔者将研究重点聚焦于美国传媒企业的国际化动因、国际市场进入模式、国际化经营战略三个方面，并以国际化历史悠久的美国四大超级传媒集团即新闻集团、迪士尼、时代华纳、维亚康姆为具体案例进行多案例研究以期具体而微地呈现其国际化综合图景从而为中国传媒企业国际化提供更多的经验借鉴与方向启示。

第二节 研究意义、思路、方法与可能创新

一 研究意义

本书以美国传媒企业为研究对象，对其国际化动因、国际市场进入模式、国际化经营战略进行系统深入分析。具体来说，本书的理论意义与现实意义在于：首先，本书引入国际经济学、国际贸易学、企业战略管理等学科的成熟理论与方法，在新闻传播学和其他学科之间起到融合与嫁接作用；其次，尽管20世纪70年代以来企业国际化研究成为研究热点，并呈现出相关研究的成果丰硕与理论流派众多之图景。但是，已有的企业国际化理论多数是以制造业企业为研究对象，对于服务业企业尤其是传媒企业的国际化研究相对较少且缺乏相对有效的理论框架。传媒产品同其他类型的产品如制造业产品，甚至同其他类型的服务业产品相比有其自身的独特性。因而，本书以美国传媒企业为研究对象，

对美国传媒企业国际化进行研究，检验与丰富企业国际化理论在传媒产业语境中的应用，同时也是对媒介经营管理理论体系的补充与完善；再次，本书主要使用案例研究方法对研究内容进行系统深入研究，案例研究这一研究方法对目标案例进行厚实的描述与系统的理解，对动态的互动历程与所处的情境脉络亦会加以掌握，从而可以获得一个较全面与整体的观点；[①] 最后，在经济全球化的语境之下，传媒企业"走出去"这一问题不仅关涉传媒企业自身成长以及利润赚取，同时也是一国经济发展的重要组成部分，也更多地指向一国文化传媒产业国际竞争力的强弱、文化软实力的构建与输出以及国际话语权的提升。正如丹·席勒所言："在广义上，传播与文化领域涵盖了包括传播网络和从媒介文本到语言的所有象征意义内容。它为检验当今全球权力关系提供了一个重要的'视窗'。"[②] 故此，对美国传媒企业国际化动因、国际市场进入模式选择、国际化经营战略选择等方面的系统研究具有重要的现实意义。

二　研究思路与目标

本书主要使用案例研究方法，以企业国际化相关理论为理论基础，主要从四个方面展开本书：一是从内部与外部两个维度考察美国传媒企业国际化的驱动机制，综合考虑推动美国传媒企业国际化的多种因素；二是以时间为节点对美国传媒企业国际化历程进行历时考察；三是对美国传媒企业的国际市场进入模式进行

[①] 郑伯埙、黄敏萍：《实地研究中的案例研究，组织与管理研究的实证方法》，北京大学出版社2008年版，第202页。

[②] 赵月枝、叶晓华：《中国与全球资本：文化视野中的考量》，《新闻与传播评论》2005年第1期。

研究以呈现其选择何种国际市场进入模式以及进行不同国际市场进入模式选择时所考虑的因素与遵循机制；四是对美国传媒企业的国际化经营战略选择进行研究，分析其选择何种国际化经营战略以及其进行选择的影响因素为何。以上四部分内容既有对美国传媒企业的总体观照，又有聚焦于四大传媒集团的多案例研究的阐释与归纳。本书既关注宏观层面影响美国传媒企业国际化的种种因素，同时也将中观层面与微观层面的因素纳入研究框架之中。

具体而言，本书的目标有四：

（一）把美国传媒企业国际化放置于具体的政治法律环境、经济环境、社会文化环境、技术环境的变迁之中，从宏观层面、中观层面、微观层面对其国际化发展的内外动因进行剖析，呈现美国传媒企业国际化发展的内外因驱动机制为何以及其发生机制为何。

（二）以时间节点对美国传媒企业国际化阶段进行划分以期勾勒美国传媒企业国际化发展历程的大致脉络，对美国传媒企业在国际化每一阶段的国际市场进入模式选择的具体表现与特点进行梳理与归纳。

（三）在对国际市场进入模式理论进行研究的基础之上，提炼美国传媒企业国际市场进入模式选择的影响因素，分析何种因素影响美国传媒企业国际市场进入模式选择以及美国传媒企业选择不同市场进入模式的具体原因。

（四）对国际化经营战略选择的理论基础进行梳理，研究美国传媒企业国际化经营战略类型、国际化经营战略选择的影响因素以及其如何在全球一体化和本土化之间获取平衡以实现外部环境推动与内部利润驱动的逻辑的一致。

三 研究方法与可能创新

（一）研究方法

1. 文献研究。对企业国际化相关理论进行述评从而为本书提供理论基础与有益启示；对国内外相关研究文献进行爬梳，追踪企业国际化研究的最新进展，保证本书在研究起点、理论、方法、立意上处于前沿。

2. 历史分析与现实研究相结合。现实的经济问题是在历史过程中逐渐演化与积累而形成的，要探寻问题形成的根本原因，就必须在历史的演变中去寻找。[①] 本书将美国传媒企业国际化放在具体的历史背景下进行考察，探究其发展及演变历程，再落脚于美国传媒企业国际化在当下的发展状况，从历史和现实两个方向对美国传媒企业国际化进行探讨和研究。

3. 案例研究。案例研究是本书使用的一个主要的研究方法，之所以使用案例研究作为主要研究方法的原因在于，当前，案例研究凭借其在提供描述、检验理论以及建构理论方面做出的卓越贡献，已然成为众多学科的重要研究方法。案例研究不需要基于过去的文献和先前的实证证据，当现有理论贫瘠乏力的时候，由案例研究构建理论的过程所蕴含的内在矛盾较有可能导致新颖理论的产生，或是对一个已有的研究主题提供新鲜的视角。[②] 基于此，本书采取多案例研究方法，通过对4个具体案例的案例内研究和案例间研究呈现关于美国传媒企业国际化动因、国际市场进入模式选择、国际化经营战略的具体情况。选取目标案例企业的

[①] 蒋自强、史晋川：《当代西方经济学流派》，复旦大学出版社2001年版，第342页。
[②] 李平、曹仰锋主编：《案例研究方法：理论与范例——凯瑟琳艾森哈特论文集》，北京大学出版社2012年版，第19页。

标准为：企业具有悠久的国际化历史，并具有一定的行业代表性。多案例研究的数据收集采取三角互证的方法以保证案例研究的信度与效度。目标案例的研究资料来源于已有的学术文献、媒体上刊登的关于目标案例企业的相关报道、目标案例企业的官网、年度报告等。

（二）可能创新

本书以美国传媒企业为研究对象，从美国传媒企业国际化的内外因驱动、国际化阶段、国际市场进入模式选择、国际化经营战略选择四个方面对美国传媒企业国际化进行系统深入研究，尝试性地在研究视角、研究内容和研究方法上有所创新，可能的创新有：

1. 多学科的理论引入与融合。国内相关研究多是停留于简单描述与经验总结，缺乏具有学理性研究的理论基础与研究框架。本书基于目前已有研究理论不足的现实困境，从传媒经营管理属交叉学科这一现实出发，引入与融合国际经济学、国际贸易学、企业战略管理等学科的成熟理论与方法，在新闻传播学和其他学科之间起到融合作用，突破既有研究学理性不强的这一瓶颈，对企业国际化理论在传媒产业的适用性进行检验与创新。

2. 研究视角上的创新。国内已有研究多集中于对美国传媒企业经营现状进行描述以及进行简单的经验总结，对美国传媒企业国际化动因、国际化阶段、国际市场进入模式、国际化经营战略等方面的研究相对较少。本书从美国传媒企业国际化这一视角切入，对美国传媒企业国际化动因、国际化阶段、国际市场进入模式与国际化经营战略选择进行深入研究，在研究视角上进行创新。

3. 研究内容上的创新。本书从美国传媒企业国际化的内外因驱动、国际化阶段、国际市场进入模式、国际化经营战略等方面对美国传媒企业国际化进行综合研究以弥补当前国内对美国传媒企业国际化研究的不足。此外，采取历时与共时相结合的考察方法，既对美国传媒企业国际化历程进行纵向考察，也跟踪美国传媒企业国际化的最新进展以呈现其国际化的最新图景，同时也为进一步的研究提供更扎实的研究基础以及更多的研究资料。

4. 研究方法的创新运用。本书主要使用多案例研究方法对主要内容进行深入分析。案例研究这一研究方法已在多学科中普遍使用，从国际顶级管理学期刊刊登的论文的研究方法来看，案例研究已成为一种主流的研究方法，在信度与效度方面具有较高的逻辑性和严谨性，在提供描述、检验理论以及建构理论方面做出卓越贡献。然而在传媒经营管理学科，案例研究并不常见，基于案例研究的诸多优越性以及当下已有研究方法方面的不足，本书采取多案例这一研究方法，试图在研究方法上有所创新，并将案例研究这一已较为成熟的研究方法引入传媒经营管理学科。

5. 研究资料的创新使用。本书在企业国际化理论、企业国际化研究进展、传媒企业国际化研究方面的资料追踪研究的最新进展，在理论基础、研究方法、研究进展等方面均采取历时与共时的资料搜集与整理，试图在研究资料方面做到全面、系统、深入以呈现研究文献的历时图景与最新样貌。

第三节 核心概念的界定与章节结构

一 核心概念的界定

（一）企业国际化

目前学界对于企业国际化并无完全一致的定义，学者从不同的理论角度出发对企业国际化进行概念界定，具体可见于以下几种不同解释：（1）以 Johanson 和 Vahlne 为代表的北欧学者认为，企业国际化通常是一个缓慢的卷入过程，在这个过程中，企业对国外市场逐渐提高资源承诺。[①]（2）企业国际化是指企业进行跨国经营的所有方式，具体包括产品出口、直接投资、技术许可、管理合同、交钥匙工程、国际分包生产、特许经营等。[②]（3）企业国际化是一个过程，在这个过程中，公司日益意识到国际交易对其未来的直接和间接影响，并与其他国家建立并执行交易。[③]（4）企业的国际化是一个双向过程，包括两个方面即内向国际化和外向国际化。企业"走向世界"可以分为"内向型"和"外向型"两类，或者说，走向世界的"外向道路"和"内向道路"。[④]内向国际化活动主要包括进口、购买技术专利以及引进外国直接投资等；外向国际化的形式主要指直接或间接出口、许可协议、R&D 合同、同国外公司组建战略联盟、合资、通过新建或并购成立海外独资公司等。（5）企业国际化是指企业积极参与国际分工，由国内企业发展为跨国公司的过程。[⑤]

梳理已有文献，可以发现既有的关于企业国际化定义的主要分歧点在于：一种观点认为企业的国际化仅仅指企业外向国际化

[①] Jan Johanson, Jan-Erik Vahlne, "The Internationalization process of The Firm-A Model of Knowledge Development and Increasing Foreign Market Commitments", *Journal of International Business Studies*, 1977, 8（1）, pp. 23 – 31.

[②] Stephen Young, James Hamill, Colin Wheeler, Richard Davis, "International Market Entry and Development", *New York*: *Harvester Wheatsheaf*, 1989, 2.

[③] 赵优珍：《中小企业国际化理论与实践研究——兼论我国中小企业的国际化经营》，博士学位论文，复旦大学，2003 年，第 28 页。

[④] 梁能：《跨国公司概论》，上海人民出版社 1995 年版，第 20 页。

[⑤] 鲁桐：《中国企业国际化实证研究——以工业企业为例》，博士学位论文，中国社会科学院，2001 年。

过程;另一种观点则认为企业国际化同时涵盖内向国际化和外向国际化。本书中,笔者借鉴 Young(1989)的定义将企业国际化界定为企业从事跨国经营的所有外向型活动,具体包括出口、新建、跨国并购等外向国际化的所有方式。

(二) 国际市场进入模式

1. 国际市场进入模式的概念及分类

国际市场进入模式指企业将产品、技术、人力、管理经验和其他资源转移到其他国家的方式。国际市场进入模式对于企业的国际化进程来说非常重要,因为市场进入模式一旦选择,很难改变或纠正,往往涉及不可撤销、挽回或搬移的资产投入,因而对企业的整体经济绩效有着重要影响。[1] 决定进入海外市场的企业必须综合考虑多方因素以选择合适的国际市场进入模式。

国际市场进入模式的分类研究相当丰富且存在不尽相同的观点。Anderson & Gatignon(1986)将国际市场进入模式分为 17 种类型,Pan & Tse(2000)将之分类为 10 种,Erramilli & Rao(1990)的分类为 11 种,而 Brouthers & Hennart(2007)则将其分为 16 种。[2] 富兰克林·R. 鲁特将国际市场进入模式分为出口进入模式、契约进入模式以及投资进入模式(表 1-3)。

表 1-3　　　　　　　　国际市场进入模式分类

市场进入模式的类型	具体类型
出口进入模式	间接出口、直接代理商/分销商、分支机构/附属机构、其他
契约进入模式	许可经营、特许经营、技术协议、服务合同管理合同、建设/全承包合同、合同生产、联合生产协议、其他

---

[1] 谢军:《中国制造业企业进入国际市场的行为模式及国际化绩效研究》,博士学位论文,暨南大学,2007 年。

[2] Jesper Nydam Wulff, "Empirical Research in Foreign Market Entry Mode", *Aarhus University*, 2015.

第一章 绪论:研究缘起、意义与概念界定

续表

市场进入模式的类型	具体类型	
投资进入模式	独资:新建	独资:收购
	合资:新建或收购	其他

资料来源:富兰克林·R.鲁特:《国际市场进入战略》,古玲香译,中国人民大学出版社 2005 年版,第 7 页。

Pan Y. G. 和 Tse D. K. (2000) 提出应从等级的视角对国际市场进入模式进行划分,这种观点认为可以将国际市场进入模式先具体分为非股权模式和股权模式。在非股权模式和股权模式下又有更为细化的国际市场进入模式,如出口模式、契约模式、合资模式、独资模式等(图 1-1)。

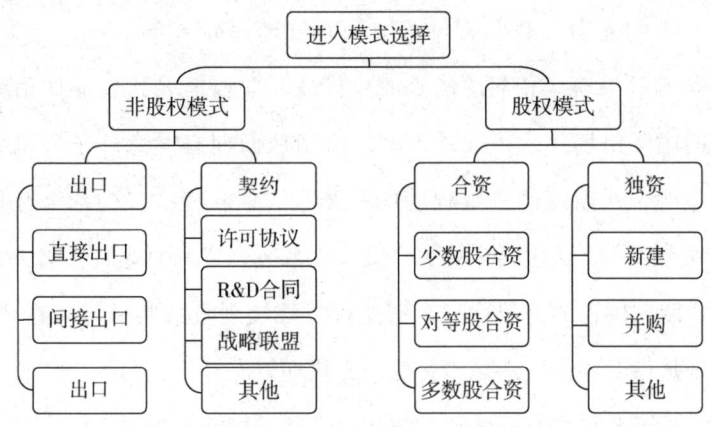

图 1-1 国际市场进入模式分类

资料来源:Yi Gang Pan, David K. Tse, *The Hierarchical Model of Market Entry Modes*, Journal of International Business Studies, 2000, 31 (4), pp. 535-554.

本书按照 Pan Y. G. 和 Tse D. K. 对于国际市场进入模式的分类方式进行分类,并对于每一种模式给出具体的解释。Pan Y. G. 和 Tse D. K. 将国际市场进入模式在第一层次上分为非股权模式和股权模式。两者之间的区别在于非股权模式不涉及股权参与,而股权模式则通过股权参与对东道国市场的经营活动进行一定程度的控制。

非股权模式包括出口进入模式和契约进入模式两大类别。出口进入模式是企业进入国际市场较为常见且基础的模式，具体分为间接出口和直接出口。两者之间的区别在于是否存在中间贸易商，若无中间贸易商而直接将产品销往国外市场则为直接出口；否则，则为间接出口。与出口进入模式不同的是，契约进入模式将技术诀窍、管理经验、专业知识、人员技能、品牌资产等无形资产从跨国公司的母国向目标东道国企业进行转移。更具体地说，契约进入模式可分为许可证进入模式、特许经营、交钥匙合同、合同生产、管理合同等。不同的契约模式在资金投入、风险扩散、控制能力、赢利程度等方面存在着一定差异。

与非股权模式相对应的是股权模式。股权模式指企业使用股权参与的国际市场进入模式进入海外市场从而拥有对海外子公司或其他类型的合作组织的一定程度的控制权。股权模式又包括合资和独资两种类型。合资包括多数股合资、少数股合资和对等股合资，意指两家或两家以上的公司通过合资这种方式实现收益共享与风险共担。独资则是指主要通过新建、并购等方式拥有海外子公司的全部股权从而对海外子公司进行高度控制与盈亏自负的国际市场进入模式。

2. 国际市场进入模式的内在特性

国际市场进入模式的不同代表着不同程度水平的控制、资源承诺以及传播风险，已有文献对国际市场进入模式的内在特性进行了详尽阐述。[①]

国际市场进入模式与控制。所谓控制意指跨国公司对其分支机构具有的控制能力以及自身进行总体战略决策的能力，不同的

---

① Charles W. L. Hill, Peter Hang, W. Chan Kim, "An Eclectic Theory of Choice of International Entry Mode", *Strategic Management Journal*, 1990, 11（2）, pp. 117 - 128.

国际市场进入模式反映出跨国公司对海外子公司或分支机构的控制能力与战略决策能力的不同。若跨国公司在进入海外市场选择高控制进入模式如并购或新建的方式，其控制能力和战略决策能力均较高；反之，当跨国公司选择以低控制的国际市场进入模式如出口或契约模式，其控制能力和战略决策能力均较低。而选择以合资的方式进入海外市场，其控制能力和战略决策能力介于契约模式和独资模式之间。

国际市场进入模式与资源承诺。不同的国际市场进入模式意味着不同程度的资源承诺。资源承诺指的是包括有形资产和无形资产在内的专用资产的专用性，也就是说，如果这些专用资产用于其他用途将会丧失其本身具有的价值特性。就以上几种国际市场进入模式而言，独资进入模式所要求的资源承诺是最高的，合资进入模式次之，契约进入模式要求的资源承诺最低。

国际市场进入模式与传播风险。国际市场进入模式的不同导致的传播风险亦不相同。传播风险是指企业进入海外市场有可能出现的知识、技术、经验等无形资产的专有优势溢出而最终导致其竞争优势削弱的风险。相对来说，许可经营模式的传播风险最高，合资进入模式风险次之，独资进入模式风险最低。

此外，也有学者把潜在回报作为国际市场进入模式的特征进行研究，其观点为如果一种国际市场进入模式在资源承诺和控制程度方面均处于较高水平，则其能给跨国公司带来的潜在回报也较高；反之，则低。如在所有的国际市场进入模式之中独资进入模式的潜在回报最高。[①]

[①] Yigang Pan, David K. Tse, "The Hierarchical Model of Market Entry Modes", *Journal of International Business Studies*, 2000, 31 (4), pp. 535–554.

表 1-4　　　　　　　　国际市场进入模式内在特点

内在特性 进入模式	控制程度	资源承诺	传播风险	潜在回报
出口	低	低	低	低
许可协议	低	低	高	低
合资企业	中	中	中	中
全资子公司	高	高	低	高

资料来源：根据相关资料整理而得。

(三) 国际化经营战略

根据在"全球一体化"与"地方响应"两个方面的表现不同，有学者将企业国际化经营战略分为四种类型即全球化战略、多国本土化战略、国际战略、跨国战略。[①] 不同的国际化经营战略对应不同的战略重心、竞争优势、适用情境、组织结构。其中，全球化战略是高全球一体化与低地方响应，母公司对子公司的控制程度最高；多国化战略是低全球一体化与高地方响应，母公司对子公司的控制程度低；国际战略在全球一体化和地方响应两个维度都处于较低水平；跨国战略在全球一体化和地方响应两个维度都处于较高水平。本书借鉴该学者的观点，将美国传媒企业的国际化经营战略选择分为上述四种。

国际战略通过在母国有效管理研发创新推出新产品与新工艺，再将这些研发创新方面的技术优势转移至海外欠发达市场从而影响产品的国际生命周期，同时也可以利用母公司的研发创新能力提高海外子公司的竞争地位。无论是从全球整合效率来看，还是从地方响应程度来看，国际战略都处于较低水平。国际战略的具体表征为低控制模式与低本土化适应能力，知识与资源的流

---

① Bartlett, C. A. & Ghoshal, S., "Managing Across Borders: The Transnational Solution", *Boston, MA: Harvard Business School Press*, 1989.

动方向主要是由母公司流向海外分支机构。

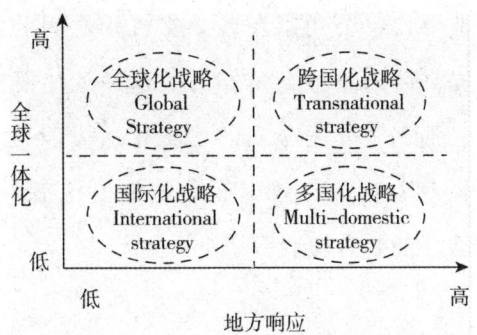

图 1-2　全球一体化——地方响应框架

资料来源：Bartlett, C. A. and Ghoshal, S. 1987, "Managing across borders: new strategic Fequirements", Sloan Management Review, Vol. 28, No. 4, pp. 7-17.

多国本土化战略则与全球化战略形成鲜明对照，该战略强调根据不同东道国的本土需求提供与本地相适应的产品或服务从而更好地满足东道国的市场需求。这一战略中母公司对国外子公司的控制能力较低，国外子公司拥有相当高程度的决策权。多国本土化战略的具体表征为差异化的产品与服务、东道国市场需求优先、"去中心化"的控制模式、高本土化适应能力等。

全球化战略将母公司置于战略选择与实施的中心位置，强调母公司的全球利益最大化，通过在全球范围内生产与销售无差异化的产品与服务以获取规模经济与范围经济从而实现对全球一体化效率的追求。这一战略中母公司对国外子公司的控制能力较高。全球化战略的具体表征为标准化的产品与服务、效率优先、高度集权以及本土化适应能力弱等。

跨国战略兼顾"全球一体化协调"与"本土适应"双重需求，既回应全球一体化的压力，又充分考虑到东道国的当地需求。这一战略强调知识与资源在母公司与各海外分支机构之间的不停流动从而能够使母公司以及各分支机构之间的依存程度不断加深以进一步提高公司整体竞争能力。这一战略既注重母公司的全球控制能力又强调国外子公司的本土化适应能力。跨国战略的具体表征为整体利益优先、效率优先与本土化适应能力相结合、集权与分权相结合的管理模式等。

二 章节结构安排

本书以美国传媒企业为研究对象，研究内容涉及美国传媒企业国际化动机、国际化阶段、国际市场进入模式选择、国际化经营战略选择等。更具体地说，本书的章节结构安排如下：

第一章：绪论。具体介绍本书的研究背景、问题意识、研究意义与具体目标、基本思路、主要内容、研究方法和本书可能的创新。此外，对本书中的核心概念进行界定与分类。

第二章：传媒企业国际化研究的学术史梳理。首先，对企业国际化相关理论进行经济学派与过程学派的具体分类，并对两种理论流派的代表性理论进行综述从而为本书提供理论基础；其次，对国内外传媒企业国际化研究的历史图景与最新状况进行爬梳与评述，既呈现已有研究积累的丰硕成果与研究启示，亦指出既有研究存在的不足和需要进一步探讨的问题，从而进一步确定本书的问题意识、研究视角、基本思路、研究方法以及研究目标。

第三章：案例研究方法与研究设计。本章主要介绍多案例研究方法以建构多案例研究的合法性与适用性、目标案例选择原则、案例资料的收集、数据分析等。首先，对本书中使用的多案例研究这一方法的合法性进行建构；其次，介绍多案例研究的步骤、原则、资料收集、数据的案例内分析与跨案例分析；最后，对本书中的四个目标案例企业的情况进行介绍以呈现其大致面貌。

第四章：美国传媒企业国际化的内外因驱动。具体来说，20世纪80年代以来，内外部因素的双重力量推动着美国传媒企业国际化的加速发展，从内部因素来说，市场谋求、利润驱动、全球化战略布局等市场逻辑主宰的美国传媒企业的自身发展是推动其国际化的内部驱动力，为其进军国际市场奠定雄厚基础；新自由主义、传媒政策的放松、技术环境与全球化语境等外部环境的变化则为美国传媒企业的国际扩张创造有利条件，为传媒企业进军国际市场扫清障碍，美国传媒企业在世界传媒市场上的霸主地位开始凸显并延续至今。因此，本章首先把美国传媒企业国际化放在历史与现实的背景下进行观照，主要从内外因两个维度具体剖析美国传媒企业国际化动因机制从而对推动美国传媒企业国际化的内外部因素进行综合考察；其次，对目标案例企业的国际化动机的资料进行编码与阐释，通过案例内分析与跨案例分析呈现美国传媒企业国际化动因的多案例研究结果。

第五章：美国传媒企业国际市场进入模式选择。首先，以时间节点将美国传媒企业国际化历程进行划分为三个阶段即1945年之前、1945—1980年以及1980年至今以呈现美国传媒企业国际化从雏形到快速发展的不同阶段；其次，对美国传媒企业国际市场进入模式选择进行分析，发现美国传媒企业进入不同的目标东道国市场时会综合考虑多种因素从而采取不同的国际市场进入模式；最后，对目标案例企业的国际市场进入模式的资料进行编码与阐释，通过案例内分析与跨案例分析呈现美国传媒企业国际市场进入模式选择的多案例研究结果。

第六章：美国传媒企业国际化经营战略选择。首先，对美国传媒企业国际化经营战略选择的内外部环境进行考察；其次，对在全球一体化与本土化压力之下的美国传媒企业国际化经营战略的演变及选择的影响因素进行研究；最后，对目标案例企业的国际化经营战略选择的资料进行编码与阐释，通过案例内分析与跨案例分析呈现美国传媒企业国际化经营战略选择的多案例研究结果。

第七章：基本结论与进一步研究方向。首先，在以上各章节研究的基础上，得出本书的主要结论；其次，提出进一步研究方向。

第二章
美国传媒企业国际化研究的学术史梳理

20世纪80年代以来，众多学者进入传媒企业国际化研究领域进行研究，积累了丰富的研究成果，该领域已然成为传媒经济学的研究热点。传媒企业国际化研究涉及的理论基础较为庞杂，研究的理论视角涵盖经济学、管理学、传播政治经济学、文化研究学派等诸多理论流派，呈现一派欣欣向荣之面貌。鉴于本书的关注焦点为美国传媒企业国际化动因、国际市场进入模式选择、国际化经营战略选择，因而在进行学术史梳理时重点关注经济学与管理学视角下的美国传媒企业国际化研究的相关文献旨在为本书提供理论框架、研究基础与借鉴启示，同时也为进一步的传媒企业国际化研究奠定研究基础与开启新的研究视角。本章中笔者首先对企业国际化理论进行述评；其次，从国外与国内两个向度对经济学与管理学视角下的美国传媒企业国际化研究进行学术史梳理。

第一节 企业国际化研究:理论基础与研究进展

　　企业国际化主要研究国内企业怎样发展为跨国公司,具体研究内容包括:(1)企业国际化道路的选择;(2)国际市场进入方式比较;(3)国际化经营战略。① 对企业国际化理论的源头进行追溯可以发现,早在古典经济学时期就有学者开始对这一问题进行探讨与研究,如传统贸易理论中的亚当·斯密的绝对优势理论、大卫·李嘉图的比较优势理论等,研究成果颇为丰硕,并为其后企业国际化研究热潮的出现奠定研究基础。20世纪60年代以降,企业国际化研究逐渐成为国际商务研究中的重要领域,相关研究成果极为丰富,研究对象既包括发达国家的大型跨国公司,亦涵盖发展中国家的中小企业;既有将研究对象预设为同质性企业的同质性企业国际化理论,也有以克服同质性企业国际化理论解释能力不足从而提出的异质性企业国际化理论。

　　有鉴于企业国际化理论的纷繁复杂,为更清晰与直观地呈现既有企业国际化理论研究的历史图景与最新进展,本书借鉴学者Anderson对企业国际化理论研究的分类方法将各理论流派分为经济类和过程类两个维度。② 在Anderson看来,以主流经济学为研究基础的经济类学派视决策者为经济人,认为经济人基于拥有的完全市场信息在企业国际化中做出理性选择,而以组织理论为基础的过程类学派则视决策者视为行为人,并认为其是在不完全市

---

① 鲁桐:《WTO与中国企业国际化》,经济管理出版社2007年版,第1页。
② Andersson, S., "The Internationalization of the Firm From an Entrepreneurial Perspective", *International Studies of Management and Organization*, 2000, 30 (1), pp. 60 – 92.

场信息的基础上做出相对满意的决策,[①] 这一决策者视角从经济人向行为人的转换奠定了两类理论流派观照的基本分野。本书将在下文对两大理论流派中有代表性的企业国际化理论进行综述旨在描述与勾勒企业国际化研究理论基础与研究进展的基本样貌从而更清晰地呈现该领域研究的学术图景。

表2-1　经济类学派与过程类学派视角下的企业国际化的代表性理论

理论流派	经济类流派	过程类流派
代表性理论	垄断优势理论代表学者：海默、查尔斯·金德尔伯格； 产品生命周期理论代表学者：弗农、Toyne & Walter； 内部化理论代表学者：加拿大的拉格曼、英国的学者卡森、巴克利； 国际生产折衷理论代表学者：邓宁	国际化阶段理论代表学者：Johanson, Vahlne 等； 企业国际化网络理论代表学者：Johanso, Mattsson 等； 国际新创企业理论代表学者：Oviatt, McDougall 等； 资源基础理论代表学者：Wernerfelt, Barney 等

资料来源：根据相关资料整理。

一　经济类流派的企业国际化理论综述

（一）垄断优势理论

20世纪60年代美国学者斯蒂芬·海默以美国跨国公司为研究对象分析其在第二次世界大战之后的对外直接投资并提出垄断优势理论，也因此成为企业国际化理论的重要奠基者之一。海默去世之后，其导师查尔斯·金德尔伯格继续扩展和完善海默的垄断优势理论，并于1976年出版海默的博士论文《国内企业的国际化经营：对外直接投资研究》。

海默提出，如果一个企业拥有无法轻易被竞争对手复制的特定资产优势，则其能够创造高额寻租，并因此能够补偿由于在海

[①] 王增涛：《企业国际化：一个理论与概念框架的文献综述》，《经济学家》2011年第4期。

外投资和运营所带来的高额成本。[①] 垄断优势理论认为，企业进行对外直接投资的原因在于其拥有由于市场不完全所带来的垄断优势。更具体地说，市场不完全既可能源自于产品市场与要素市场的不完全性，也可能源自于由于规模经济以及政府干预所导致的市场不完全。由于市场不完全所导致企业拥有的垄断优势具体包括技术优势、规模经济、寡占市场结构与行为、知识优势、多元化优势以及允许企业运用和拥有特定优势从而在国外市场保持垄断力量的多种重要因素。

相较于以前的理论，垄断优势理论以市场不完全作为假设前提与逻辑起点，跳出以完全竞争为假设前提的传统理论框架的局限，突破此前用国际贸易理论中稀缺资源可移动程度与国际分工解释跨国公司的限制，与国际贸易理论市场出清和完全竞争的假设相比，垄断优势理论对最终产品市场竞争不完善的假设更贴近现实，解释力更强。[②] 其贡献主要在于首次把资本国际流动研究从流通领域转向国际生产领域，开创了企业国际化经营理论的研究先河。[③] 然而这一理论也招致诸多批评，如有学者认为该理论无法解释合资企业和出口是如何发生的，也忽略了价值创造的概念，即企业可以通过扩张海外以获取新资源与新能力。[④]

[①] Burgel, O., & Murray, G. C., *The international activities of British start-up companies in high-technology industries: Differences between internationalisers and non-internationalisers*, In P. D. Reynolds (Ed.), Frontiers of Entrepreneurship Research. Wellesley, MA: Babson College, 1998, pp. 449 – 463.

[②] 薛求知:《当代跨国公司新理论》，复旦大学出版社2007年版，第35页。

[③] 张祥:《我国企业国际化经营及其绩效研究》，博士学位论文，西南财经大学，2013年。

[④] Peter Andersen, Syed Zamberi Ahmad, Wai Meng Chan, *Revisiting the Theories of Internationalization and Foreign Market Entry Mode: a Critical Review*, International Journal of Business and Commerce, Vol. 4, No. 1: Sep, 2014, pp. 37 – 86.

（二）产品国际化生命周期理论

1966年美国哈佛大学教授弗农提出的产品国际化生命周期理论（IPLC theory）开启新的解释产品活动离域化的理论视角。[①] 弗农将产品国际化生命周期划分为进入期、成长期、成熟期以及衰退期四个阶段，并将每一阶段的产品与国际化经营结合起来从而说明国际贸易与国际直接投资为何以及如何在不同国家间发生。[②]

产品生命周期理论提出，在产品进入期阶段，产品数量较少且没有标准化，美国企业主要通过出口将产品输送到其他发达国家；在产品成长阶段，产品标准化程度有所提高，企业因而会努力削减生产成本以获得规模经济。在这一阶段，美国企业开始向欧洲发达国家进行直接投资；在产品成熟阶段，由于产品已经标准化，国外市场的竞争者会生产替代品从而获得高利润和分享这个市场，美国企业因此会转移生产线到能为他们提供竞争优势的海外市场；在产品衰退期阶段，产品的生产技术、规模及款式都已完全标准化，美国国内对产品的市场需求已经下降，他国企业开始进入美国市场并通过提供更低价格的产品和替代性产品与美国企业进行竞争。国内市场的饱和及日趋竞争激烈的市场环境迫使美国企业在世界范围内寻找生产成本更低的国家和地区以进一步延伸产品的生命周期。Toyne & Walter（1993）将产品生命周期理论进行发展将产品生命周期划分为三阶段即新产品阶段、成熟

---

① Mardanov, I. T., *A theoretical development and test of the foreign market entry strategy process model: An integration using an example of the Eastern European and former Soviet countries*, PhD dissertation, College of Business, Mississippi State University, Old Main, MS., 2003.

② Vernon, R., *International investment and international trade in the product cycle*, *Quarterly Journal of Economics*, Vernon, R., Sovereignty at bay: The multinational spread of U. S. enterprises, New York: Basic Books, 1966, 80 (2), pp. 190–207.

阶段以及标准化阶段。①

产品生命周期理论同时将企业的垄断优势与区位优势纳入理论框架以探究战后美国跨国公司对外直接投资的区位选择的原因为何，也为其后的国际生产折衷理论的出现奠定基础。但该理论也受到诸多质疑与批评，如有学者认为该理论在解释所有企业国际化类型时过于一致化，然而全球化进程的进入模式的选择却是更有选择性和战略性的；② 该理论更适合于解释制造业，对服务业没有足够的解释能力，无法回应发达国家之间为何会相互投资，该理论也无法对在产品创新阶段即进行对外直接投资的现象提供理论解释。③

（三）内部化理论

内部化理论的思想核心源自于罗纳德·哈里·科斯的企业性质理论，科斯认为外部交易内部化可以影响企业的性质、竞争与生存。从这一理论前提出发，包括加拿大的拉格曼、英国的学者卡森、巴克利等在内的内部化理论的代表学者在他们的重要著作如《跨国公司的内幕》《跨国公司的选择》《跨国公司的未来》以及相关论文中对内部化理论进行详尽论述与阐释。

内部化理论的主要思想是，基于市场失灵或由于信息不对称等导致的市场不完全使得外部市场交易成本增加，企业因此会建构内部市场将交易内部化以降低交易成本旨在克服由于外部市场交易成本带来的挑战从而谋求利润最大化。如果一个企业认为外

---

① Toyne, B., & Walters, P. G. P., *Global marketing management: A strategic perspective*, Second Edition, Boston, MA: Allyn and Bacon, 1993.

② Kwon, Y. C., & Konopa, L. J., *Impact of host country market characteristics on the choice of foreign market entry mode*, International Marketing Review, 1993, 10 (2), pp. 60 – 76.

③ Mardanov, I. T., *A theoretical development and test of the foreign market entry strategy process model: An integration using an example of the Eastern European and former Soviet countries*, PhD dissertation, College of Business, Mississippi State University, Old Main, MS, 2003.

第二章 美国传媒企业国际化研究的学术史梳理

部交易存在风险并会导致严重的资源承诺,就会将其内部化,[1]而一旦这种内部化过程突破国家边界就产生了跨国公司。内部化理论认为,中间产品市场上的不完全竞争是导致企业内部化的根本原因。这些中间产品既包括半成品、原材料,也包括了更为重要的如专利、专用技术、商标、商誉、管理技能和市场信息等知识产品。在东道国进行投资的跨国公司为了避免市场不完美而将隐性知识、原材料、中间产品等内部化。通过对外直接投资,建立海外子公司,以企业内部市场取代外部市场,使资源和产品在企业内部得到合理配置与利用从而避免因交易不确定而导致的高交易成本。[2]

内部化理论将关注点聚焦微观主体,试图从微观层面探究企业国际化原因,这是其与其他国际化理论的不同之处,也是对企业国际化理论进一步的丰富与补充,是该理论的重要贡献之处。其不足之处在于该理论存在许多局限,如该理论没有分析区位优势对于进入模式选择的影响;[3]没有比较对外直接投资和出口两种模式;[4]没有解释与本土合资者合作或由于并购所带来的不确定性;[5]没有将影响企业国际化过程的网络因素纳入理

---

[1] Freeman, S., Cray, D., & Sandwell, M., *Networks and Australian professional services in newly emerging markets of Asia*, International Journal of Service Industry Management, 2007, 18 (2), pp. 152 – 166.

[2] 赵优珍:《中小企业国际化理论与实践研究》,博士学位论文,复旦大学,2003年。

[3] Peter Andersen, Syed Zamberi Ahmad, Wai Meng Chan, *Revisiting the Theories of Internationalization and Foreign Market Entry Mode: a Critical Review*, International Journal of Business and Commerce, Vol. 4, No. 1: Sep, 2014, pp. 37 – 86.

[4] Ekeledo, I., & Sivakumar, K., *International market entry mode strategies of manufacturing firms and service firms: A resource-based perspective*, International Marketing Review, 2004, 21 (1), pp. 68 – 101.

[5] Fisch, J. H., *Internalization and internationalization under competing real options*, Journal of International Management, 2008, 14 (2), pp. 108 – 123.

论框架。①

（四）国际生产折衷理论

英国学者邓宁于1977年在《贸易、经济活动的区位与跨国公司：一种折衷路径的探索》中提出国际生产折衷理论，该理论吸收和借鉴了垄断优势理论、内部化理论、区位理论等理论精髓，同时克服了这些理论的不足之处。他提出，已有的对外直接投资理论只是片面地解释了企业对外直接投资的动机，而要理解企业的对外直接投资这一行为，则必须综合考虑各方因素，并在之后的论述中对该理论进行完善。② 国际生产折衷理论认为，企业要进行跨国经营必须同时具备三个条件，即"所有权优势""内部化优势""区位优势"。

所有权优势，又称竞争性优势或垄断优势，具体如下：（1）由于拥有排他性资产或获得营利性资产所形成的优势；（2）与当地企业相比，作为跨国公司分支机构所享有的优势；（3）由于地区多元化所产生的优势。③ 邓宁（1988）进一步指出所有权优势可以划

---

① Freeman, S., Cray, D., & Sandwell, M., *Networks and Australian professional services in newly emerging markets of Asia*, International Journal of Service Industry Management, 2007, 18 (2), pp. 152 – 166.

② Dunning, J. H., *Toward an eclectic theory of international production: Some empirical tests*, Journal of International Business Studies, 1980, 11 (1), pp. 9 – 31. Dunning, J. H., *The eclectic paradigm of international production: A restatement and some possible extensions*, Journal of International Business Studies, 1988, 19 (1), pp. 1 – 31. Dunning, J. H., *The globalization of business. London: Routledge.* Dunning, J. H., *Reappraising the eclectic paradigm in an age of alliance capitalism*, Journal of International Business Studies, 1993, 26 (3), pp. 461 – 491. Dunning, J. H., *Location and the multinational enterprise: A neglected factors*, Journal of International Business Studies, 1998, 29 (1), pp. 45 – 66. Dunning, J. H., *The eclectic paradigm as an envelope for economic and business theories of MNE activity*, International Business Review, 2000, 9 (2), pp. 163 – 190.

③ Dunning, J. H., *Trade, location of economic activity and the MNE: A search for an eclectic approach. In B. Ohlin, P. O. Hesselborn & P. M. Wijkman (Eds.), The international allocation of economic activity*, London: Macmillan, 1977, pp. 395 – 418.

分为资产优势和交易优势。前者指的是在有形资产与无形资产上所具有的优势，如在生产设备、厂房、资金、能源及原材料等有形资产的垄断优势以及在专利、专有技术、商标与商誉、技术开发创新能力、管理和营销技术等无形资产方面的优势；后者指的是由于企业在全球范围内进行跨国经营，由此可以获取的交易利益或者降低交易成本所产生的优势。[1]

内部化优势，指拥有所有权特定优势的企业，为了避免由于结构性市场失灵和交易性市场失灵导致的外部市场不完全对企业利益的影响，而将企业特定所有权优势保持在企业内部的能力。邓宁和拉格曼（1985）区分了结构性市场失灵和交易性市场失灵，前者指的是由于不完全竞争而导致的市场失灵，这种市场失灵可以产生垄断租金，将有联系的经营活动内部化可以增加并获取垄断租金；后者指的是公平交易无法有效进行而出现的市场失灵情况。[2] 邓宁认为上述市场缺陷的存在是企业实行内部化的原因，通过垂直地、水平或横向地将生产活动内部化，减少利用市场的交易成本，从而获取最大限度的经济租金。

区位优势指的是东道国在投资环境上所具有的优势条件，具体包括要素成本因素、市场特征因素、贸易壁垒因素、政府政策因素等。与所有权优势和内部化优势不同的是，区位优势是企业只能进行适应、利用的属于东道国所有的优势。

国际生产折衷理论认为，企业要进行对外直接投资必须同时具备所有权优势、内部化优势和区位优势；如果企业仅具有所有

---

[1] John H. Dunning, *The Eclectic Paradigm of International Production: A Restatement and Some Possible Extentions*, Journal of International Business Studies, 1988, 19 (1), p. 2.

[2] John H. Dunning, A. Rugman, *The Influence of Hymer's Dissertation on Theories of Foreign Direct Investment*, American Economic Revies, 1985, 75 (2), pp. 228–232.

权优势和内部化优势，可以选择出口这种模式；若企业只具有所有权优势则可以选择非股权转让模式进入其他国家市场。

表2-2　　　　　　　　　进行对外直接投资的条件

进入国际市场的模式	所有权优势	内部化优势	区位优势
对外直接投资	有	有	有
出口	有	有	无
非股权转让	有	无	无

资料来源：J. H. Dunning, *Explaining Outward Direct Investment of Developing Countries*: *In Support of the Eclectic Theory of International Production*, in: K. Kuman, M. G. Meleod, Multinationals from Developing Countries, Lexington: D. C. Heath and Company, 1981, p. 4.

国际生产折衷理论综合垄断优势理论、内部化理论和区位理论，提出了一个解释企业国际化的折衷框架，分析影响企业对外直接投资的各种因素，较之前的理论更加丰富。但该理论在内部效度与外部效度方面仍存在问题；[1] 无法解释在相似产业内并拥有同样的所有权优势、内部化优势和区位优势的两家企业为何会选择不一样的进入模式进入同一个目标市场；[2] 该静态模型无法解释战略变量、权变环境以及竞争优势等动态力量；[3] 国际生产折衷理论融入了太多的变量使得国际市场进入模式选择更为复杂和困难；[4] 也有学者认为该理论忽略影响国际化扩张的网络因素

---

[1] Li, P. P., *Toward an integrated theory of multinational evolution*: *The evidence of Chinese multinational enterprises as latecomers*, Journal of International Management, 2007, 13 (3), pp. 296 – 318.

[2] Ekeledo, I., & Sivakumar, K., *International market entry mode strategies of manufacturing firms and service firms*: *A resource-based perspective*, International Marketing Review, 2004, 21 (1), pp. 68 – 101.

[3] Ahmad, S. Z., & Kitchen, P. J., *Transnational corporations from Asian developing countries*: *The internationalisation characteristics and business strategies of Sime Darby Berhad*, International Journal of Business Science and Applied Management, 2008, 3 (2), pp. 21 – 36.

[4] Andersen, O., *Internationalization and market entry mode*: *A review of theories and conceptual framework*, Management International Review, 1997, 37 (2), pp. 27 – 42.

的作用。①

综上为经济类流派的代表性企业国际化理论，该流派的企业国际化理论主要以大型跨国公司为研究对象，没有将中小跨国公司以及天生的跨国公司纳入理论框架。此外，经济类流派下的代表性企业国际化理论属于静态分析而无法解释企业的动态国际化发展过程，同时在理性人假设前提下有选择性一致的预设前提。②

二 过程类流派的企业国际化理论综述

（一）企业国际化阶段理论

20世纪70年代，Johanson & Vahlne 在研究瑞典企业国际化过程的基础上提出企业国际化阶段理论以解释企业的国际扩张进程。企业国际化阶段理论认为，企业对国际化态度决定其海外扩张，而国际化态度会受企业之前积累的国际化经验的影响。决定进军海外市场的企业必然会面临种种障碍与风险，为了减少进入障碍与风险，他们需要获得关于国外市场的知识。因此，企业的国际化通常是一个遵循特定先后顺序的缓慢的逐渐卷入的过程，同时伴随着的是国际化卷入程度和资源承诺程度的不断增加。具体来说，企业国际化主要包括四个阶段：在第一阶段，企业主要在国内经营，没有出口活动；在第二阶段，企业主要通过间接出口的方式将产品出口到东道国；在第三阶段，企业开始在海外建立销售分支机构；在第四阶段，企业开始在海外市场直接设立生

---

① Rutashobya, L., & Jaensson, J. E., *Small firms' internationalization for development in Tanzania exploring the network phenomenon*, International Journal of Social Economics, 2004, 31 (1/2), pp. 159 – 172.

② 王增涛：《企业国际化：一个理论与概念框架的文献综述》，《经济学家》2011 年第 4 期。

产线或生产分支机构。质言之，企业在进入海外市场时通常会以低控制程度的间接出口这一模式为开端进行国际扩张，然后才会以新建、并购等高控制度的市场进入模式进入东道国，在国际扩张过程中，企业逐渐提高他们的卷入程度和资源承诺程度。①

企业国际化阶段理论的一个假设前提是企业缺乏海外市场知识是企业进行国际化的障碍，但这种市场知识可以通过海外经营而不断地增加。随着海外市场知识的增加，进入国际市场的模式也会有所不同（状态、变化）。该理论提出了企业国际化的基本机制：市场知识和市场投入会影响投入决策和当前的经营状态。同时，投入决策和当前经营状态也会影响到市场知识和市场投入的变化，这是一个不断往复的过程（图2-1）。

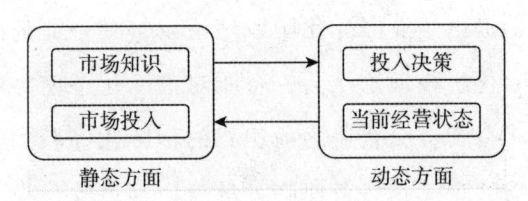

图2-1 企业国际化的基本机制

资料来源：Jan Johanson, Jan-Erik Vahlne, *The Internationalization process of The Firm-A Model of Knowledge Development and Increasing Foreign Market Commitment*, Journal of International Business Studies, 1977, 8 (2), p.23.

静态方面包括市场知识和市场投入。市场知识指的是企业拥有的关于国外市场和运营方面的知识，具体可分为关于市场方法和客户偏好的一般知识以及与市场环境、市场结构和文化系统等与特定市场相关联的专有知识。市场投入由投入资源的规模和投

---

① Peter Andersen, Syed Zamberi Ahmad, Wai Meng Chan, *Revisiting the Theories of Internationalization and Foreign Market Entry Mode: a Critical Review*, International Journal of Business and Commerce, Vol. 4, No. 1: Sep, 2014, pp. 37 – 86.

入程度两部分组成,投入规模指的是市场投入的数量,包括在市场、组织结构、人力资源等方面的投入;投入程度是指找到其他能够替代的使用途径或将其他资源转移至这一使用途径的难度,资源的专用性越高,转让到其他用途的难度就越大,因而,其投入的程度也就越高。

动态方面则包括当前的经营状态和投入决策。当前的经营状态是经验的主要来源,经验知识的获取可以通过雇用有知识的员工或从有经验的员工建议中得到。企业经验和市场经验对企业的海外市场经营来说非常重要。投入决策是指投入到海外市场的资源承诺。当企业最初进行跨国经营时,由于相关经验知识的缺乏,会选择与本国心理距离较近的国家进行国际化经营,主要以出口模式为主。随着经验知识的增加,企业会慢慢选择心理距离较远的国家,进入模式方面也会选择资源投入较大的模式进入海外市场。

企业国际化阶段理论在提供解释国际市场进入模式选择的动态观点的同时,也呈现了在国际市场进入模式选择时管理角色的作用,此外,还将区位因素和所有权因素同时纳入理论框架,[1] 为分析和解释企业国际化经营提供了新的理论视角,具有重要的理论意义和现实意义。但是,也有学者对该理论提出质疑,认为该理论忽略了已被许多文献反复论述的合同进入模式和合资进入模式;[2] 该理论只适合于国际化的早期阶段,当世界越来越同质化以及心理距离不断减小时,该理论便不再有解释

---

[1] Sharma, V. M., & Erramilli, M. K., *Resource-based explanation of entry mode choice*, Journal of Marketing Theory and Practice, 2004, 12 (1), pp. 1–18.

[2] Root, F. R., *Foreign market entry strategies*, New York: American Management Association, Sharma, V. M., & Erramilli, M. K., *Resource-based explanation of entry mode choice*, Journal of Marketing Theory and Practice, 2004, 12 (1), pp. 1–18.

能力；① 该理论对于企业在国际化经营之初就采取独资模式，尤其是对于"天生的跨国公司"更无力解释；② 也有学者对该理论的研究方法进行质疑，认为由于其研究方法并没有详尽阐述，因而无法在实证研究和理论框架之间建立逻辑关联。③

（二）企业国际化网络理论

20世纪80年代末，建立在组织社会学基础之上的企业国际化网络理论开始兴起。④ 该理论认为企业的竞争优势不仅可以通过内部资源获得，也可以通过与其他企业的互动和关系中获得。⑤ 企业国际化网络理论把"网络关系"定义为企业与它的商业伙伴，如客户、经销商、供应商、竞争对手、政府之间的关系，藉由这种网络关系可以推动企业更快地向海外市场扩张。

国际化网络理论认为，企业国际化是企业在国际市场网络中建立网络、发展网络关系的过程。主要有三种途径：（1）通过国际贸易、国际投资活动，扩大网络范围；（2）地区经济一体化，消除经营障碍；（3）全球经济一体化。企业国际化程度决定了其在国际生产市场网络中的地位。⑥ Johanson & Mattsson（1988）按照在市场的国际化程度和企业的国际化程度两方面的表现不同将

---

① Melin, L., *Internationalization as a strategy process*, Strategic Management Journal, 1992, 13 (S2), pp. 99 - 118.

② Hashai, N., *Sequencing the expansion of geographic scope and foreign operations by born global firms*, Journal of International Business Studies, 2011, 42 (8), pp. 995 - 1015.

③ Cumberland, F., *Theory development within international market entry mode-An assessment*, The Marketing Review, 2006, 6 (4), pp. 349 - 373.

④ Ibid.

⑤ Johanson, J., & Mattsson, L. G., *Internationalisation in industrial systems-A network approach*, In H. Hood & J. E. Vahlne (Eds.), Strategies in global competition, London: Croom Helm, 1988, pp. 287 - 314.

⑥ 鲁桐：《中国企业国际化实证研究——以工业企业为例》，博士学位论文，中国社会科学院，2001年，第18页。

国际化进程中的企业分为四种类型：早期国际化企业、孤独的国际化企业、晚期国际化企业、全球企业。

表 2-3　　　　　　　　　企业国际化的网络模型

企业的国际化程度	市场的国际化程度	
	低	高
低	早期国际化企业	晚期国际化企业
高	孤独的国际化企业	全球企业

资料来源：J. Johanson, L. G. Mattsson, *Internationalisation in Industrial System-A Network Approach*, in: Neil Hood, J. E. Vanune, Strategies in the Global Competition, london: Croom Helm, 1988, p. 453.

"早期国际化企业"没有海外市场的知识和经验，同时也无法从国内的网络关系中获取关于海外市场的知识和经验。在这种情况下，企业采取代理处的方式进入海外市场以降低进行海外经营的风险和成本。这类企业的国际化发展主要依赖外国市场的经销商或客户。外国市场的经销商或代理商的经验可以减少由于其海外经营知识的缺乏而带来的成本从而降低企业国际化经营的风险。

"孤独的国际化企业"是一个高度国际化的企业，其国际化经营的动机并非来自于供应商、客户和竞争者。实际上，这类企业具有在海外市场进行国际化经营的能力，同时拥有关于外国市场的知识和经验，因此失败的时候极少。孤独的国际化企业在竞争对手进行国际化经营之前就已经牢牢奠定了它们在行业中的位置。

"晚期国际化企业"同海外市场并无直接的联系，但是它们的客户、供应商、竞争者都已经进行国际化经营这些关系迫使其进入海外市场，然而，心理距离较近的国外市场极有可能已经饱和。在这种情况下，晚行动企业只有进入心理距离较远的国家。该类行动者有一定的劣势，因为它们没有竞争对手有经验，同时市场也已经饱和。所以，晚行动企业在国际化发展中应该利用它们的专业化特点去满足和影响当地客户的需要以打破现有市场格局从而赢得竞争地位。

"全球企业"是高度国际化的企业，凭借其拥有的大量的海外市场经验，他们可以在海外市场快速建立分支机构。全球企业在国际市场网络中的位置也使得他们具有接近和充分利用外部资源的能力，通过与客户和经营合作者的网络关系可以轻易实现其进入其他国家的目的。

企业国际化的网络模型将企业国际化放在网络关系的背景下进行研究，提供分析和解释企业国际化的新的理论视角，对于网络经济条件下的企业国际化行为具有较强的解释力，具有重要的理论意义与现实意义。但该理论仍受到质疑，如 Malhotra, Agarwal & Ulgado（2003）认为企业国际化网络理论中的网络关系是临时的和非计划性的，[1] 同时该研究的质化研究方法也使得该理论无法被验证。

(三) 国际新创企业理论

Knitht 和 Cavusgil（1996）认为，早在20世纪70年代末期的研究中就出现了与现在各国的"天生的国际企业"相似的例子，但真正引起学者们对新创企业国际化研究兴趣的重要开端的是1994年 Oviatt 和 McDougall 发表了国际新创企业研究领域的重要文章《国际新创企业理论》。这篇文章将国际新创企业定义为"一个从一开始就通过资源的使用和产品的销售在多个国家获取重要的竞争优势的企业，"并指出并不是所有企业都是沿着国际化阶段模式进行国际化经营的，企业国际化阶段理论无法解释为什么有的企业在创办之初就把全球市场当作了目标市场。和传统企业慢慢地从国内企业向跨国公司转变相反的是，国际新创企业从一开始

---

[1] Malhotra, N., Agarwal, J., & Ulgado, F., *Internationalization and entry modes: A multi-theoretical framework and research propositions*, Journal of International Marketing, 2003, 11 (4), pp. 1 – 31.

就从使用多国的资源并向多国销售中寻求重要竞争优势,该类企业的重要特征便是自创立之初起就拥有强烈的国际视野。①

在 Oviatt 和 McDougall(1994)研究的 24 家国际新创企业中,没有一家企业是遵循渐进型的国际化战略的,这让他们认为国际化阶段理论无法解释国际新创企业为何更愿意在国际市场上经营而不是在母国市场经营。McDougall(1994)发现在成立很久的公司和新建企业之存在着许多区别,其中最主要的区别是他们拥有资源的数量与来源的不同。国际新创企业只有很少的资源用来进行昂贵的投资,因此企业家必须依靠多种结构,如个人关系或合资方式来控制销售和市场活动②。该研究结果也在 BELL(1995)的研究中得到证实。③

国际新创企业理论研究的成果主要聚焦国际新创企业涌现的原因、国际新创企业国际化的战略模式特征以及国际新创企业国际化经营对经营绩效的影响。国际新创企业涌现的原因主要在于新的市场条件、技术发展(生产、销售等方面)以及企业家的能力,这几个方面因素相互交织相互作用。④ 就新创企业国际化的战略模式特点来看,有实证研究引入网络关系在新创企业国际化中的作用,认为国际社会关系网络是新创企业进入国际市场的重要通道,能够帮助企业家识别国际市场机会、建立信誉以及形成战略联盟和其他合作战略,这种网络关系的观点也在许多研究中

---

① *Tage Koed Madsen & Per Servais The Internationalization of Born Globals: An Evolutionary Process?*, International Business Review, Vol. 6, No. 6, 1997, pp. 561 - 583.

② Oviatt, B. M. and McDougall, P. P. Touarol a theory of international new ventures, Journal of International Business Studies, 1994, 25 (1): 45 - 66.

③ Bell, J., *The internationalization of small computer software firms*, European Journal of Marketing, 1995, 29 (8).

④ *Tage Koed Madsen & Per Servais The Internationalization of Born Globals: An Evolutionary Process?*, International Business Review, Vol. 6, No. 6, 1997, pp. 561 - 583.

得到证实。① 就新创企业国际化对经营绩效影响来看,已有研究积累了丰富成果。有学者主要聚焦于国际化对新创企业财务绩效的影响以及对非财务绩效的影响两个方面,也有学者将企业国际化分为内向国际化与外向国际化,同时以网络关系为中介建立新创企业国际化与经济绩效关系的中介模型分析国际化对出口绩效、营利性绩效以及销售绩效的影响。②

国际新创企业理论整合国际商务、创业学、战略管理、经济学等多学科理论知识,突破传统国际化阶段理论将企业国际化预设为渐进性的阶段性的过程,将研究焦点集中于国际新创企业的国际化,③ 这是其对企业国际化理论研究的重要贡献。该理论的不足之处在于国际新创企业缺乏一个统一的可操作的定义,统贯各派观点的严密统一的分析框架和理论模式尚未形成。④

(四)资源基础理论

资源基础理论最早由 Wernerfelt (1984) 和 Barney (1986, 1991) 提出,⑤ 该理论强调企业特定资源的重要性。⑥ 企业的特定资源具

---

① Gabrielsson, Mika, Manek V. H. Kirpalani, *Born-globals: How to Reach New Business Space Rapidly*, International Business Reviews, 2004, 13 (5), pp. 555 – 571. S. Harris, C. Wheeler, *Entrepreneurs' relationships for Internationalization: Functions, Origins and Strategies*, International Business Review, 2005, (14), pp. 187 – 207. S. Freeman, R. Edwards & B. Schroder, *How Small Born-Global Firms Use Networks and Alliances to Overcome Constraints to Rapid Internationalization*, Journal of International Marketing, 2006, 14 (3), pp. 33 – 63.

② 朱吉庆:《国际新创企业成长机理研究》,博士学位论文,复旦大学,2008年。

③ 谢佩洪、徐波:《国际新创企业理论中关系网络的研究进展述评》,《现代管理科学》2013年第6期。

④ 朱吉庆:《国际新创企业成长机理研究》,博士学位论文,复旦大学,2008年。

⑤ Peter Andersen, Syed Zamberi Ahmad, Wai Meng Chan, *Revisiting the Theories of Internationalization and Foreign Market Entry Mode: a Critical Review*, International Journal of Business and Commerce, Vol. 4, No. 1: Sep, 2014, pp. 37 – 86.

⑥ Galbreath, J., & Galvin, P., *Firm factors, industry structure and performance variation: New empirical evidence to a classic debate*, Journal of Business Research, 2008, 61 (2), pp. 109 – 117.

体包括有形资源与无形资源。有形资源如实物资源、金融资源、人力资源等;无形资源如专有技术、知识、经营经验、品牌名称和组织文化等。不同的企业拥有不同的资源,如果一个企业拥有的资源是有价值的、稀缺的、独特的以及无法由其他企业轻易复制和传递的,则这家企业将获得超越其竞争对手的可持续的竞争优势。①

资源基础理论也被引入企业国际化研究领域用以解释企业的国际扩张行为,一个拥有丰富资源并且能够成功利用它们从而在母国获得超越其他企业的可持续竞争优势的企业可以通过海外扩张的方式将这种竞争优势转移至东道国,并且能够在国际市场上竞争并且获得它的长远目标。② 企业在东道国创造竞争优势的能力取决于企业能够转移它的有价值的资产并能够有效利用它们的程度。在国际市场进入模式选择方面,Ekeledo & Sivakumar (2004) 提供了一个修正的资源基础模式,将进入模式分为高控制模式和低控制模式,高控制进入模式意味着高程度的资源承诺,低控制模式则意味着低程度的资源承诺。国际市场进入模式选择取决于企业特定资源和战略方向。③

资源基础理论也收到许多质疑之声,有学者认为企业特定资源的概念是模糊的,并且不容易测量;④ 资源基础理论聚焦资源在创

---

① Barney, J. B., *Firm resources and sustained competitive advantage*, Journal of Management, 1991, 17 (1), pp. 99 – 120. Tuan, N. P., & Yoshi, T., *Organizational capabilities, competitive advantage and performance in supporting industries in Vietnam*, Asian Academy of Management Journal, 2010, 15 (1), pp. 1 – 21.

② Sharma, V. M., & Erramilli, M. K., *Resource-based explanation of entry mode choice*, Journal of Marketing Theory and Practice, 2004, 12 (1), pp. 1 – 18.

③ Ekeledo, I., & Sivakumar, K., *International market entry mode strategies of manufacturing firms and service firms: A resource-based perspective*, International Marketing Review, 2004, 21 (1), pp. 68 – 101.

④ Cumberland, F., *Theory development within international market entry mode-An assessment*, The Marketing Review, 2006, 6 (4), pp. 349 – 373. Knott, P., *Integrating resource-based theory in a practice-relevant form*, Journal of Strategy and Management, 2009, 2 (2), pp. 163 – 174.

造竞争优势的作用,但是并没有表现资源和能力之间的关系;① 一个企业有可能在某些方面拥有能力,但在其他方面的能力则存在不足,因而,企业不应该专注于提高他们的核心能力,也要减少他们的不足之处;② 该理论忽略网络关系在创造竞争优势方面的作用。③

正如前述,以组织理论为基础的过程类学派视决策者为行为人,并认为其是在不完全市场信息的基础上做出相对满意的决策。这是其与经济类学派最大的不同,也开启新的研究企业国际化的研究视角,对企业国际化研究来说具有重要的理论意义。但该理论流派提出的众多的理论框架与概念维度又给企业国际化实践的操作性带来新的问题,④ 即缺乏统一的可操作性的理论基础与方向指导。

第二节 美国传媒企业国际化研究文献述评

为更清晰与直观地呈现美国传媒企业国际化研究的学术图景,本书使用文献荟萃分析方法对这一研究领域的历史与现状进行考察。文献荟萃分析主要关注某一领域的研究话题、理论视角、研究方法等,以对该领域的研究现状做出相对系统严谨

---

① Ismail, A. I., Rose, R. C., Uli, J., & Abdullah, H., *The relationship between organizational resources, capabilities, systems and competitive advantage*, Asian Academy of Management Journal, 2012, 17 (1), pp. 151 – 173.

② Almor, T., & Hashai, N., *The competitive advantage and strategic configuration of knowledge-intensive, small-and medium-sized multinationals: A modified resource-based view*, Journal of International Management, 2004, 10 (4), pp. 479 – 500.

③ Rutashobya, L., & Jaensson, J. E., *Small firms' internationalization for development in Tanzania exploring the network phenomenon*, International Journal of Social Economics, 2004, 31 (1/2), pp. 159 – 172.

④ 王增涛:《企业国际化:一个理论与概念框架的文献综述》,《经济学家》2011 年第 4 期。

的评价。① 基于本书的研究旨趣，笔者将从国外和国内两个维度重点关注该领域的研究内容、理论框架以及研究方法等面相。本书对该领域的研究内容进行分类并对其中有影响力的文献进行综述。同时，需要说明的是，由于本书是从经济学与管理学视角出发对美国传媒企业国际化进行的研究，因而在选取文献的过程中，只选取从经济学与管理学视角出发研究美国传媒企业国际化的文献，从政治经济学视角、文化研究学派等视角出发研究美国传媒企业国际化的文献则不包含其中。

一 美国传媒企业国际化研究的国外学术图景

本书以"美国传媒企业国际化""美国传媒企业国际市场进入模式""美国传媒企业国际化经营""美国传媒企业国际扩张""跨国传媒企业""跨国传媒集团"等为关键词或主题在国外文献库EBSCO、国外硕博 PREQUEST 数据库等检索。笔者在独立阅读所有文献之后剔除内容相关程度较低的文献。文献检索发现最早的关于跨国传媒经营的论文出现在1974年，20世纪70年代仅有三篇文章出现。20世纪80年代开始，研究美国传媒企业国际化经营的文章有所增加，而大量文献的出现则是在20世纪90年代以后。笔者对最终用来进行爬梳和述评的文献进行编码，编码设置选项包括：研究内容、理论框架、研究方法。笔者将在下文分而述之。

（一）研究内容

1. 美国传媒企业国际化经营研究

Rod Carveth (1992) 对美国传媒企业在世界传媒市场中的地位

---

① 曹洵、崔璨：《中国网络抗争性话语研究的学术图景（2005—2015）》，《国际新闻界》2017年第1期。

进行分析并指出,虽然美国传媒企业与世界其他国家的传媒企业相比存在着竞争优势,但是,随着经济衰退、全球范围内传媒公司并购的增加以及以文化和法律为借口的进口阻碍的增加,美国传媒业的竞争优势正在下降。为了应对这种情况,保持自身的竞争优势,美国传媒企业应采取合作化战略,如建立合资公司或组建战略联盟等。① Richard A. Gershon（2000）认为随着美国的跨国传媒公司的不断扩张,其在全球市场上保持竞争力越来越困难,因此作者分析美国传媒集团如何进行环境监测和战略规划以保证其顺利进入新市场。②

美国传媒企业的多元化战略也是美国传媒企业国际化经营中的一个重要的研究领域。学者们关注多元化战略的实施与市场绩效之间的关系。有学者认为市场竞争与多元化战略之间存在正相关关系,也有学者认为二者之间存在负相关关系,只有在集中的市场结构中传媒企业的多元化程度才会提高。③ 也有学者在研究多元化战略时将研究问题同时聚焦于产品多元化和地区多元化双重维度,Sylvia M. Chan-Olmsted, Byeng-Hee Chang（2003）在产业组织理论和资源基础理论的视角之下使用多案例研究方法研究7家跨国传媒集团（索尼、时代华纳、贝塔斯曼、威旺迪、新闻集团、迪士尼、维亚康姆）的产品多元化战略和地区多元化战略。④ Jaemin

---

① Rod Carveth, Rod Carveth, *The Reconstruction of the Global Media Marketplace*, Communication Research, 1992, 19 (6), p. 705.

② Richard A. Gershon, Richard A. Gershon, *The Transnational Media Corporation：Environmental Scanning and Strategy Formulation*, The Journal of Media Economics, 2000, 13 (2), pp. 81 – 101.

③ Sangho Seo, *Diversity in media content：An agenda for diversity research in media industries*, 6th World Media Economics Conference.

④ Sylvia M. Chan-Olmsted, Byeng-Hee Chang, Sylvia M. Chan-Olmsted, Byeng-Hee Chang, *Diversification Strategy of Global Media Conglomerates：Examining Its Patterns and Determinants*, Journal of Media Economics, 2003, 16 (4), pp. 213 – 233.

Jung, Sylvia M. Chan-Olmsted（2005）研究传媒企业多元化战略对财务绩效的影响，分析建立在对1991—2002年包括美国传媒集团在内的全球前26家传媒企业的研究之上。实证结果显示，相关产品多元化战略和地区多元化战略会产生良好的经济绩效。然而，过度多元化以及不相关多元化程度的提高有可能会降低经济绩效。[1]

2. 美国传媒企业国际扩张与国际市场进入模式研究

如前所述，早在20世纪70年代就有学者对美国传媒企业的国际扩张进行研究。Dupagne（1992）对美国电视产目在西欧市场的国际扩张进行探讨，认为尽管美国电视产目在欧洲市场销售不畅和有配额限制，美国仍可以通过提供高质量的电视节目和营销策略在20世纪90年代保持竞争优势。[2] Christina Holtz-Bacha（1997）认为由于技术发展和经济压力，20世纪80年代西欧广播市场的去管制化导致电视频道的不断增加，市场的开放给传媒企业多种机会成为其中的竞争者。作为西欧最大的广播电视和广告市场，电视数字化以及进一步的所有权去管制化使德国成为外国公司最有兴趣的目标市场。作者主要介绍此背景之下美国传媒企业进入德国的机会、限制和结果。[3] Seema Shrikhande（2001）对CNNI和BBC进入亚洲市场的案例进行研究，检验CNNI和BBC在亚洲市场的竞争情况、节目情况以及分销情况。[4]

---

[1] Jaemin Jung, Sylvia M. Chan-Olmsted, *Impacts of Media Conglomerates' DualDiversification on Financial Performance*, Journal of Media Economics, 2005, 18（3），pp.183–202.

[2] Dupagne, M. *Factors Influenceing the International Syndication Market-Place in the 1990s*, Journal of Media Economics, 1992, 5（3），pp.3–29.

[3] Holtz-Bacha, C. *Development of the German Media Market: Opportunities and Challenge for U.S. Media Firms*, Journal of Media Economics, 1997, 10（4），pp.39–58.

[4] Seema Shrikhande, *Competitive Strategies in the Internationalization of Television: CNNI and BBC World in Asia*, Journal of Media Economics, 2001, 14（3），p.147.

Geetika Pathania-Jain（2001）从迈克尔·波特的价值链理论出发采取多案例研究与田野研究方法分析美国跨国传媒公司如何通过与印度当地传媒企业合作从而实现进入印度传媒市场的同时也将印度电视产业嵌入全球电视体系之中。① David L. Andrews（2003）分析新闻集团如何使用体育节目这种节目类型进入英国、澳大利亚等国进行国际化经营。② Goro Oba（2007）结合产品标准化理论和产品适应性理论使用多案例研究方法分析美国有线电视节目进入到亚洲市场的产品策略。研究结果发现，美国有线电视节目在进入亚洲市场时采取的节目策略各不相同，既有全球化的节目内容，也有适应本土化的节目内容。③

Jaemin Jung（2004）为了验证影响传媒公司国际市场进入模式选择的因素，选取1981—2001年美国广告公司在其他国家进行的合资或并购的数据进行回归分析。研究结果发现，文化距离和东道国风险在决定美国广告公司的国际市场进入模式选择时有重要影响。当东道国与母国文化距离较大以及东道国风险较大时，美国广告公司会选择以合资方式而不是并购方式进入。④ Goro Oba, Sylvia Chan-Olmsted（2007）基于资源基础理论使用多案例分析研究新闻集团、迪士尼、维亚康姆、时代华纳、NBC 如何

---

① Geetika Pathania-Jain, Global Parents, *Local Partners: A Value-Chain Analysis of Collaborative Strategies of Media Firms in India*, The Journal of Media Economics, 2001, 14 (3), pp. 169 – 187.

② David L. Andrews, *Sport and the Transnationalizing Media Corporation*, Journal of Media Economics, 2003, 16 (4), p. 235.

③ Goro Oba, *Programming Strategies of U. S. -Originated Cable Networks in Asian Markets: Descriptive Study Based on the Product Standardization/Adaptation Theory*（Doctor, University of Florida 2007）.

④ Jaemin Jung, *Acquisition or Joint Ventures: Foreign Market Entry Strategy of Advertising Agencies*, Jouranl of Media Economics, 2004, 17 (1), pp. 35 – 50.

使用跨国联盟的方式通过与东道国合作进入国外市场。[1] Sylvia M. Chan-Olmsted, Jiyoung Cha, Goro Oba（2008）分析影响美国视听产品出口的因素，认为经济环境、地区接近性、技术设施和市场规模会影响美国视听产品的出口规模。一个国家经济环境、知识产权执行、政治权利、市场规模、文化多元性以及语言接近性等方面表现越好，越会从美国进口更多的视听产品。[2] Bettina Lis, Heinz-Werner Nienstedt, Patrick Proner（2012）认为，已有多数研究聚焦于大型传媒集团，其显而易见的结果是中小传媒集团被忽略。因此该研究基于 Uppsala 国际化阶段理论通过多案例研究方法分析中小传媒集团的国际化战略。通过选择两家德国区域报纸出版商、两家德国 B2B 出版商以及一家法国、一家美国的社交网站去描述与比较这些公司的进入动机、东道国市场选择、市场进入模式。[3] Ali Akbar Farhangi（2014）使用多元回归分析与路径分析实证检验东道国特征、企业特定因素、竞争环境、内容适应四个因素对传媒企业选择海外市场的影响，研究结果发现这四个因素对传媒企业的海外市场选择均存在正向影响，其中，内容适应性对海外市场的选择最为重要。[4]

除上述内容之外，也有学者关注传媒政策对美国传媒企业经营

---

[1] Goro Oba, Sylvia Chan-Olmsted, Goro Oba, Sylvia Chan-Olmsted, *Video Strategy of Transnational Media Corporations: A Resource-Based Examination of Global Alliances and Patterns*, Journal of Media Business Studies. 2007, 4 (2), pp. 1 – 25.

[2] Sylvia M. Chan-Olmsted, Jiyoung Cha, Goro Oba, *An Examination of the Host Country Factors Affecting the Export of U. S. Video Media Goods*, Journal of Media Economics, 2008, 21, pp. 191 – 216.

[3] Bettina Lis, Heinz-Werner Nienstedt, Patrick Proner, *SMEs Going Global: A Comparison of the Internationalization Strategies of Publishers and Online Social Networks*, International Review of Management and Marketing, Vol. 2, No. 1, 2012, pp. 1 – 9.

[4] Ali Akbar Farhangi, *An empirical investigation on factors influencing choice of foreign market by media firms*, Management Science Letters, 2014, (12), pp. 359 – 362.

管理的影响、美国传媒业的并购战略等研究内容。Alan B. Albarran, Kenneth D. Loomis（2004）研究美国传媒政策变化如何影响美国传媒产业的合并集中以及如何影响广播电视产业管理人员的管理工作。[1] Robert G. Picard（1996）对美国传媒集团的兴起和衰落进行研究，认为传媒集团既不能永久存在，也不是无所不能，传媒集团的产生、发展与外部的经济环境、金融环境、政府政策等多方面的因素紧密相关。[2] 此外，美国传媒企业的并购战略选择也是备受关注的领域之一。Stephanie Peltier（2004）选取1998—1999年11家传媒公司的并购活动进行实证研究，结果发现并购并不必然导致规模经济、范围经济以及其他协同效应的产生，并购行为与其后的绩效表现之间的关系尚待进一步检验。[3] Katrin Muehlfeld, Padma Rao（2007）通过对1981—2000年报业集团宣称发起并购之后的后续行动，如是否完成并购或放弃并购的数据进行实证分析，研究结果表明交易成本因素、政策因素、目标企业对并购行为的态度对于并购是否得以成功完成有着重要影响。[4]

（二）理论框架

本书在梳理文献时只选择经济学与管理学视角下的美国传媒企业国际化研究文献，梳理的结果显示已有研究的理论基础的多

---

[1] Alan B. Albarran, Kenneth D. Loomis, *Regulatory Changes and Impacts on Media Management in the United States: A Look at Early Research*, The International Journal on Media Management, 2004, 6 (1&2), pp. 131 – 138.

[2] Robert G Picard, *The Rise and Fall of Communication Empires*, The Journal of Media Economics, 1996, 9 (4), pp. 23 – 40.

[3] Stephanie Peltier, *Mergers and Acquisitions in the Media Industries: Were Failure Really Unforeseeable*, Jouranl of Media Economics, 2004, 17 (4), pp. 261 – 278.

[4] Katrin Muehlfeld, Padma Rao, *Completion or Abandonment of Mergers and Acquisitions: Evidence from the Newspaper Industry*, Jouranl of Media Economics, 2007, 20 (2), p. 107.

元丰富。在美国传媒企业国际化经营管理研究中，使用较多的理论和概念有多元化理论、并购理论、规模经济、范围经济、协同效应等，也有研究使用全球一体化理论、产品适应理论、利基理论等。美国传媒企业国际市场进入模式的相关研究文献中，大量文献频繁使用企业国际化相关理论，具体来说，企业国际化阶段理论、资源基础理论、企业战略管理理论、交易成本理论、国家竞争优势理论等理论使用较多。

（三）研究方法

就研究方法而言，国外已有研究呈现多种研究方法综合运用的特点，既有以相关分析、单因素分析或双因素分析、多元回归分析等为代表的量化研究；也有以焦点小组访谈、深度访谈、扎根分析、案例研究等为代表的质化研究方法。量化研究通过问卷调查、相关报道、上市公司的信息披露等方式获得数据，进而建立数理模型，对研究假设进行实证检验，具有较高的效度、信度、操作性和普遍性。质化研究与量化研究相对应，但同时也是较好地对量化研究进行补充的一种研究方法，更适用于具体情境下研究的展开。此外，通过文献梳理，我们也看到越来越多的结合量化研究与质化研究的混合研究的出现，研究方法呈现多元丰富的态势。

二　美国传媒企业国际化研究的国内学术图景

近年来国内对美国传媒企业的研究呈现出上升趋势，具体表现为相关文章和著作的增加。本书在中国知网（CNKI）以"美国传媒企业""美国传媒企业国际化""美国传媒企业国际市场进入模式""跨国传媒集团"等为关键词或主题进行文献检索。笔者在独立阅读所有文献之后剔除内容相关程度较低的文献，并对最终用来进行爬梳和述评的文献进行编码，编码设置选项同样包括研究内容、理论框架以及研究方法。

国内关于美国传媒企业研究的最早一篇文献出现在 1989 年，是由署名为一凡的作者的《美国时代公司的兼并风波》的介绍性文章，其后，尤其是在 2005 年之后，以美国传媒企业为研究对象的文章开始增多，这自然反映出近些年来国内学者对于美国传媒企业关注程度的提高。期刊论文与学位论文数量的不断增加亦是该领域研究渐成热点的重要表征。

（一）研究内容

国内已有研究的内容集中于美国传媒企业的经营管理研究、对美国传媒集团进入某一特定市场的研究以及对中美传媒企业的比较研究等三个方面。

1. 美国传媒企业的经营管理研究

罗原（2001）认为全球商业媒介体系正由以美国为基地的具有超级影响力的跨国媒体公司所控制着，其中，排在前五位的是时代华纳、迪士尼、贝塔斯曼、维亚康姆和新闻集团。[①] 张志安、王建荣（2003）对六大跨国传媒集团的财务管理经验和策略进行了总结。[②] 张辉锋（2003）从四个方面分析了跨国传媒集团在经营实践中的低成本战略，包括通过跨媒体降低生产成本、通过购并降低扩张成本、通过整合纵向产业链降低交易成本以及通过经营战略集中化防止成本扩散。[③] 王海、陈端（2004）认为美国传媒产业的集中化发展有着深层的产业逻辑动因，在政策性规定/

[①] 罗原：《全球媒介巨人：主宰世界的九大跨国媒体公司》，《北京印刷学院学报》2001 年第 3 期。

[②] 张志安、王建荣：《海外传媒集团的财务管理》，《新闻记者》2003 年第 7 期。

[③] 张辉锋：《跨国传媒集团的低成本战略——兼论对中国传媒集团的启示》，《国际新闻界》2003 年第 1 期。

对策性博弈的表象之下，集团化的信息共享与衍生产品的开发无疑可以降低产品的开发、生产与传播成本，从而在更大范围内实现规模经济，这是引发大规模并购、实现传媒集中化发展的原动力。[①] 邢建毅（2005、2006、2007）对五大传媒集团在全球发展情况进行介绍。[②] 侯东合（2006）对六大传媒集团在中国进行的市场营销策略进行研究，提出六大传媒集团在中国特有的营销策略。[③] 李欣（2008）认为跨国传媒集团不再只是扮演文化载体的角色，它们同其他行业的巨型跨国公司一起，构建新的社会资源生产、分配和消费体系。[④] 朱天、彭泌溢（2011）在中国三网融合正处于关键"节点"的背景下辨析时代华纳与美国在线媒介融合动因，探寻其运营失败的原因，目的在于建立国内当下媒介融合的案例参照，探讨国内媒介融合的合理路径。[⑤] 王学成、蔡文颖、颜娟（2011）从渠道扩张、平台融合、内容再造三个角度对新闻集团在媒介融合背景下的新媒体战略进行解析。[⑥] 韩晓宁、王军（2014）对国际主要传媒集团2013年的经营状况进行全面分析，并对其近年业务调整和战略转型进行总结。[⑦] 韩晓宁、王军（2015）结合新闻集团拆分前后的运营数据，对新闻集团拆分

[①] 王海、陈端：《美国传媒集中化的产业逻辑动因》，《国际新闻界》2004年第6期。

[②] 邢建毅、陈丽娟：《2008年五大跨国传媒集团发展情况概述》，《现代传播》2009年第3期。

[③] 侯东合：《跨国传媒集团中国市场营销策略浅析》，《现代传播》2005年第2期。

[④] 李欣：《巨型跨国传媒集团的社会控制力量》，《新闻记者》2006年第1期。

[⑤] 朱天、彭泌溢：《试论媒介融合中的"加减之道"——时代华纳与美国在线"世纪婚姻"终结对我国"三网融合"的启示》，《新闻记者》2011年第7期。

[⑥] 王学成、蔡文颖、颜娟：《融合时代：新闻集团新媒体战略解析》，《新闻记者》2011年第4期。

[⑦] 韩晓宁、王军：《国际传媒集团经营发展及战略转型分析》，《现代传播》2014年第6期。

的背景、过程和效果进行分析并总结其带来的启示。①

2. 对美国传媒集团进入某一特定市场的研究

嵇美云（2001）对跨国传媒集团进入中国的现状、影响及对策进行分析。② 邵培仁、颜伟（2002）对跨国传媒集团进入广东地区这一行为进行思考。③ 曹书乐（2003）对新闻集团选择进入中国媒介市场的时机、进入市场的步骤、方式和策略进行了研究。④ 大雅·图苏（2004）则以印度为个案，研究新闻集团的亚洲战略，该作者提出新闻集团进入印度市场时，运用节目本土化策略，适应了包含多种文化和语言的印度国家情况，成功进入印度市场。⑤ 高虹（2008）考察了美国传媒集团进入中国市场的方式与阶段，认为美国传媒公司进入中国市场的方式主要有低价倾销、迂回策略、通过影视节目交易会推销传媒产品、收取节目版权费以及直接进入等。⑥ 韦依娜、肖华锋（2013）认为模因理论可以用来分析文化传播的路径以及该理论中生存机器、模因复合体、文化模因、运输载体之间在文化传播中的关系和具体所指。⑦ 闻学、肖海林（2015）以时代华纳为案例对其进入中国市场的战略进行研究，研究发现：境外大型传媒集团进入中国的总体战略

---

① 韩晓宁、王军：《新闻集团拆分重组过程、效果及启示》，《中国出版》2015 年第 4 期。

② 嵇美云：《论跨国媒体进入中国的现状、影响及其对策》，《中国广播电视学刊》2001 年第 7 期。

③ 邵培仁、颜伟：《跨国传媒集团入粤的思索》，《新闻记者》2002 年第 8 期。

④ 曹书乐：《新闻集团进入中国媒介市场行为研究》，《北京电影学院学报》2003 年第 2 期。

⑤ 大雅·图苏：《默多克新闻集团的亚洲战略及影响：印度个案分析》，《新闻与传播评论》2004 年第 10 期。

⑥ 高虹：《美国传媒型跨国公司进入中国市场的方式与阶段》，《特区经济》2008 年第 8 期。

⑦ 韦依娜、肖华锋：《"模因理论"视域下美国传媒型跨国公司文化传播》，《新闻大学》2013 年第 6 期。

表现为"打造全面覆盖传媒市场的中国区域价值网",其业务战略表现为"伺机进攻+卓越性价比"。①

3. 对中美传媒企业进行比较研究

段京肃(2004)指出,包括新闻传播在内的文化领域中是跨国媒介集团的天下。②邵娜(2006)从发展历程、运行体制、集团化方式对中外媒介集团进行了比较。③王艳萍(2009)认为发展历程的不同导致中外媒介集团在环境、资源、能力等诸多方面的巨大差别。④肖凯(2011)对中美电视产业的经营与管理进行对比研究。⑤周玉波、王菲(2014)对美国传媒业的发展模式进行分析从而对我国传媒业的发展模式提出具体的对策建议。⑥

(二)理论框架

与国外研究形成鲜明对照的是,国内研究多为描述性分析,在美国传媒企业国际化研究方面,只有极少研究使用企业国际化相关理论、价值链理论、国家竞争优势理论等;在美国传媒企业经营管理研究方面,国外研究中频繁出现的理论和概念,如多元化理论、并购理论、规模经济、范围经济、协同效应、全球一体化理论、产品适应理论、利基理论等在国内文献中亦很少出现。已有研究的概念体系、理论基础的缺乏需要引起注意,也是国内学者需要进一步努力克服的。

---

① 闻学、肖海林:《境外大型传媒集团入华战略意图、特征和效应的分析》,《中央财经大学学报》2015年第3期。
② 段京肃:《媒介集团化的喜悦与尴尬》,《广播电视大学学报》2004年第3期。
③ 邵娜:《中西媒介集团化比较研究》,硕士学位论文,南京师范大学,2006年。
④ 王艳萍:《中外媒介集团的国际竞争力比较》,《经济研究导刊》2009年第25期。
⑤ 肖凯:《中美电视传媒产业比较研究》,硕士学位论文,贵州财经大学,2012年。
⑥ 周玉波、王菲:《从国外传媒业发展模式看我国新闻传媒业的发展策略》,《现代出版》2014年第3期。

（三）研究方法

就研究方法而言，国内研究存在亟需解决的方法论层面上的问题。总体来说，国内研究大多是对美国传媒企业经营管理与国际化现象的描述性分析，这些定性描述主要是关于美国传媒企业经营管理与国际化的应然与实然的探讨，既缺乏以案例研究、扎根分析等为代表的质化研究，亦缺少相关分析、回归分析、结构方程分析等为代表的量化研究，理论研究同样阙如。

除对中国知网的期刊文献进行梳理之外，本书也关注近年来有关美国传媒企业的相关著作，以下进行简单描述以呈现该领域著作的大致轮廓。胡正荣主编《外国媒介集团研究》一书，该书通过对外国媒介集团的描述和分析勾勒出当前世界媒介产业的形态和发展图景。[①] 明安香的《美国：超级传媒帝国》对于美国的传媒业进行研究，他认为美国传媒业在影响全球舆论环境、经济发展、政治格局和文化生态等方面一直有着并且仍然具有举足轻重的作用。[②] 王学成的《全球化时代的跨国传媒集团》对跨国传媒集团的成长历程、经营模式、发展现状等进行研究。[③] 周鸿铎的《世界五大媒介集团经营之道》[④]、唐润华的《解密国际传媒集团》[⑤]、张金海的《世界十大传媒集团》[⑥] 则对跨国传媒集团的发展历程和现状、经营战略以及全球扩张进行介绍和描述。张咏华、曾海芳等（2014）选择覆盖印刷、广电和娱乐传媒业的世界著名传媒集团——纽约时报集团等作为研究对象，对其拓展数

[①] 胡正荣：《外国媒介集团研究》，北京广播学院出版社2003年版。
[②] 明安香：《美国：超级传媒帝国》，社会科学文献出版社2005年版。
[③] 王学成：《全球化时代的跨国传媒集团》，社会科学文献出版社2005年版。
[④] 周鸿铎主编：《世界五大媒介集团经营之道》，经济管理出版社2005年版。
[⑤] 唐润华主编：《解密国际传媒集团》，南方日报出版社2003年版。
[⑥] 张金海：《世界十大传媒集团》，武汉大学出版社2007年版。

第二章 美国传媒企业国际化研究的学术史梳理   55

字化业务的战略、时间和成败得失进行深入考察，试图从中寻找传统媒体在当今数字化语境下的生存和发展规律，以便为中国传媒业的发展提供参考。[①] 彭剑锋、张小峰（2016）通过解读时代华纳的发展历史，了解这个传媒帝国的各家前身企业及其并购的大致历程。[②] 此外，还有一些著作对默多克和新闻集团进行了具体解读，如周小普主编的《全球化媒介的奇观：默多克新闻集团解读》[③] 以及王慧慧编译的《霸者无疆：默多克和他的新闻集团》。[④]

三 研究发现与基本结论

本书希望通过对美国传媒企业国际化研究领域的学术史的梳理与评价以期清晰与直观地呈现该领域的研究图景，提供已有的研究基础与学术洞见，发现既有研究的不足之处、新的理论增长点以及研究方向。具体来说，对国内外文献梳理发现如下基本结论：

（一）文献数量与研究层次

从国内外文献爬梳结果来看，该领域研究的文献在时间上呈现不一样的态势。国外研究起步较早，最早的文献可以追溯至20世纪70年代，在20世纪90年代之后出现研究高潮；国内研究由于起步较晚，最早一篇文献出现在1989年，多数研究出现在

[①] 张咏华、曾海芳：《传媒巨轮如何转向：移动互联网时代的国际传媒集团》，南方日报出版社2014年版。
[②] 彭剑锋、张小峰等：《时代华纳：并购铺就的传媒帝国》，中国人民大学出版社2016年版。
[③] 周小普主编：《全球化媒介的奇观：默多克新闻集团解读》，中国社会科学出版社2006年版。
[④] 王慧慧编译：《霸者无疆：默多克和他的新闻集团》，重庆出版社2006年版。

2005 年之后。就研究层次而言,近年来该领域的国内外的期刊论文和学位论文的数量都有不断增加的态势,这也与经济全球化背景之下传媒企业积极参与全球化竞争的现实情况相契合。

（二）研究主题与理论框架

梳理发现,国外研究主题主要聚焦美国传媒企业国际化经营、美国传媒企业国际市场进入模式、美国传媒企业国际化扩张的战略选择等几个方面,使用的理论主要来自于经济学与管理学视野中的企业国际化相关理论、价值链相关理论、竞争战略选择相关理论等,呈现出理论框架的多元丰富、理论视角宽阔以及研究基础扎实之基本样貌。相较而言,国内研究多聚焦于美国传媒企业经营管理经验介绍、中外传媒企业比较研究、美国传媒企业进入某一特定市场研究等方面,大多是对其现象进行的描述性内容,缺乏进行学理研究的理论框架与概念界定。无论是从理论视角还是从研究基础来看,国内研究尚与国外研究存在较大差距。

（三）研究方法

就研究方法来看,国外与国内亦呈现出非常不一样的景象,国外研究多为经验研究,既有以内容分析、案例分析、扎根分析等为代表的质化研究,又有以相关分析、回归分析等为代表的量化研究,研究方法成熟并具有相当高的研究信度与效度。国内研究多是描述分析,已有研究主要是通过文献阅读,采取归纳分析方法对美国传媒企业的经营管理及跨国经营管理的现象进行描述和分析,研究方法较为单一,研究方法的多元性与丰富性尚未出现。部分研究既无理论基础,又无问题意识,更无研究方法可言,从严格意义上来说尚不能被称为学术研究。

总体来看,国外在美国传媒企业国际化方面的研究已较为成熟,无论是从研究内容来看,还是从理论框架和研究方法方面来看都称得上多元而丰富，然而国外的研究对象多集中于发达国家传媒企业，另外，在引入经济学和管理学的理论框架时没有较好地关照传媒企业自身的特殊性从而可能造成已有企业国际化理论在解释传媒企业国际化实践活动时其理论观照能力和解释能力不强的现实困境。从量化研究方法来看，国外研究较多使用的研究方法是相关分析、单因素分析、多因素分析、多元回归分析等，其他量化研究方法如加入更多的中介变量进行多元回归分析、多元逻辑回归分析、具体路径方面的结构方程模型分析等量化研究方法以及案例研究方法尚显匮乏状态。

另一方面，近些年来国内对美国传媒企业的研究有所增加，可以说是值得欣喜的事情。已有研究为本书提供了研究基础与有益启示。但是，与国外研究形成鲜明对照的是，国内已有研究的研究内容较为狭窄，大多是对美国传媒企业经营管理现象与经验的介绍和描述，研究内容的丰富性与多元性尚需进一步提高。同时国内现有研究亦存在理论基础的缺乏、研究方法上的单一等问题，这一现状需要学者进一步努力以提升科研能力与水平以期更好地积累学术资源，也呼唤更多学者进入到这一领域进行更多的、更深入的、更高质量的学理研究，有待和国外学者进行有效对话从而共同推进该领域的进一步研究。

第三章
案例研究方法与研究设计

早在 19 世纪末 20 世纪初以前，社会科学家便开始采用个案研究来建构相关的知识。[①] 这一时期，在人类学、社会学、心理学等学科的研究之中，有大量的以案例研究为研究方法的研究成果出现。当前，案例研究凭借其在提供描述、检验理论、建构理论方面做出的卓越贡献，已然成为众多学科的重要研究方法。案例研究不需要基于过去的文献和先前的实证证据，当现有理论贫瘠乏力的时候，由案例研究构建理论的过程所蕴含的内在矛盾较有可能导致新颖理论的产生，或是对一个已有的研究主题提供新鲜的视角。[②] 案例研究还能够对案例进行厚实的描述与系统的理解，对动态的互动历程与所处的情境脉络亦会加以掌握，而可以获得一个较全面与整体的观点。[③]

[①] 郑伯埙、黄敏萍：《实地研究中的案例研究，组织与管理研究的实证方法》，北京大学出版社 2008 年版，第 200 页。

[②] 李平、曹仰锋主编：《案例研究方法：理论与范例——凯瑟琳艾森哈特论文集》，北京大学出版社 2012 年版，第 19 页。

[③] 郑伯埙、黄敏萍：《实地研究中的案例研究，组织与管理研究的实证方法》，北京大学出版社 2008 年版，第 202 页。

正如前述，20 世纪 80 年代以来大量学者进入传媒企业国际化领域进行研究，近些年来这一领域已成为研究热点，积累了丰硕的研究成果。然而既有研究在对传媒企业国际化进行理论解释时引入的经济学和管理学视角下的企业国际化理论大都是在以制造业为研究对象的基础上构建的理论，以服务业企业为研究对象的企业国际化理论较少，而以传媒企业为研究对象的企业国际化理论尚付阙如，因而一个较为显而易见的结果是，这些已有的企业国际化理论没有较好地关照传媒企业自身的特殊性从而可能造成在解释传媒企业国际化活动时其理论观照能力和解释能力不强的现实困境。基于此，本书选择案例研究这一研究方法以发挥其在检验理论、构建理论以及不囿于过往文献与经验方面的优势以期开启与提出关于传媒企业国际化研究的新的研究视角和更富洞察力的理论命题。

第一节 案例研究的合法性建构

一 案例研究的适用性

在案例研究的代表学者罗伯特·K. 殷看来，案例研究的独特性是将当前现象比如"案例"置于现实世界的情境中所做的实证研究，尤其是在现象和社会背景情境没有明显边界的情况下。[1] 另一位案例研究的代表学者凯瑟琳·艾森哈特提倡的案例研究方法是"将案例研究所强调的对于真实世界动态情境的整体全面的了解与归纳式思考过程整合在一起。该归纳式思考过

---

[1] 罗伯特·K. 殷：《案例研究方法的应用》，齐心、周海涛译，重庆大学出版社 2014 年版，第 4 页。

程伴随着从数据中识别规律的各种方法，其研究效果常常出人意料但却真实可信，并且可以验证。[①] 质言之，案例研究可用来实现不同的研究目标，包括提供描述、检验理论或者构建理论。[②] 采用案例研究方法既符合学术严谨性的要求，也符合学术意义性的要求。[③]

二 案例研究的信度与效度

罗伯特·K. 殷在案例研究中引入"信度"与"效度"概念，提出研究者在案例研究的过程中应将构念效度、内部效度、外部效度和信度贯彻其中以提高研究质量与规范性。[④] 使用案例研究方法的学者在提高案例研究的信度与效度方面进行持续探索并做出重要贡献。如案例研究的代表学者凯瑟琳·艾森哈特认为，案例内分析和多案例复制逻辑等是归纳式案例研究所独有的，这个过程高度迭代，与数据密不可分，所得到的理论更具新意、可检验，并且具有实证效度。[⑤] 借鉴上述学者提高案例研究信度与效度的具体方法，本书采取以下方法提高各项信度与效度指标。

1. 为了使研究具有构念效度，让概念得到准确的衡量，在案例研究中，可以采取几种有效的方法来加以执行，如采取多重证据来源的三角验证、证据链的建立、信息提供人的审查、唱反调

[①] 李平、曹仰锋主编：《案例研究方法：理论与范例——凯瑟琳·艾森哈特论文集》，北京大学出版社 2012 年版，第 7 页。

[②] 同上书，第 4 页。

[③] 同上书，第 1 页。

[④] Yin, R., *The case study crisis: Some answers*, Administrative Science Quarterly, 1981, 26, pp. 58 – 65.

[⑤] 李平、曹仰锋主编：《案例研究方法：理论与范例——凯瑟琳·艾森哈特论文集》，北京大学出版社 2012 年版，第 1 页。

者的挑战等做法。① 为提高本书的构念效度，笔者首先通过四家传媒集团的官方网站、相关新闻报道、上市公司报告、创始人自传、已有的学术文献等多种渠道收集数据信息以实现多重数据的三角验证，让各种数据之间形成相互补充的不断对话的状态从而获得对同一现象的多元丰富的、三角互证的、不断逼近真实的完整理解，使得构念和假设更具坚实的可反复证明的实证依据；其次，建立基于大量的丰富的来源不同的二手数据的证据链，保证数据之间的前后连贯和逻辑清晰以期能够更好地进行预测。最后，将相关案例的数据来源、数据分析过程、构念的建立、证据链间的逻辑关系等反馈给该研究领域的相关人员审阅，以避免研究者的主观偏见，然后根据收到的意见进行修改以保证获得的大量的丰富的数据资料能够对概念进行准确测量。②

2. 就内部效度而言，研究者必须确定因变量的改变确实是因为自变量的改变而引起的。为了降低因果关系之外的解释，案例研究者可以采用模式匹配（pattern matching）、解释建立及时间序列等设计来执行研究以提高内部效度。③ 本书在研究四家传媒集团国际化动因、国际市场进入模式选择、国际化经营战略选择时严格遵循上述提高内部效度的三种方法。首先，笔者反复检验收集的大量的数据资料是否与所发展、建立的构念契合，在不断检验的过程中，提高数据与构念间的模式匹配程度，建立构念间的关系；其次，在经验资料、命题与理论之间进行反复迭代以提高它们之间的适配度；最后，基于时间序列的设

---

① 郑伯埙、黄敏萍：《实地研究中的案例研究，组织与管理研究的实证方法》，北京大学出版社2008年版，第203页。
② 同上书，第204页。
③ 同上。

计寻找数据、构念、命题之间的先后顺序从而建立其间的因果关系链。

3. 在探讨案例研究的外部效度时，通常是采用分析类推（analytical generalization）的概念。分析类推是指案例所得的结果，可以在以后的案例上重复发现，由此证实该案例所获得的结果确实存在，透过理论契合或构念契合的方式来判断研究的外部信度。[①] 为提高本书的外部效度，本书不预设理论或假设以保证理论构念的灵活性，通过理论抽样聚焦于四家有代表性的美国传媒企业，通过使用四家传媒集团相关数据进行跨案例分析从而实现多案例研究的复制原则，同时与已有文献保持对话以将研究结果推及更多研究。

4. 案例研究的信度是指研究过程的可靠性，所有过程必须是可以重复的。因此，必须准备周详的案例研究计划书，让后来的研究者可以重复进行研究；也必须要建构研究资料库，让后来的人能重复进行分析。[②] 为提高本书的信度，笔者建立案例研究计划书，对本书的研究目的、研究问题、研究顺序、具体研究方案、研究进度表、案例选择原则、数据资料收集方式、数据分析进程等进行具体介绍。本书还建立了研究资料库，具体包括二手资料的来源、二手资料文本、二手资料的分析记录、案例研究中遇到的问题及解决的过程等。通过案例研究计划书与研究资料库的建立提供案例研究的详细资料以提高本书的信度，并供其他学者进行可靠性的重复检验。

[①] 郑伯埙、黄敏萍：《实地研究中的案例研究，组织与管理研究的实证方法》，北京大学出版社2008年版，第205页。

[②] 同上。

第二节　案例选择与研究设计

一　案例选择

首先，本书在单案例研究与多案例研究之间选择多案例研究。之所以选择多案例研究是因为，虽然单案例研究能充分地描述一种现象的存在，但多案例研究往往能为理论构建提供更坚实的基础。[①] 多案例能够相互比较，也能创建更坚实的理论，因为其中的命题更深地根植于多种实证性证据，能促进对研究问题更广泛的探索和理论提炼。[②] 相较于单案例研究，从信度与效度方面，多案例研究也更具有科学性，包括其复制逻辑等。[③]

其次，本书选择的案例数目为四个。之所以做出这样的选择是因为对于多案例研究而言，案例数目的要求并无明确规定，但一般来说多案例研究的案例数目介于4个到10个。过少或过多都不利于命题或理论的检验与建构。[④] 也正是基于此考量，本书选择4个案例进行分析，对理论和数据进行反复比较，当理论达到饱和时停止比较。[⑤]

最后，本书遵循理论抽样方法进行案例选择。理论抽样的关注点在于所选案例要能复制先前案例的发现，或者能拓展新兴的

[①] Yin, *Case study research*: *Design and methods* (2nd ed.), Newbury Park, CA: Sage, 1994.

[②] 李平、曹仰锋主编:《案例研究方法：理论与范例——凯瑟琳·艾森哈特论文集》，北京大学出版社2012年版，第37页。

[③] 罗伯特·K.殷:《案例研究方法的应用》，齐心、周海涛译，重庆大学出版社2014年版，第9页。

[④] 李平、曹仰锋主编:《案例研究方法：理论与范例——凯瑟琳·艾森哈特论文集》，北京大学出版社2012年版，第16页。

[⑤] 同上。

理论，或者为了填补理论分类和为两种截然不同的分类提供实例。① 选取新闻集团、迪士尼、时代华纳、维亚康姆四家传媒企业作为本书的案例对象，选择标准在于：首先，所选案例必须是国际化历史悠久的传媒企业，因为本书希望对其国际化历史进行考察呈现其国际化动因、国际市场进入模式选择、国际化经营战略选择方面的具体情况。本书选择的目标案例企业具有已进行多年国际化经营的行业代表性，在国际化经营方面已积累丰富经验，而国际化历史不那么悠久的企业显然无法满足这一研究要求；其次，所选案例必须是经济绩效表现良好的跨国传媒集团，这个选择标准的原因在于，本书希望对进行国际化经营并且经济绩效良好的传媒企业进行研究从而为我国传媒企业国际化提供镜鉴与启示；最后，出于数据收集的考虑，本案例的研究对象必须是已上市公司，这样可以更有利于数据的收集与获取，为数据分析、建立构念以及理论命题的提出提供实证基础。

二 研究设计

1. 研究步骤。本书的旨趣在于通过对美国传媒企业国际化动因、国际市场进入模式、国际化经营战略等方面问题的分析，剖析其国际化动因、国际市场进入模式选择的影响因素和选择机制、国际化经营战略选择的影响因素和选择机制。根据这一研究目标，同时借鉴 Eisenhardt 提出案例研究的具体步骤，② 最终确定案例研究的具体路径。具体来说：

第一步，通过对传媒企业国际化研究的相关文献进行梳理与

---

① 李平、曹仰锋主编：《案例研究方法：理论与范例——凯瑟琳·艾森哈特论文集》，北京大学出版社2012年版，第6页。
② 同上书，第2页。

评价，分析其在研究方法与理论框架中存在的问题，确立本书的问题意识与研究目标。

第二步，采用理论抽样方法选择四家美国传媒集团作为目标案例，确定三角互证的数据收集方法，建立研究计划书和数据档案库，为数据分析与构念测量奠定基础。

第三步，案例内分析。对四家美国传媒集团进行案例内分析，聚焦其在国际化动因、国际市场进入模式选择、国际化经营战略选择三方面的影响因素与选择机制。案例内分析的重点在于在不预设理论或假设的前提之下，在进行大量数据分析的基础之上发展构念，建立构念，并分析构念之间的关系，建构命题或初步的理论框架。

第四步，跨案例分析。在案例内分析的基础之上，使用多重视角多种数据，遵循跨案例的复制原则，在跨案例之间寻找相似构念及构念之间的关系，实现在不同案例之间高度迭代，寻找现象背后的因果依据，提出、精炼、证实、拓展构念，建立概念、概念框架、理论命题或中层理论。

第五步，文献对比与结束研究。将研究结果与已有文献进行对话，进一步提高构念与理论的信度与效度，当趋于理论饱和时结束研究。

2. 数据收集。为提高案例研究的理论效度，本书遵循相关学者提出的三角互证的案例数据收集，通过多种渠道获取案例相关资料，具体包括：（1）上市公司的财务报告。本书中的四家传媒集团均是上市公司，上市公司每年会在固定时间公布财务报告及其他相关财务信息。因此，上市公司的财务报告是本书的重要数据来源。（2）上市公司的官方网站。四家传媒集团的官方网站上有大量的丰富的信息，包括公司历史、公司高官的任职与变动情况、公司的业务情况、公司产品和渠道方面的情况等。（3）关于四家传媒集团的研究文献。长久以来，这四家美国传媒集团备受关注，无论是学界还是业界均将关注焦点投注于它们，因而，本书聚焦于四家传媒集团的研究文献，资料来源主要从国内外数据库进行查询。（4）相关的新闻报道。四家传媒集团的每一举动都会引起大量的媒体报道，因此本文也将相关的新闻报道作为重要的数据来源，纸媒、电媒以及网上媒体的相关资料均包括其中。（5）相关的人物传记。四家传媒集团的创始人、高管的人物传记、相关访谈资料也为本书提供丰富资料。

三　数据分析

本书的数据分析同样遵循凯瑟琳·艾森哈特提出的数据分析原则，具体来说，包括案例内分析和跨案例分析两个阶段。案例内分析通常包括针对每个案例的详细叙述，虽然这只是简单的描述，但它对新见解的产生却非常关键。[1] 在案例内分析基础之上进行的便是跨案例分析。跨案例分析方法使用结构化和多样化的视角来分析数据，增加研究者捕捉到那些可能存在于数据中的新发现的机会。[2]

本书严格遵循凯瑟琳·艾森哈特提出的案例研究建构理论的各个步骤，先进行案例内研究，再进行跨案例研究，最终在案例饱和处结束案例分析。笔者首先对时代华纳、新闻集团、迪士尼、维亚康姆四大传媒集团的大量的丰富资料进行数据分析，建立对每一家传媒企业的具体案例的分析资料库，聚焦四家传媒企

---

[1] 李平、曹仰锋主编：《案例研究方法：理论与范例——凯瑟琳·艾森哈特论文集》，北京大学出版社 2012 年版，第 10 页。

[2] 同上书，第 12 页。

业的国际化动因、国际市场进入模式选择、国际化经营战略选择三个方面的问题。在进行单案例分析时，不预设任何理论或前提，随着数据的展开与涌现，发展构念并寻找构念之间的关系，呈现单案例的丰富与可靠的描述。在单案例的分析基础之上，遵循跨案例的复制逻辑进行跨案例分析，精炼先前提出的解释框架，重新检视数据以确认每个不同的案例是否呈现了同一模式。[①]

第三节 案例企业基本情况

本节对案例企业的基本情况进行介绍以奠定其后进行单案例分析与跨案例分析的研究基础。首先介绍各案例企业的发展历程，将其发展史中的重要事件与时间节点进行描绘与勾勒以期呈现其发展脉络；其次，本书在梳理各目标案例企业发展历程时发现，在四大传媒集团发展过程中频繁使用的战略选择主要有并购战略、多元化战略、品牌战略以及国际化战略，这些重要战略在四大传媒集团发展史中占据极其重要的地位，因此会花笔墨进行介绍。由于国际化战略是本书的关注焦点，在后文会进行深入研究，因而这里先搁置不谈，本节主要介绍四大传媒集团实施的其他三种战略选择。

一 时代华纳

时代华纳由时代公司与华纳公司合并而成。因而要追溯时代华纳的发展源头可以回到20世纪初的1903年，这一年华纳创始

[①] 李平、曹仰锋主编：《案例研究方法：理论与范例——凯瑟琳·艾森哈特论文集》，北京大学出版社2012年版，第256页。

人华纳兄弟刚刚开始他们的电影事业。而另一源头时代公司起步则要晚一些，1922年时代公司才宣告成立。1989年时代公司与华纳公司合二为一组建为时代华纳。经过多年的发展，时代华纳已成为全球传媒娱乐业的领导者，其利用领先的运营规模与卓越品牌为全球范围内的受众提供高质量的传媒产品。2013年时代华纳对其经营业务进行调整，决定在2013年年底之前把时代公司分拆成为一家独立的、公开上市的公司。在2013年时代华纳的年度报告中这样写道："在分离之后，我们一半以上的收入将来自于特纳广播公司、HBO以及华纳兄弟娱乐公司。我们将继续投资于令人信服的传媒品牌，这使时代华纳成为传媒行业的领导者。"2014年6月6日，时代华纳完成与时代公司法律上的和组织结构上的正式分拆任务。

2016年时代华纳收入为29328百万美元，同比增长4%。截至2016年12月31日，时代华纳在世界范围雇用25000名员工。[①] 2016年是时代华纳发展历史上迎来巨大变化的一年，这一年的10月22日，时代华纳宣布与美国电信运营商AT&T达成收购协议，AT&T巨资收购时代华纳。对于这一收购行动，质疑声与乐见其成的声音交织一起，众说纷纭。2016年时代华纳的年度报告中提到这次收购行动"在传媒娱乐业的转型期间，我们所有时代华纳人都无比自豪，因为我们正在通过强劲的财务报告和无与伦比的创造性成就引领这一转型。我们继续做出的投资和大胆的行动将使我们能够在未来的几年里继续保持成功，这比我们10月宣布与AT&T公司达成的协议更令人兴奋"。时代华纳相关的数据资料由本书整理而成，研究资料截止时间为2016年12月31日。资

[①] 时代华纳2016年年度报告。

料来源主要为时代华纳官网、时代华纳历年来的年度报告、关于时代华纳的各种新闻报道、已有的学界对时代华纳的研究文献,等等。

(一) 由时代公司与华纳公司合并而成的时代华纳的成长史

时代公司于 1922 年成立并以《时代》杂志的发行为公司的成长发端。20 世纪 20 年代末,《时代》杂志的发行量已达到 250000,广告收入从最初的 13000 美元增加到 414000 美元。[①] 伴随着《时代》杂志的发行量与广告收入的不断飙升,时代公司进入迅速发展阶段。其后,时代公司相继发行了一系列期刊,如《财富》《生活》《体育画报》《人物周刊》等。这些在商业上获得巨大成功的杂志奠定了时代公司在期刊行业中的重要地位。20 世纪 60 年代起,时代公司开始积极拓展其经营版块,通过收购产业链上游的 Temple Eastex 成为新闻纸供应商,进一步加强其对报纸产业链的控制能力,同时也在不断通过横向并购的方式收购同行业的出版公司进一步巩固与提高其在出版行业的市场地位与市场份额。1972 年,时代公司成立 HBO 从而成功将其经营版图从期刊出版业拓展至有线电视产业,1975 年 HBO 成为第一个通过卫星向全国播出节目的电视网络,凭借其高质量的内容产品、创新的付费模式以及能够使用卫星系统传送节目的渠道优势在竞争激烈的频道竞争中突出重围。

进入到 20 世纪 80 年代早期,由于杂志市场的竞争激烈与日趋饱和,时代公司旗下的部分杂志的发行收入与广告收入陷入停滞状态。而早先抢尽市场竞争风头的 HBO 也由于录像带的兴起而

---

① Fiona Roder, *Strategic Benefits and Risks of Vertical Integration in International Media Conglomerates and Their Effect on Firm Performance*, University of St. Gallen.

陷入付费下滑的现实困境。为了应对发展中出现的诸多问题，公司决定对其公司的资源与版块进行更具竞争力的布局与整合。1989年两大传媒巨头时代公司与华纳公司宣布合并为时代华纳，并于1990年1月正式完成，使得时代华纳成功跻身为世界最大传媒集团之一。

20世纪90年代以来，时代华纳开始购买在线企业，其中令人瞩目的当属被称为世纪联姻的美国在线与时代华纳之间的合并。这一合并于2001年11月完成，美国在线拥有新公司55%的股权，时代华纳拥有45%的投权。无论是学界、业界还是两家公司自身都对并购之后公司的发展抱有很高期待，然而并购的结果并不如并购之初人们期待的那样，而是落入到相反的境地。合并之后的美国在线—时代华纳不仅没有出现设想的内容与渠道整合后的无可阻挡的竞争优势与前进步伐，而是进入了巨额亏损与股价不断下跌的极大困境。2003年时代华纳正式将"美国在线"从"美国在线—时代华纳"名称中除去，并重新改回并购之前的公司名称。这个被称为世纪联姻的并购案最终以2009年两者正式分拆这一结果落下帷幕。然而时代华纳并没有放慢对新媒体并购的步伐和对新媒体技术的追赶。2009年华纳兄弟收购北美的一家在线游戏进一步加强其作为全面游戏发行商的地位。2011年5月，华纳兄弟收购电影发现应用公司Flixster。2015年5月，华纳兄弟消费品（WBCP）和DC娱乐公司推出全球儿童网站scoobydoo.com, looneytunes.com和dckids.com。2016年6月，华纳兄弟成立华纳兄弟数字网络，专注于建设数字和OTT视频服务。2016年8月，时代华纳成为优质的流媒体电视服务商Hulu的10%股权的拥有者以期加强公司数字服务能力。

在旗下业务版块不断扩大的同时，时代华纳的海外扩张也在不断推进，公司的杂志业务、华纳音乐、HBO 等成为其在海外市场的主要经营部分。时代华纳的海外直接投资从 1984 年的不到 7.4 亿美元提高至 1994 年的 40 亿美元。① 近些年来，时代华纳的国际化步伐愈发加快，可从以下其频繁的海外扩张行为中得到印证。2001 年公司收购总部设在英国的杂志出版商 IPC 集团；2005 年华纳家庭视频和中国音像合资成立 CAV Warner Home Entertainment；2006 年卡通网络和日本娱乐公司——VIZ 媒体合资成立 Toonami Jetstream 以提供宽带视频服务；2007 年 HBO 与韩国电信公司 SK 电信签订协议提供移动视频内容；2009 年特纳收购 NDTV Imagine（在印度拥有一个印第安通用娱乐频道）的大部分股权从而获取这部分细分市场的受众；2010 年时代华纳的拉丁美洲部收购智利全国地面电视台 chilevisió；2015 年中国传媒资本（CMC）和华纳兄弟娱乐公司签订协议成立电影国际生产和销售的合资企业。

（二）时代华纳的发展战略

时代华纳的年度报告曾如此写道："我们的目标是成为最好的人才和想法的首选公司，超越技术和地理界限的限制与我们的消费者分享有价值的内容，并在财务上遵守我们所做的一切。利用技术创新开发新的商业模式以增加我们的内容对受众和分销商的价值，并推动我们的业务增长。通过不断拓展海外市场从而提高我们的传媒产品在世界范围内的受欢迎程度，我们也在不断优化营运成本及提高资本效率，为股东提供有吸引力的回报。"纵观时代华纳的发展史可以清楚看到四种战略即并购战略、多元化战

---

① Gershon, *The Transnational Media Corporation*, Mahwah, NJ: Lawrence Erlbaum, 1997.

略、品牌战略以及国际化战略在其发展史中占据重要位置。如前文所述，由于国际化战略是本书的重要内容，在后文会进行深入研究，因而先搁置不谈，这里主要介绍其他三种战略选择。

1. 并购战略

同其他跨国传媒集团一样，并购战略是时代华纳成长史上使用频繁的战略之一，通过同行业之间的横向并购、产业链上下游之间的纵向并购、不同行业之间的混合并购，时代华纳快速成长为著名的跨国传媒集团。在其发展历程中，有些重要的并购颇值一提，在这些重要并购中，既有在商业上获得巨大成功的并购，亦有出现巨额亏损的失败的并购。第一次重要并购自然是1989年时代公司与华纳公司合二为一成为时代华纳，由此推动时代华纳成为同时拥有纸制媒体与影视媒体的传媒集团。第二次重要的并购活动当属1996年时代华纳收购TBS，这次收购活动使得时代华纳获得有线电视频道、影视制作资产以及拥有全美最大影片库，也推动当时的时代华纳取代迪士尼再次成为世界最大的传媒集团。这两次并购活动可谓是时代华纳成长史上重要的并且是极为成功的并购战略。而于2000年发生的美国在线与时代华纳的合并活动当然是其发展历史上又一次的重要并购，这次并购当时被誉为传统媒体与新媒体的世纪联姻，并认为将会引领新一轮的传统媒体与新媒体并购的热潮，只不过这次并购的结果与人们的期待相反，最终是以失败结束，但也开启了时代华纳对新媒体公司不断收购的序幕。

近些年来，时代华纳开始加大对新媒体的并购力度。从2004年起，华纳兄弟通过不断收购游戏公司以实现其加快传统媒体与新媒体业务融合的目标。同时，时代华纳对网络广告公司的收购、对流媒体的收购等收购活动也非常频繁（表3-1）。而在其不断并购的同时，我们还看到一个有趣的现象，那就是，时代华纳也在不断剥离非核心业务资产，相继出售旗下音乐、图书出版等业务，具体可见于 2007 年对有线电视运营的剥离、2009 年对美国在线的剥离、2014 年对时代公司的剥离，等等。从其不断并购又不断剥离的成长历程中，我们可以看到在全球传媒环境剧烈变化的背景之下时代华纳快速的战略调整与应对能力。

表 3-1　　　　　　　　　　时代华纳的部分并购

年度	并购情况
1989	时代公司与华纳公司合并
1992	收购美国电话电报公司少数股权
1995	并购 Houston Industries Cable Television Network
1996	时代华纳收购 TBS
1998	美国在线收购 Personal Library Software，Mirabilis
2000	美国在线和时代华纳合并
2001	收购英国 IPC Media Group Ltd.
2004	收购 Advertising. com
2005	和 Comcast 一起收购 Adelphia Cable Systems；Weblogs；收购在线数字音乐公司 MusicNow
2006	收购宽带视频广告公司 Lightningcast；收购社区网络软件提供商 Userplane；收购独立的电子游戏发行商 GameDaily；收购纽约的金融新闻和信息搜索技术公司 relegence
2007	收购总部在美国的网络广告公司了 Tacoda；收购产品评论网站 www.trustedreviews.com
2009	收购 NDTV Imagine（拥有印度的印第安通用娱乐频道）大部分股权；收购 Turbine（北美洲在线游戏工作室）
2010	收购 Shed Media 大部分股权（英国最大的独立媒介生产和销售公司之一）；收购 Chilevision（智利的自由广播电台）
2011	收购 Flixster（电影发现应用公司）；收购 BlazHoffski Holding（荷兰和比利时的独立电视制片公司）

续表

年度	并购情况
2012	收购 Alloy Entertainment（主要针对青少年女孩和年轻女性的书籍制造商）；收购 Bleacher Report（网络体育数字财产的提供商）
2013	收购 American Express publishing（权威的生活内容提供者）
2016	收购 Hulu（优质的流媒体电视服务）10% 的股权；收购 DramaFever（提供订阅和按需视频服务的公司）

资料来源：根据相关资料整理而得。

2. 多元化战略

多元化战略意指公司同时在两个或两个以上的产业进行经营，具体可分为相关多元化战略与非相关多元化战略。是否相关取决于公司的产品或服务在生产、技术、管理、销售、管理经验等方面是否具有一定的相关性。相关多元化战略的优势在于生产、原材料供应、技术诀窍、管理经验等方面的协同效应从而带来范围经济的产生，同时也能够拓展更多的收入来源与降低经营风险。非相关多元化战略主要目标是分散经营风险以及增加收入来源的范围。公司可以通过自身成长、并购战略、组建战略联盟、合资等多种方式实现其多元化的经营版块布局。

2014 年之前时代华纳的经营范围涵盖媒体网络、电影娱乐和以杂志为主体的图书出版业，2014 年之后，时代华纳将图书出版业从公司业务中剥离。当前，公司经营版块主要包括：（1）特纳有线电视网。主要包括有线电视网和数字媒体资产。（2）家庭影院。主要包括付费电视和 OTT 服务。（3）华纳兄弟。主要包括电视节目、电影、家庭录像带和游戏的生产和发行。2016 年这三部分的收入分别为 11364、5890、13037（百万）美元。从多元化战略类型来看，时代华纳实施的是相关多元化战略。近五年来时代华纳各经营版块的具体收入情况如表 3-3 所示。

表 3-2　　　　　　　　　　时代华纳的经营领域

媒介类型	主要代表公司
特纳	TNT, TBS, Adult Swim, tru the NBA and NCAA digital properties TV, Turner Classic Movies, Turner Sports, Bleacher Report, Cartoon Network, Boomerang, CNN, the CNN digital network, HLN and iStreamPlanet
HBO	Home Box Office Programming
华纳兄弟	Television；Feature Films；Home Entertainment；Videogames

资料来源：时代华纳官网。

表 3-3　　　　2012—2016 年时代华纳各版块
　　　　　　　　收入情况　　　　　　　（单位：百万美元）

	2012 年	2013 年	2014 年	2015 年	2016 年
特纳	9527	9983	10396	10596	11364
HBO	4686	4890	5398	5615	5890
华纳兄弟	12018	12312	12526	12992	13037
Intersegment eliminations	906	724	961	1085	973
总收入	25325	26461	27359	28118	29318

资料来源：2012—2016 年时代华纳年度报告。

特纳有线电视网。特纳有线电视网通过多平台为世界各国受众生产和播出新闻节目、娱乐节目、体育和儿童节目。至 2016 年 12 月 31 日，特纳有线电视网已在世界 175 多个国家进行运营。特纳有线电视网拥有的品牌包括 TNT，TBS，Adult Swim，tru TV，Turner Classic Movies，Turner Sports，Bleacher Report，Cartoon Network，Boomerang，CNN，the CNN digital Network，HLN，iStreamPlanet 等。近些年，为了因应传媒技术带来的变化，特纳有线电视网不仅关注传统播放平台，也加大了对非传统播放平台如 SVOD 服务、OTT 服务等的投入。特纳还加大对新媒体技术的投资以同时生产不同类型的内容满足受众从而获取传统电视平台之外更多的发展优势，如 2015 年特纳收购 iStreamPlanet 的多数股权。特纳同时不断增加业务规模以期在世界范围内获取更多的竞争优势，具体可见于特纳通过与不同的国家和地区的合作伙伴组建战略联盟或跨国并购以及通过创造本土化节目内容以加强其品牌在世界范围内的竞争优势。

家庭影院。家庭影院拥有和运营领先的多频道付费服务 HBO 和 Cinemax，主要包括国内外的付费电视和 OTT 服务，以及家庭娱乐的节目内容的授权。该业务部分提供高质量的节目内容，不断在多样化节目内容方面进行投资以提高它节目内容的吸引力。多元丰富的节目类型以及高质量的内容是时代华纳不同于其他付费节目提供商的不同之处，也是其核心竞争优势所在。2016 年，22 个黄金时段的艾美奖由 HBO 揣入囊中，《权力的游戏》更是一举获得 12 个奖项，《河中女孩：宽恕的代价》获奥斯卡最佳纪录片短片。

华纳兄弟。华纳兄弟是世界最大的电视节目和电影生产商。业务主要包括电视节目和电影的生产、发行、授权以及衍生产品的品牌授权。近些年来，华纳兄弟增加内容产品的新形式，主要包括线上短视频内容，同时也提供如 OTT 等服务。2016 年 12 月 31 日底，其影视产品在超过 190 多个国家进行授权播放。2016 年华纳兄弟发行了 19 部原创电影，具体包括《蝙蝠侠 V 超人：正义之初》《中央情报局》《魔术 2 号》《神奇的野兽》《在哪里找到他们》《泰山传奇》等，电影收入为 50 亿美元，在全球票房收入中占据第 2 名的位置。华纳兄弟凭借其研发、生产和发行手游和游戏机游戏成为最大的游戏提供商。其游戏生产主要建立在它拥有的和被华纳兄弟授权的知识产权的基础之上，如哈利波特和格斗之王。2016 年，华纳兄弟发布了 12 部视频游戏，包括蝙蝠侠：雅克汉姆 VR、乐高 Malver 的复仇者和 Maltalk Obto XL。华纳兄弟公司还为玩具《生活视频游戏》（乐高）推出了更多的人物套装，包括哈利·波特、乐高、蝙蝠侠等。

3. 品牌战略

时代华纳的众多品牌在为其赚取巨额利润的同时，也在不断提高其在世界各国的影响力。据世界品牌实验室的数据显示，在2016年世界品牌五百强中，时代华纳排名第149名。时代华纳旗下著名品牌HBO与它的姊妹频道Cinemax是世界领先的付费电视以及视频点播（SVOD）服务商。HBO推出众多品牌忠诚度非常高的电视剧，如《权力的游戏》《西部世界》《都市女孩》，等等。时代华纳旗下品牌Turner是世界上著名的有线电视网络，华纳兄弟则是世界著名的电视节目制作、电影娱乐提供商以及游戏提供商。时代华纳的DC漫画是与漫威齐名的动漫巨头，拥有超级英雄系列，如超人、蝙蝠侠、神奇女侠、闪电侠等，不断给时代华纳带来忠诚度极高的规模巨大的受众以及随之而来的巨额收入。公司另一著名品牌CNN在世界各国拥有卓越影响力和品牌忠诚度，近年来CNN通过数字化战略转型成为数字化内容的先行者和引领数字化变革的重要力量。

二　新闻集团

从身处澳大利亚一隅的报业公司到今日的跨国传媒集团，新闻集团的成长史带有其领导者默多克鲜明的个人印记。2012年默多克做出重要战略决定将新闻集团分拆为新闻集团（后）与21世纪福克斯。在具体业务经营版块上，新闻集团（后）负责新闻、出版和教育业务，21世纪福克斯则负责传媒娱乐服务。默多克认为，尽管在新媒体迅猛发展的情境之下解散出版业务尤其是报纸业务看上去是极其普遍的现象，但是无论是在英国还是在澳大利亚新闻集团旗下的新闻信息与出版业务都是行业领先者，因而在新媒体技术的挑战之下，新闻集团要做的不是解散出版业务，而是应该把受众需要的新闻信息、娱乐内容等随时提供给他们从而将这种行业优势以及受众忠诚度继续保持下去。新闻集团2012年年度报告中如此评价这次分拆"我们是不断接受挑战并在挑战中成长壮大的公司。我们公司的发展历程证明了这一点。在这个崭新的转变过程中，我们将我们的未来寄托在两家新公司上，这两家公司能够帮助彼此从而做到比我们任何一家竞争对手更加灵活、更加有创新能力以及更加进取，能够为我们的股东创造更多价值"。

2013年6月28日新闻集团的分拆任务完成，默多克仍为拆分后的两家公司即新闻集团（后）和21世纪福克斯的董事长与首席执行官。2016年，新闻集团的总收入为35618百万美元，其中，新闻集团（后）的收入为8292百万美元，21世纪福克斯为27326百万美元。[①] 考虑到新闻集团的分拆主要是业务版块的分拆，分拆后的2家公司的实际领导权和战略发展方向仍在默多克的掌控之下，因此，本书在对新闻集团进行分析时仍将分拆后的2家公司视为1家公司从而保证本书在时间上的连续性。相关的数据资料由本书整理而成，研究资料截止时间为2016年12月31日。资料来源主要为新闻集团官网、新闻集团历年来的年度报告、新闻集团的各种新闻报道、21世纪福克斯历年来的年度报告、21世纪福克斯的各种新闻报道、默多克的个人传记、学界对新闻集团以及默多克本人的已有的研究文献，等等。

（一）从报业公司到跨国传媒集团：新闻集团的成长史

新闻集团的成长史可追溯至1952年默多克从父亲那里继承的

---

① 新闻集团2016年年度报告、21世纪福克斯2016年年度报告。

《阿德莱德新闻报》。新闻公司随后成立开始通过收购进入更多市场和传媒领域。1968年新闻公司通过收购《世界新闻报》成功进入英国报业市场。1980年新闻公司正式改名为新闻集团。1981年新闻集团凭借收购英国两家颇负盛名的报纸即《泰晤士报》《星期日泰晤士报》奠定其在英国报业市场的重要地位。至1985年《泰晤士报》已控制英国30%的市场份额，《星期日泰晤士报》成为当时世界销量最大的星期日报纸。[1] 英国的报纸出版业务逐渐成为新闻集团的主要收入来源。与此同时，新闻集团同样使用收购手段获取 Harper Collins, Avon Books, Fourth Estate, the Triangle Group 进入消费期刊和图书出版领域，也因此成为当时世界最大的报纸、期刊和图书出版商。

从20世纪80年代开始新闻集团进入到快速发展轨道，其产业布局也开始从出版行业进入到电视、电影以及其他更多的传媒产业门类。1985年新闻集团先后收购21世纪福克斯和Metromedia。1987年新闻集团成立福克斯电视网，并因此成为除美国广播公司、哥伦比亚广播公司、全国广播公司（ABC, CBS, NBC）之外的美国第四个主要电视网，由此将其经营领域从出版产业正式拓展至电视产业。这一时期，新闻集团不仅在业务经营版块方面进行快速扩张，其国际扩张也在不断地行进之中。1990年新闻集团收购其竞争对手BSB形成对英国卫星电视的市场垄断。在欧美市场之外，亚洲市场也一直是默多克实施其发展战略的重要布局地。1993年新闻集团通过成立星空卫视将其业务扩张至亚洲市场。1998年新闻集团借由Sky Perfec TV的成立进入日本数字电视

---

[1] Fiona Roder, *Strategic Benefits and Risks of Vertical Integration in International Media Conglomerates and Their Effect on Firm Performance*, University of St. Gallen.

市场。在其他国家和地区，新闻集团也一直保持激进的进入态势，如 2000 年新闻集团以 10 亿美元的价格收购新加坡电信 4% 的股权；2001 年新闻集团与高盛共同向中国网通投资 3.25 亿美元，占网通 12% 的股份；2002 年新闻集团与意大利电信达成战略协议收购意大利付费电视平台 Telepiu 的部分股份。

2004 年是新闻集团成长史上一个重要年份，这一年新闻集团由澳大利亚的阿德莱德搬迁到美国的特拉华州，重组成为现在的新闻集团。2005 年新闻集团出资大约 650 百万美元购买一家提供电子游戏和其他形式数字娱乐的社交网络传媒公司 IGN Entertainment。2007 年默多克以 56 亿美元的价格收购道琼斯公司及《华尔街日报》。2008 年新闻集团提高它在德国付费电视的股权至 25%。同年，新闻集团收购拉脱维亚俄语免费广播电台 TV Riga 30% 的股权，后提高至 100% 股权。2009 年新闻集团重建它的亚洲电视版块将其整合为三个部分，具体包括 STAR India、STAR Greater China 和 Fox International Channels。近些年来，新闻集团也在积极转型尝试获取更多的收入来源渠道，如积极投资线上新闻，建立报纸、杂志的网上出版业务尝试能够从网络读者那里获取收入。2011 年华尔街日报推出德语新闻网站——wallstreetjournal.de。

2012 年在新媒体迅猛发展的背景之下，默多克宣布正式分拆新闻集团的计划，将集团下的新闻出版业务和传媒娱乐业务进行分拆，分拆后两家公司为新闻集团（后）与 21 世纪福克斯，这一行动预示新闻集团进入重要的战略转型期。2013 年 6 月 28 日这一分拆任务正式完成。2013 年新闻集团宣布以 2500 万美元的价格收购 Storyful——位于爱尔兰、经营社交媒体新闻的创业公司。Storyful 主要负责将社交媒体（Twitter，Instagram，Facebook）上的新闻内容进行核实、挑选以及进一步整合，这也是新闻集团积极应对新媒体挑战的重要举措。2014年9月新闻集团出价大约9.50亿美元收购美国著名房地产网站运营商Move Inc。2015年新闻集团与国家地理学会扩张战略合作关系，进一步拓展的战略合作关系将有助于推进新闻集团旗下众多的传媒资产与品牌与国家地理学会的地理杂志频道以及美国国家地理杂志的传媒资产与品牌进行有效整合以发挥协同效应。

（二）新闻集团的发展战略

仔细梳理新闻集团的成长路径可以发现，默多克的卓越领导能力、战略选择与实施的能力、新闻集团的内部资源与能力、外部环境中利好因素的出现等因素共同推动其从一家报业公司成长为今天业务经营版块横跨传媒各产业门类的跨国传媒集团。同时代华纳一样，在新闻集团60多年的发展历程中其频繁使用的并因此推动其快速成长的主要战略有并购战略、多元化战略、品牌战略以及国际化战略。如前所述，这里主要分析新闻集团实施的其他三种战略选择，即并购战略、多元化战略与品牌战略。

1. 并购战略

新闻集团的成长史可归纳为一部并购史，这个结论并非言过其实，通过对新闻集团成长史的梳理，我们确实非常容易看到并购战略在其成长史上所占据的重要地位。从前述新闻集团成长史可见，默多克主宰的新闻集团通过不断并购从报纸行业进入到期刊、图书出版行业，亦是通过并购进入到电视、电影、网络、社交媒体等领域。在业务版块不断扩张的同时，其国际化经营的地理版图也通过快速并购从澳大利亚拓展至日本、加拿大、英国、意大利、中国、印度等国家。这些并购活动有基于同行业之间的横向交购，也有基于产业链上下游之间的纵向并购，更有基于不同产业门类之间的混合并购。横向并购使得其能够获得市场占有率的提高、生产规模的扩大、寡头地位的占据、协同效应的出现、规模经济的产生，等等。通过产业链上下游之间的纵向并购使得其外部交易内在化、市场控制能力的增强、竞争地位的保持与进一步提高。混合并购则使得其可以快速地进入到不同的经营领域，由此可带来收入来源的扩大以及分散过于集中于某个产业的经营风险。基于上述，新闻集团在其成长的过程中频繁使用并购战略以获得上述优势，也因此铸就了新闻集团的成长史就是一部并购史的发展历程。

在新闻集团并购史上，有几次重要的并购行动直接推动新闻集团快速成长的步伐。1981年，新闻集团收购英国两家历史悠久且颇负盛名的《泰晤士报》《星期日泰晤士报》，也是通过此次并购成功进入英国报业市场并占据了极为重要的市场地位，由此大大提高了彼时新闻集团在报纸行业的影响力。1985年收购21世纪福克斯则是新闻集团从出版行业进入到影视行业重要的一步。2007年新闻集团收购了创立于1882年的拥有众多传媒品牌的具有百年历史的世界领先的商业财经信息提供商与出版集团——道琼斯。此次收购使得新闻集团获得道琼斯众多传媒资产，当然也包括道琼斯旗下著名的《华尔街日报》。近些年新闻集团仍在不断地实施并购战略，如分别于2012年、2013年、2014年对MOBY Group的收购、对位于爱尔兰经营社交媒体新闻的创业公司Storyful的收购、对美国著名房地产网站运营商Move Inc，等等。2015年8月新闻集团收购VCCircle——一家印度数字信息培训网络公司。同年9月16日宣布收购Unruly Holdings Limited（"Unruly"）——全球领先的广告平台。

表3-4　　　　　　　　　　新闻集团的部分并购

年度	目标方及情况介绍
1968	《世界新闻报》
1981	《泰晤士报》《星期日泰晤士报》
1985	收购21世纪福克斯、并购 Metromedia television chain
1990	BSB 部分股份、Harper Collins
1993	收购 STAR 电视64%的股份
1998	收购 Fox/LibertyNetworks LLC 剩余50%的股份
1999	Channel [V]、Hearst Book Publishing
2002	收购芝加哥的 WPWR-TV、付费电视平台 Telepiu 部分股份
2003	收购 Telepiu 组建 SKY 意大利,拥有80%的股权
2004	收购 SKY 意大利剩余20%的股权
2005	收购福克斯剩余18%的股权、收购 ING 娱乐
2007	收购道琼斯
2008	TV Riga
2011	Shine Group
2012	MOBY Group、与洋基全球公司达成合作协议以获得其体育频道 YESNetwork49%的股份,该频道主要为1500万订阅用户提供洋基棒球队和布鲁克林篮网篮球队的比赛内容
2013	位于爱尔兰、经营社交媒体新闻的创业公司-Storyful
2014	美国著名房地产网站运营商 Move Inc
2015	VCCircle——一家印度数字信息培训网络公司;Unruly Holdings Limited ("Unruly")——领先的全球广告平台

资料来源:根据相关资料整理而得。

2. 多元化战略

梳理新闻集团的发展历史,可以清楚地发现多元化战略一以贯之贯穿其发展历程,通过在多个产业门类进行经营版块布局,新闻集团能够获得规模经济、范围经济、协同效应、分散风险、拓展收入来源、加强对市场控制能力、减少交易成本等优势。关于多元化战略的概念与分类以及实现这一目标的具体途径具体可见于对时代华纳的相关分析。目前来看,新闻集团的业务版块遍及传媒各产业门类,具体包括新闻和信息服务、图书出版、电影娱乐、电视、有线电视、卫星直播电视,等等,① 其多元化战略的类型同样是相关多元化战略。近五年各业务版块的具体收入可见表3-6。

表3-5　　　　　　　　　　新闻集团的经营领域

媒介类型	主要代表公司
新闻和信息服务	Dow Jones, News Corp Australia, News UK, New York Post, News America Marketing
图书出版	哈珀—柯林斯出版公司（在美国、澳大利亚、新西兰、加拿大、英国设立分部）、Avon, Harper, HarperCollinsChildren's Books, William Morrow, Thomas Nelson
数字房地产服务	REA Group Limited, Move, Inc. DIAKRIT International Limited
有线电视服务	FOX SPORTS Australia, FOX SPORTS 1, FOX SPORTS 2, FOX SPORTS 3, FOX SPORTS 4, FOX SPORTS 5, FOX FOOTY, FOX SPORTS NEWS 福克斯新闻频道、福克斯大学体育、福克斯体育娱乐、福克斯足球频道等等、Big Ten Network（BTN）、STAR India
电影娱乐	Twentieth Century Fox, Fox 2000, Fox Searchlight Pictures, Fox International Productions, and Twentieth Century Fox Animation
电视节目	福克斯电视公司、福克斯体育、澳大利亚福克斯体育、MyNetWork 电视等
卫星直播电视	BskyB、FOXTEL、德国天空公司、意大利天空公司等

资料来源：新闻集团官网。

表3-6　　　2012—2016年新闻集团各版块收入情况　　（单位：百万美元）

	2012年	2013年	2014年	2015年	2016年
新闻和信息服务	7058	6731	6153	5731	5338
图书出版	1189	1369	1434	1667	1646
数字房地产服务	286	345	408	625	822
有线电视服务	9325	11205	12764	14273	15513
电影娱乐	8363	8642	9679	9525	8505
电视节目	4803	4860	5296	4895	5105
卫星直播电视	3740	4439	6030	2112	—
其他	1179	1147	1411	1318	1313
总收入	35943	38738	43175	40146	38242

资料来源：根据新闻集团和21世纪福克斯年度报告（2012—2016）整理而得。

---

① 如上文所述，这里的经营版块是将拆分后的新闻集团与21世纪福克斯视为一个整体。

新闻与信息服务。新闻与信息服务具体包括 Dow Jones，News Corp Australia，华尔街日报、WSJ.com，WSJ.Mobile，Dow Jones Media Group，The Wall Street Journal Digital Network，News UK，New York Post，News America Marketing，等等。该部分的收入来源主要为广告收入、发行收入和订阅收入。

图书出版。图书出版具体包括 Harper Collins Publishers（哈珀—柯林斯出版公司）及其分支机构，柯林斯在全球范围内的18个国家运营，运营产品形式有纸制、数字和音频格式，拥有如 Avon，Harper，HarperCollinsChildren's Books，William Morrow，Thomas Nelson 等多个品牌。该部分的收入来源为纸质出版、电子出版以及音频格式的销售。

数字房地产服务。数字房地产服务具体包括 REA Group Limited（"REA Group"）的61.6%的股份、Move，Inc（"Move"）80%的股份以及 DIAKRIT International Limited。（"DIAKRIT"）

有线电视节目。有线电视节目部分主要包括新闻、商业新闻、体育、大众娱乐节目等的生产以及通过有线电视网络、卫星运营商，电信公司和在线视频等为美国国内和海外市场进行节目内容提供与分销的许可授权。如旗下的集中于现场国内和国际赛事的 FOX SPORTS Australia 频道包括 FOX SPORTS 1，FOX SPORTS 2，FOX SPORTS 3，FOX SPORTS 4，FOX SPORTS 5，FOX FOOTY，FOX SPORTS NEWS，这些频道每年向 FOXTEL，Telstra，Optusthat 的订阅用户提供12000个小时的现场体育节目。

电影娱乐。电影娱乐部分主要是电影和电视剧在世界各地的生产与分销。具体包括 Twentieth Century Fox，Fox 2000，Fox Searchlight Pictures，Fox International Productions，以及 Twentieth Century Fox Animation。（20世纪福克斯、福克斯2000号、福克斯探照灯影

业、福克斯国际制片公司和20世纪福克斯动画公司。)

电视节目。电视节目部分主要为新闻集团在美国国内的广播电视台的运营和网络节目的播出。具体包括 Fox Television Stations；Fox Broadcasting Company（Fox）以及 MyNetworkTV 等。

卫星直播电视。这部分主要包括面对意大利、德国和奥地利的用户通过卫星、有线和网络提供的节目分销服务。

3. 品牌战略

品牌战略同样是新闻集团重要的战略选择。对于传媒产品来说，品牌战略能够为其带来品牌忠诚度，而由品牌忠诚度建构起来的用户黏性自然是传媒集团获取利润的不二法门。新闻集团拥有众多的传媒品牌，如纽约邮报、华尔街日报、21世纪福克斯、道琼斯公司、哈珀—柯林斯出版公司，等等。这些传媒品牌给新闻集团带来大规模的用户订阅费用和广告收入，是新闻集团源源不断的价值源泉。世界品牌五百强基于四项指标即品牌影响力、市场占有率、品牌忠诚度以及全球领导力对世界品牌进行品牌评价，梳理近年来世界品牌五百强榜单可以发现，新闻集团旗下的众多品牌榜上有名。在2016年世界品牌五百强的名单中，21世纪福克斯为第51名，华尔街日报为第131名，新闻集团排名第204名。由品牌忠诚度带来的用户黏度为新闻集团的传媒产品的强劲的渗入奠定基础，这可从其传媒品牌的到达率和订阅量窥见一斑。21世纪福克斯旗下的福克斯新闻到达超过97百万的美国用户；The National Geographic Channels 在美国国内有83百万用户，同时通过37种语言向超过173个国家和地区提供内容；福克斯国际频道到达14亿家庭；My Network TV 覆盖98%的美国家庭。

三 迪士尼

如果从1923年诞生之日算起，迪士尼从一家动画片制作公司通过自身不断成长发展成为今天的跨国传媒集团，已走过近百年历史。在传媒娱乐行业提供高质量的娱乐服务一直是迪士尼的发展宗旨。今天的迪士尼成为实施多元化战略的跨国传媒集团，旗下拥有众多的电视台、广播电台、影视录音公司、主题公园以及包括 ABC、ESPN 在内的著名电视网，同时经营着遍及世界各地的迪士尼专卖店。2014 年迪士尼的年度报告写道："迪士尼被公认为是世界上最受赞赏和尊敬的公司之一，我们通过专注于无与伦比的创造力、创新的技术和全球扩张从而获得成功。迪士尼在给受众提供世界上最非凡的娱乐体验的同时也带来了公司市场绩效的显著增长，股东总回报率为 317%。"

截至 2016 年 10 月 1 日，迪士尼的全球雇员为 195000 人，公司主要在四个业务版块进行经营，具体为：媒体网络、公园与度假村、影音娱乐、消费品和交互媒体。2016 年迪士尼总收入为 55632 百万美元，同比增加 6%。迪士尼案例分析的相关数据资料由本书整理而成，研究资料截至时间为 2016 年 12 月 31 日。资料来源主要为迪士尼官网、迪士尼历年来的年度报告、迪士尼的各种新闻报道、学界对迪士尼的研究文献，等等。

（一）从动画公司到跨国传媒集团：迪士尼的成长史

1923 年，华特·迪士尼和他的哥哥洛伊·迪士尼成立迪士尼兄弟动画工作室，迪士尼的第一部动画片便是该年生产的《爱丽丝梦游仙境》，这一年自然成为迪士尼的开端之年。1928 年迪士尼经典动画片《米老鼠》诞生，并在商业上获得巨大成功，初步奠定其在动画行业中的地位。20 世纪 30 年代，迪士尼不断制作出如 1932 年的《花与树》、1937 年的《白雪公主和七个小矮人》等在商业上获得巨大成功的动画片。《白雪公主与七个小矮人》当时的国内票房收入超过 1.84 亿美元。

在迪士尼动画片大放异彩的同时，迪士尼发现通过授权动画片经典角色可以为公司带来又一轮收入。纽约的一位商人出价300美元申请授权在他生产的铅笔刀使用米老鼠形象，这成为迪士尼的产品授权事业的开端，很快就有印有米老鼠形象的玩偶、盘子、牙刷、收音机、小雕像等，米老鼠的衍生商品的种类非常之多。通过产品授权，迪士尼将其产业链拉长进入到产业链的下游从而获得更多的收入。1930年第一本关于Mickey Mouse的图书得以出版，同时出现的还有在报纸上刊登的米老鼠连环画。1940年迪士尼发行第一批股票，同年迪士尼迁往加利福尼亚伯班克。

20世纪50年代，迪士尼继续推出一系列动画片《金银岛》《灰姑娘》《小飞侠》《睡美人》，等等，并由此开始进入电视领域，推出的《迪士尼乐园》系列剧集、《米老鼠俱乐部》在电视行业引起了较大反响。随着迪士尼的动画片和电视节目的巨大成功，迪士尼将产业布局拓展至乐园与度假村。迪士尼乐园于1955年7月17日开业，是迪士尼拉长其产业链条的又一重要举措，在电影、电视节目、产品授权收入之后再一次获得乐园与度假村的相关收入，自此，迪士尼已打造出一条完整的娱乐产业链。

20世纪70年代末80年代初，迪士尼以成年人为目标受众成立Touchstone Pictures从而进入新的目标市场。1983年，为了将迪士尼生产的内容在有线电视平台上进行分销创办了迪士尼频道。继日本东京之后，迪士尼乐园继续向海外扩张，1992年巴黎迪士尼乐园开业，作为运营巴黎迪士尼乐园的回报，迪士尼拥有49%的投权以及10%的门票收入、5%的零售品的收入，不包括公园的利润回报。

20世纪90年代之后，迪士尼开始进入快速发展的轨道，而当时正值美国历史上的第五次并购浪潮，这一外部环境也在快速推动迪士尼的发展步伐。迪士尼先后进行一系列并购从而牢牢占据与提高了其在美国传媒行业中的重要地位和影响力。1996年迪士尼出价190亿美元收购美国三大商业广播电视网之一的美国广播公司（ABC），被称为当时交易金额最高的媒体公司收购案，也是当时美国历史上规模第二大的并购案。这一并购将ABC旗下众多的传媒渠道与品牌资产收入囊中，迪士尼开始成为不仅拥有内容同时也拥有渠道的巨型传媒集团。2001年，迪士尼再次出资52亿美元收购FOX家庭频道，并在并购后改名为ABC家庭频道，继续扩大其在传媒渠道方面的影响力。

迪士尼的收购之路并没有停止，而是继续前行并且越发迅速与有力。2006年、2009年和2012年，迪士尼分别以74亿美元、42亿美元和41亿美元成功收购了在影视行业浸淫多年的皮克斯动画、漫威工作室和卢卡斯电影公司。皮克斯生产出众多经典动画片如《玩具总动员》《海底总动员》《超人总动员》等。迪士尼收购漫威进一步扩充其拥有的无形资产从而增加其未来获利的能力与源源不断的价值源泉。连续收购皮克斯和漫威之后，2012年迪士尼再次出手收购卢卡斯，卢卡斯同样是生产出众多经典电影的卓越的影业公司，此次收购有助于迪士尼在科幻电影领域的拓展，同时，还给迪士尼带来了卢卡斯公司的系列电影制作、消费商品、动画化、视效及音频后期制作的所有权。上述三次并购进一步提高迪士尼在影视行业的地位与影响力。

近些年来，在传统媒体行业频频布局之外，迪士尼也在加大对新媒体投资的力度，积极迎接和回应新媒体带来的挑战与机遇。2015年9月，迪士尼与华人文化投资基金领投位于美国硅谷的VR企业Jaunt。2015年底，迪士尼以4亿美元的投资获得备受年轻人青睐的新媒体Vice Media 10%左右的股份。

(二) 迪士尼的发展战略

迪士尼在其发展历程中使用多种战略进行不断地扩张，这其中，既有完全依靠自身力量不断完善产业链的自我成长战略，又有通过不断并购从而实现快速成长目标的并购战略，同其他跨国传媒集团一样，迪士尼也重视并购战略、多元化战略、品牌战略以及国际化战略的实施，在这部分内容中，我们同样重点介绍其并购战略、多元化战略以及品牌战略，国际化战略将在后文进行详细分析。

1. 自我成长与并购战略交织的迪士尼成长史

梳理迪士尼的成长史可以发现，其成长历程是由自我成长与并购战略交织的成长史，迪士尼在早期的发展历程中更多地依靠自我成长，这种成长方式较为缓慢，但风险相对较小。迪士尼2005年的年度报告写道："迪士尼是第一家更多地依靠内部成长而不是并购战略从而实现纵向一体化战略的传媒娱乐公司。"而在近些年的发展过程中，与其他美国传媒集团一样，迪士尼开始使用并购战略这一成长方式进行快速扩张。而无论是通过自我成长还是通过并购快速发展，迪士尼念兹在兹的是如何延伸其产业链条。从其发展历程可以清晰地看到，迪士尼以动画片起家，继而利用其内容资源在传统发行平台（如家庭视频和有线电视）获得市场份额，并迅速成长成为拥有内容与渠道于一身的跨媒体集团，然后通过产品许可授权的方式实现产业链链条的延伸，最后将产业链条进一步延伸至乐园与度假村，由此打造了从内容到渠道到消费品再到乐园与度假村完整的产业链条从而实现其纵向一体化战略的目标。

在迪士尼成长史上，并购战略虽然在其前期的成长阶段作用并不突出，但在中后期成长阶段却至关重要。如1995年迪士尼对 ABC 的收购增加了迪士尼内容的有线电视分销渠道，也将 ABC 的电视内容一并收入囊中。获得美国的主要电视网也让迪士尼能够直接和它的观众建立直接联系帮助其收集有价值的信息从而满足观众的需求以增加更多的利润可能。这次并购使得迪士尼成为当时美国最大的传媒娱乐公司。前述提到的迪士尼先后对皮克斯动画、漫威工作室和卢卡斯电影公司的收购更是奠定了其在影视行业如日中天的不可撼动的寡头地位。2014 年迪士尼年度报告如此评价了这三次重要收购行动"对 Pixar、Marve 和卢卡斯的收购，给我们带来了前所未有的梦幻般的品牌内容组合。它们给迪士尼带来了一些令人难以置信的创新故事，作为催化剂拓展我们的创新方向，提升了我们的创造力，扩大了我们与世界各地受众和消费者联系的能力"。

表 3-7　　　　　　　　　　迪士尼的部分并购

年度	目标方
1995	收购 ABC
1997	收购 Starwave
1998	Fox/LibertyNetworks LLC 剩余 50% 的股份
1999	收购 Infoseek
2001	收购福克斯 Fox Family Worldwide
2004	film library and intellectual property right for Muppets
2006	收购皮克斯
2009	收购漫威工作室
2012	收购卢卡斯电影公司
2015	收购 TV Riga 10% 的股权
2016	收购 BAMTech 15% 的股权——一家拥有美国职业棒球大联盟流媒体技术和内容传递业务的实体

资料来源：根据相关资料整理而得。

2. 多元化战略

同其他跨国传媒集团一样，迪士尼也在积极地实施多元化战略，但同其他跨国传媒集团不一样的是，在新媒体迅猛发展的压力之下，迪士尼并没有对其经营版块进行收缩。当前，迪士尼的经营范围具体包括：媒体网络、公园与度假村、影音娱乐、消费品和交互媒体。2016年传媒网络的部分收入是23689百万美元，占公司总收入的42.6%；其次为公园与度假村，收入占公司总收入的30.5%；影音娱乐占公司总收入的17%；消费品与交互媒体占公司总收入的9.9%。多元化的经营版块让迪士尼能够分散经营风险，同时亦能扩大收入来源。近五年来各版块具体收入如表3-9所示。

表3-8　　　　　　　　迪士尼的经营领域

媒介类型	主要代表
媒体网络	ABC电视网、ESPN系列频道、华特迪士尼网络集团等
公园与度假村	迪士尼乐园（主题公园、酒店、度假俱乐部、高尔夫俱乐部、水上公园等）
影音娱乐	华特迪士尼电影公司、试金石电影公司、米拉麦克斯电影公司、迪士尼家庭娱乐公司、华特迪士尼唱片公司、好莱坞唱片公司等
消费品与交互媒体	迪士尼商品零售、商品特许经营、图书杂志、在线直销、迪士尼交互媒体工作室、迪士尼在线服务（Disney.Com，Disney-Family.Com）等

资料来源：迪士尼官网。

表3-9　　　　　　2012—2016年迪士尼各版块
　　　　　　　　　收入情况　　　　（单位：百万美元）

	2012年	2013年	2014年	2015年	2016年
媒体网络	19436	20356	21152	23264	23689
公园与度假村	12920	14807	15099	16162	16974
影音娱乐	5825	5979	7278	7366	9441
消费品与交互媒体	4097	4619	5284	5673	5528
总收入	42278	45761	48813	52465	55632

资料来源：2012—2016年迪士尼年度报告。

媒体网络。媒体网络主要包括有线电视和广播电视网、电视节目生产和分销业务、国内电视台和电台的运营等。媒体网络的收入来源主要为：（1）作为有线电视、卫星电视和电视服务提供者的收入、宽带服务提供商以及国内电视网络的附属电视台播放迪士尼节目内容的收入；（2）迪士尼电视节目中商业广告收入部分；（3）对电视网络和节目分销商的内容许可收入。截至2016年10月1日，其旗下著名的ABC有线电视网和美国242个地方电视台都有协议，节目达到美国电视用户的100%。ABC生产节目或从第三方购买节目版权，主要收入来源为广告收入，同时也有部分收入来自于节目的授权收入。迪士尼有线电视网为美国国内和世界各地的消费者提供娱乐产品，有线电视网拥有2个著名品牌即ESPN和Disney Channel。美国之外（主要在拉丁美洲）有19家电视网络允许ESPN通过4种语言到达60多个国家和地区。Disney Channel通过34种语言通过提供100多个迪士尼品牌电视频道，具体包括Disney Junior, Disney XD, Disney Cinemagic, Disney Cinema and DLife等。

主题公园与度假村。从20世纪50年代的第一个迪士尼主题公园的落成，到如今，迪士尼已在世界各地拥有了六个主题公园，分别位于美国洛杉矶、奥兰多、日本东京、法国巴黎、中国香港、中国上海。在股权方面，迪士尼拥有巴黎迪士尼乐园81%的股权，香港47%的股权以及上海43%的股权。这一部分的收入来源主要是主题公园的门票收入、食品销售收入、饮料与商品的销售收入、住宿收入、邮轮及其他度假销售收入。

影音娱乐。迪士尼的影音娱乐主要包括电影、动画片、家庭娱乐、音乐录音、舞台剧等的制作和发行。电影娱乐的业务收入来自于影院、家庭娱乐和电视市场的电影发行、舞台剧门票销售、唱片发行和公司可用于现场娱乐制作的知识产权许可。电影主要由迪士尼电影公司、米拉·麦克斯电影公司、试金石电影公司等进行制作和发行。在电视节目市场方面，迪士尼许可其电影在有线和广播电视网上、电视台以及其他服务提供商的平台上进行播放，同时将迪士尼的节目内容提供给其他更多的电视台和网络服务平台。迪士尼音乐集团主要为公司的动画片和电视节目发行新的音乐以及在世界各地通过许可的方式生产音乐，具体包括迪士尼唱片公司、好莱坞唱片公司和迪士尼音乐出版公司等。

消费品与交互媒体。迪士尼的消费品与交互媒体部分通过向世界各国的制造商、游戏开发商、图书出版商和零售商许可迪士尼的商标、角色以及视觉的和文字的知识产权。1930年，华特·迪士尼允许一家公司将迪士尼经典的动画片形象米老鼠印在其生产的产品上，这是迪士尼许可经营的第一步。之后的几十年里，迪士尼许可经营产品的种类不断增加，许可经营的产品包括玩具、服装、家具、食品、文具以及图书出版等。迪士尼零售主要通过设在世界各地的零售店以及网上进行迪士尼系列相关产品的销售，目前，迪士尼在南美各国共拥有231家零售店，在欧洲共拥有109家零售店。交互媒体部分的业务包括针对其他公司业务的网站管理和设计以及在线视频内容的开发和分发。主要代表公司有：迪士尼交互媒体工作室和迪士尼在线服务。迪士尼交互媒体工作室主要负责生产、在世界各地通过多平台的方式发行以及推销迪士尼生产的各种品牌游戏。迪士尼在线服务主要负责针对家庭娱乐的迪士尼品牌服务，包括迪士尼网和迪士尼家庭娱乐网，提供包括迪士尼主题公园和度假村、迪士尼频道、迪士尼动画片、迪士尼消费品等在内的各种网络服务。

（三）品牌战略

迪士尼旗拥有众多卓越的品牌资产，强势品牌组合能够让公司吸引新的受众，同时维持现有的受众规模，受众规模的巨大是迪士尼不可替代的竞争优势，大量的订阅基数使得公司的高利润成为可能，同时提高公司对在频道上播放广告的议价能力，是公司稳定运营的基础。公司的著名品牌如 Disney, ESPN, Freeform (formerly ABC Family), Pixar, Touchstone 等为公司持续创造高品质内容提供可能。2016 年世界品牌五百强中迪士尼占据第 29 名，为众多传媒品牌之首。旗下著名品牌 DSPN 是一家领先的体育节目内容提供商，同时也引领这一行业的数字化创新与扩张。ESPN networks 使用 4 种语言到达 60 多个国家。ESPN 拥有 19 家电视网络，在美国之外拥有庞大的受众规模。2016 年 ESPN 有线电视网在美国有 90 百万订阅数，其他的如 ESPN 2, ESPNU, ESPNEWS 以及 ESPN Channels 分别有 89 百万订阅数、71 百万订阅数、70 百万订阅数、141 百万订阅数。迪士尼频道世界包括 100 个频道使用 34 种语言在 163 多个国家和地区播出。Disney XD 在美国国内有 78 百万订阅数，在国际市场上有 127 百万订阅数。Disney Junior 在国内有 74 百万订阅数，在国际市场上有 140 百万客户。迪士尼乐园和度假村在世界各国的品牌竞争优势同样不可复制。

四 维亚康姆

如同新闻集团带有默多克的强烈个人印记一样，维亚康姆也是由萨默·雷石东一手缔造和持续主宰的。从最初从父亲那里接过家庭影院到收购维亚康姆成长为世界领先的跨国传媒集团，萨默·雷石东一直引领维亚康姆的前行道路。1954 年雷石东从其父亲那里继承了东北影院公司，1967年东北影院公司更名为国家娱乐公司，雷石东为国家娱乐公司的首席执行官。1987年雷石东成功收购维亚康姆的大部分股权从而入主维亚康姆，其后，雷石东又先后收购派拉蒙和CBS，奠定了维亚康姆传媒帝国的雄厚基础。2005年，维亚康姆的收入达到27054.8百万美元，在世界五百强中排名第196名，在跨国传媒集团中占据第三名的位置。同年，雷石东对维亚康姆的业务进行调整，将维亚康姆一拆为二为新维亚康姆和CBS，并于该年年底完成分拆任务。拆分后的新维亚康姆只进行媒体网络和电影娱乐的经营，其他业务版块由CBS经营。新维亚康姆的收入较拆分之前有所下滑，但是维亚康姆的超级传媒帝国的地位仍然非常牢固。

2016年维亚康姆的收入为12488百万美元，全球雇员人数为9300人。2016年维亚康姆的年度报告如此写道："维亚康姆拥有众多世界顶尖的传媒品牌，通过多个平台为180多个国家的受众提供无与伦比的包括电视节目、电影、短形式内容、游戏、消费产品、播客、现场活动和社交媒体体验等传媒内容。"相关的数据资料由本书整理而成，研究资料截止时间为2016年12月31日。资料来源主要为维亚康姆官网、维亚康姆历年来的年度报告、维亚康姆的各种新闻报道、雷石东的个人传记、学界对维亚康姆以及雷石东本人的已有的研究文献，等等。

（一）维亚康姆的成长史就是一部并购史

如果要追溯维亚康姆的成长源头，应该可以追溯至1971年，这一年维亚康姆完成与CBS的分拆任务，成立为一家独立公司。又或者我们可以把时间推至更早的1954年，这一年雷石东从其父亲手中接过的东北影院公司。之所以会有后一种成长史追溯，主要是因为雷石东在维亚康姆成长史中极其重要的作用。

1954年萨姆·雷石东继承一家汽车影院连锁店，后于1967年更名为国家娱乐公司，经过几十年的不断发展至20世纪80年代已经成长为美国著名的电影院连锁机构。而成立于1971年的维亚康姆则不断收购广播电视台和有线电视网络以扩大其拥有的内容与渠道资产。1976年维亚康姆创办依靠付费收入的播放电影的有线电视频道SHOUTIME。1985年维亚康姆收购MTV和Nickolodeon两家有线电视网络的部分股权，并于一年之后收购MTV的剩余股权。

1987年维亚康姆迎来其发展历程中的重要节点，这一年雷石东的国家娱乐收购维亚康姆83%的股权，这次收购是雷石东事业发展史上一次最为重要且成功的收购行动。雷石东入主后的维亚康姆加快发展步伐，1993年它宣布出价99亿美元收购派拉蒙，这次收购于1994年结束，使得维亚康姆成为世界上最大的全球品牌内容提供商之一，进一步夯实了维亚康姆作为娱乐业霸主的地位。1999年维亚康姆在纽约股票交易所上市。同年，维亚康姆以370亿美元收购美国三大电视网之一的哥伦比亚广播公司，此次收购于2000年4月完成。2001年维亚康姆完成对BET Holdings II, Inc. 的收购，之所以进行这次收购是因为BET电视网在非洲裔美国观众这一细分市场已积累规模巨大的受众且拥有极高的受众忠诚度，在美国拥有6240万家庭用户，通过此次收购奠定了维亚康姆在细分市场即少数族裔观众市场中的领先地位。之后的几年里，维亚康姆也在不断并购，如2002年MTV收购The College Television Network；Nickelodeon收购Sesame Workshop 50%股权；2003年Viacom收购COMEDY CENTRAL剩余50%的股权。

2006年维亚康姆迎来其发展历史上的重要转型期。2006年1月，维亚康姆旗下派拉蒙电影公司完成对由著名电影导演斯皮尔伯格等人创办的梦工厂的并购，并购之后的派拉蒙实力大增。同年，雷石东宣布年底对维亚康姆进行拆分分为新维亚康姆和CBS，新维亚康姆负责传媒网络和电影娱乐业务版块，CBS负责公司其他业务版块，这一分拆的目的是为了避免维亚康姆的MTV、喜剧中心（美国有线频道）以及其他快速增长的有线网络受CBS业务市场绩效下降的影响。

在传统媒体之外，维亚康姆也加快新媒体发展步伐，2006年5月，维亚康姆出价总计约1.12亿美元收购了领先的游戏和社交网络服务商XFARE公司（www.xFiel.com）；2006年8月，维亚康姆收购BET.com 58%的股权，9月收购MTV日本业务的剩余63.8%的股权，其后不久又收购Atom娱乐公司——一家以休闲游戏、短片和动画为主的公司；2006年10月，维亚康姆以1.75亿美元收购游戏开发商Harmonix Music Systems Inc公司；2009年Nekelo Deon获得了青少年变种忍者龟的全球知识产权。2012年派拉蒙迎来其百年诞辰。2013年喜剧中心创建CC工作室——一个新的旨在发展内容，概念和人才的数字平台。

近些年来随着新媒体的迅猛发展，主要经营业务为媒体网络与电影娱乐业务的维亚康姆的发展似乎不太顺利，这自然与外部环境的剧烈变化脱不了关系。尼尔森数据显示，在2015年，整个有线电视行业黄金时段18—49岁观众收视率同比下降7%，维亚康姆则下降了19%。[①] 根据美国电影协会的报告，2016年美国的观影总人次为13.2亿，低于10年前的14亿人。在2012年，25岁到39岁年龄段的观众有990万人，而到2016年却只有800万

[①] www.nielsen.com.

人。① 实力传播集团发布的《全球30大媒体主》报告显示，2016年CBS广告收入排名已达第7，维亚康姆的排名为第11。② 2012—2016年维亚康姆总收入呈现小幅下降，分别为13887、13794、13783、13268、12488（百万）美元（如表3-13所示）。

（二）维亚康姆的发展战略选择

通过生产高质量的电视节目、电影和其他创造性的娱乐内容，维亚康姆成为服务于世界各国受众的跨国传媒集团。维亚康姆旗下拥有众多传媒品牌，同时拥有多种媒体渠道资源，在多平台上提供高质量的传媒娱乐产品从而吸引受众注意力进而赚取利润是维亚康姆竞争的不二法门。维亚康姆在保持最大的灵活性和所有权的同时积极与商业伙伴合作，不断创新内容与技术，扩大内容的生产规模，改善受众的跨多个平台的体验。在其几十年的发展过程中，维亚康姆不断利用新的市场机会，挖掘现有领域的增长潜力，扩大其国际规模从而成长为卓越的跨国传媒集团。同前述三家跨国传媒集团一样，维亚康姆也重视并购战略、多元化战略、品牌战略以及国际化战略的实施，在这部分内容中，我们同样重点介绍并购战略、多元化战略以及品牌战略，国际化战略将在后文进行详细分析。

1. 并购战略：三次并购铸就的维亚康姆成长史

可以说三次重要收购奠定了维亚康姆在传媒行业中的重要地位。第一次当属雷石东的国家电影收购维亚康姆，第二次是收购派拉蒙电影公司（Paramount），第三次为收购哥伦比亚广播公司（CBS）。或许在其并购史上还可以再加上两次重要的收购，一次

---

① www.mpaa.org/.
② 《全球30大媒体主》，www.zenithoptimedia.com/。

是 2001 年收购 BET，另一次则是 2006 年对梦工厂的收购，后两次并购对于雷石东同样重要，因此也应记下。

1986 年维亚康姆以 5.13 亿美元购买 MTV 全球电视网，并将其打造成为维亚康姆旗下最著名的传媒品牌之一，在世界各国给维亚康姆带来规模巨大的受众和源源不断的利润。其后的 1987 年雷石东通过收购维亚康姆的绝大多数股权成功入主维亚康姆，并由此奠定其在美国传媒行业的立脚基础。雷石东主政之后的维亚康姆开始加快发展步伐，1994 年维亚康姆并购著名的影业公司派拉蒙，为其在美国传媒业的影响力又增加了浓墨重彩的一笔，此次并购也推动维亚康姆成为传媒娱乐业的一个主要霸主。1999 年维亚康姆以 370 亿美元收购美国三大电视网之一的哥伦比亚广播公司。两个公司的合并于 2000 年 4 月完成。收购 CBS 意味着维亚康姆拥有更多的内容资源与渠道资源。2001 年维亚康姆收购 BET 公司以期在快速发展的少数族裔观众市场中占据领先地位。2006 年维亚康姆对梦工厂的收购同样非常成功，此次收购带给维亚康姆的是梦工厂拥有的电影版权以及梦工厂动画公司的影片发行权。

近年来维亚康姆也加快了对新媒体的收购行动，如前述提到的通过对 XFARE 公司、Atom 娱乐公司、Harmonix Music Systems Inc 等的收购来应对新媒体迅猛发展的现状。在不断拓展业务版块的同时，同其他跨国传媒集团一样，维亚康姆也频频使用并购战略进入海外市场。2014 年维亚康姆以 4.5 亿英镑（约合 7.59 亿美元）的价格从 Northern & Shell 集团手中收购了英国第五频道，成为首家收购英国地面频道的美国传媒公司。印度是维亚康姆的国际增长战略中的关键市场。2015 年 7 月维亚康姆集团以 94 亿卢比（约合 1.53 亿美元）的价格收购印度电视台 Prism TV 50% 的股份。维亚康姆集团总裁兼首席执行官 Philippe Dauman 表示"印度是世界上最大也是发展最快的电视市场之一，我们希望在这里拓展业务，并加强与 Network 18 公司的合作关系。此次收购是我们巩固在印度市场的领导者位置的重要一步"。维亚康姆国际传媒网络总裁兼首席执行官 Bob Bakish 则表示"印度的地区级电视网以及地区级电视广告市场，将在印度迎来下一波增长。我们目前在印度国家级和地区级电视业务中都处于领跑位置，这使得我们下一步可以向全印度引进更多品牌节目、成功的模式和周边产品"。①

表 3 – 10　　　　　　　　维亚康姆的部分并购

年度	目标方及情况介绍
1987	维亚康姆被国家娱乐公司并购（雷石东）
1994	收购派拉蒙、收购 Blockbuster
1996	收购 Waite Group
1999	CBS 收购 King World Productions；收购 Outdoor Systems；Viacom 与 CBS 合并
2001	收购 BET Entertainment
2002	收购 KCAL – TV
2003	收购 Time Warner's 50%
2005	收购 children's website neopets.com；收购 Ifilm；收购 Midway Games Inc；收购 DreamWorks SKG
2006	收购 Atom Entertainment
22009	收购 Teenage Mutant Ninja Turtles 全球知识产权
2010	收购社交游戏开发商 SocialExpress
2014	收购英国第五频道
2015	收购印度电视台 PrismTV 50% 的股份

资料来源：根据相关资料整理而得。

2. 多元化战略

维亚康姆在其成长过程中一直积极实施多元化战略，经营版

---

① 维亚康姆集团拓展收购印度电视台，www.contentchina.com.

块涵盖传媒产业各具体产业门类。2006 年雷石东决定将维亚康姆拆分为新维亚康姆与 CBS。媒体网络、电影娱乐由新维亚康姆负责，CBS 则负责其他业务版块。近 5 年来维亚康姆各经营版块的具体收入可见表 3-13。

表 3-11　　　　　　　　维亚康姆的经营领域（拆分前）

媒介类型	主要代表公司
无线电视和有线电视	哥伦比亚电视网、MTV 音乐电视网、黑人娱乐电视网、联合派拉蒙电视网、维亚康姆电视台集团等
广播与户外媒体	无限传播、维亚康姆户外广告
电影与电影院线	派拉蒙影业、派拉蒙家庭娱乐、闻名电影院线、联合国际电影公司、联合电影国际院线等
节目制作	派拉蒙电视、哥伦比亚企划、哥伦比亚娱乐
互联网	MTV.com、CBS.com、CBSNews.com、VH1.com 等
出版	西蒙出版公司
主题公园	派拉蒙主题公园
跨平台销售	维亚康姆营销、维亚康姆消费产品公司

资料来源：维亚康姆网站。

表 3-12　　　　　　　　维亚康姆的经营领域（拆分后）

媒介类型	主要代表公司
媒体网络	MTV 网络、CMT 网络、BET 网络、Nickeloden 电视频道、Nick at Nite 频道、COMEDY CENTRAL、Spike TV 等
电影娱乐	派拉蒙电影公司、派拉蒙经典、梦工厂、Nickeloden 电影等

资料来源：维亚康姆网站。

表 3-13　　　　　　2012—2016 年维亚康姆各版块
　　　　　　　　　　　　收入情况　　　　　　（单位：百万美元）

	2012 年	2013 年	2014 年	2015 年	2016 年
媒体网络	9194	9656	10171	10490	9942
影音娱乐	4820	4282	3725	2883	2662
Eliminations	127	144	113	105	116
总收入	13887	13794	13783	13268	12488

资料来源：由 2012—2016 年维亚康姆年度报告整理而得。

媒体网络。维亚康姆的媒体网络部分在多个平台上为受众生产、分发节目和其他内容，允许受众以各种方式参与和使用内容。维亚康姆传媒网络运营的全球媒体网络到达180多个国家，使用40多种语言通过超过250个本土化网络和频道进行全球运营。具体包括Nickelodeon, Comedy Central, MTV, VH1, SPIKE, BET, CMT, TV Land, Nick at Nite, Nick Jr., Channel 5［in the United Kingdom（UK）］, Logo®, Nicktoons®, TeenNick®, Paramount Channel®。媒体网络收入主要来源于广告收入、许可收入以及其他辅助收入等。2014年、2015年、2016年，媒体网络的收入占维亚康姆总收入比例的73%、78%、79%。

电影娱乐。电影娱乐包括生产和发行电影、电视节目以及其他娱乐产品，通过维亚康姆旗下的电影公司如Paramount Pictures, Paramount Animation, Nickelodeon Movies®, MTV Films, Paramount Television® brands。电影娱乐收入主要来自于：（1）票房收入；（2）DVD销售收入以及其他与电影相关产品的销售；（3）许可费收入。许可费收入包括在世界各地通过不同的窗口进行电影放映的许可收入；（4）其他收入。2014年、2015年、2016年，电影娱乐的收入占维亚康姆总收入比例的27%、22%、21%。

3. 品牌战略

维亚康姆旗下拥有众多强劲的品牌资产，如Nickelodeon, Comedy Central, MTV, VH1, SPIKE, BET, CMT, TV Land, Nick at Nite, Nick Jr., Channel 5（the UK）, Logo, Nicktoons, TeenNick, Paramount Channel，等等。不同的品牌有着不同节目与受众定位以吸引各自的受众人群。Nickelodeon为2—17岁的孩子和他们的家庭提供高品质的娱乐和教育的电视节目和网站服务，包括Nickelodeon@ site、Nick.com、Nick.Jr.等。娱乐网络为成年受

众生产和分销电视节目、线上服务以及电子游戏产品，包括 Comedy Central、SPIKE、TV Land 等。BET 网络为非裔美国人和喜欢黑人文化的受众提供高品质的娱乐内容，包括 BET channel，CENTRIC，BET Gospel，BET Hip Hop。这些传媒品牌在世界各地拥有规模庞大的受众人群。至 2016 年 12 月 MTV，MTV2，VH1，CMT 分别到达美国国内用户数为 89.6 百万、77.5 百万、89.3 百万以及 79.8 百万。MTV 通过其众多品牌在超过 178 个国家和地区播放，到达受众为 372 百万家庭用户。The Nickelodeon and Nick at Nite 在美国国内的家庭用户数为 91.4 百万，在超过 178 个国家和地区的家庭用户数为 493.5 百万。其他品牌如 COMEDY CENTRAL，SPIKE，TV Land，BET，CENTRIC 等的市场表现毫不逊色，同样拥有强劲的受众订阅数。

第四章
美国传媒企业国际化的内外因驱动

规模经济的原则适用于制造业的众多领域，特别是新药生产、飞机或计算机制造等研发成本高昂的领域。在这三个领域中，美国占据领先地位；在某些媒体领域中，规模经济表现得更为极端。

为了获取额外的海外销量，制造业必须实实在在地生产与销售更多的飞机、计算机或药品——类似的情形也出现在图书业与唱片业。但在其他媒体领域中，生产额外"副本"所需的成本几乎可以忽略不计。例如，全国性的电视新闻网只需要展示一个"原版"，而电影公司只需要少量正片的副本，即可以覆盖一个国家的影院。

——杰里米·藤斯托尔[①]

美国传媒企业的国际扩张并不是新现象。早在19世纪，美国的通讯社就已经进入世界许多国家，可以说是美国传媒企业国际

[①] 雅普·梵·吉内肯：《理解国际新闻：批判性导论》，李红涛译，中国传媒大学出版社2016年版，第44页。

化的雏形。虽然美国传媒企业的国际化历程最早可以追溯至 19 世纪，但是，美国传媒企业国际化的加速发展则是 20 世纪 80 年代之后的事情。20 世纪 80 年代以来，美国传媒企业在国际市场上纵横驰骋，快速进入世界许多国家，其实力之雄厚，抢占世界市场速度之快，已经成为不争的事实。探究美国传媒企业加速国际化的原因，首先应将其置于当时的政治、经济、社会文化、技术等背景之下进行分析，从宏观层面厘清其国际化的外部环境驱动因素；其次，应聚焦微观主体，具体而微地分析美国传媒企业国际化的内在驱动因素。更具体地说，20 世纪 80 年代以来，内外部因素的双重力量推动着美国传媒企业国际化的加速发展，就内部因素而言，市场谋求、利润驱动与全球化战略等市场逻辑主宰的美国传媒企业的自身发展是推动其国际化的内部驱动力，为其进军国际市场奠定雄厚基础；而新自由主义的兴起、传媒政策的放松、非传媒跨国公司的迅猛发展、新兴市场的不断涌现、全球化语境的不可逆转以及传媒技术的发展等外部环境的变化则为美国传媒企业的国际扩张扫清前进障碍并创造有利条件。

第一节　不变的市场逻辑：市场谋求与利润赚取的内部驱动

梳理美国传媒企业成长历史可以清晰地呈现出其发展的具体路径。首先，美国传媒企业最初以生产单一传媒产品的企业的形式出现，继而通过商业化运作成长为提供单一传媒产品的传媒集团（报业集团），几乎与报业集团形成的同时，美国的通讯社已经开始了其国际扩张的征程，可以说是美国传媒企业进行国际扩张的最早尝试。其次，在报业集团快速发展的同时，电子媒介出现并对报业的发展形成一定的挑战与压力,但同时也为报业集团的发展提供新的历史机遇。报业集团开始收购电子媒介,跨媒体传媒集团由此形成。在这一过程之中,美国传媒企业开始进行国际化的早期扩张,好莱坞的电影已经占据了许多国家相当大的市场份额,美国传媒企业生产的其他产品如图书、杂志、音像制品等也已进入到不同国家。最后,随着自身实力的日益强大,美国传媒企业已经越来越不满足于国内市场,不断加快国际化步伐,其产品开始更多地更快地进入全球市场。从美国传媒企业的成长路径中可以清楚地看出,国际化始终贯穿于其自身的发展进程之中,市场谋求与利润驱动一以贯之驱动着其国际化进程。

一 市场份额与利润驱动:美国传媒企业的开端与成长

1704年,美国第一份真正意义上的报纸《波士顿新闻信》诞生,由此拉开了美国传媒业发展的序幕。然而直到十五年之后另一份报纸《波士顿公报》的出现才标志着美国报业间竞争的开始。1741年,《波士顿公报》与《新英格兰周报》合并,也因此被称为美国新闻史上出现的第一次报纸间的合并交易,[①] 美国传媒业商业操作的雏形开始浮出水面。在竞争中继续发展的报业开始从波士顿向更多的殖民地推进,同时,报刊质量的不断提高带来的是报纸发行量的持续增长。这一时期美国报业的快速发展当然与其外部环境的变化紧密相关,其时教育情况的不断改善、印刷技术的快速发展、交通设施的日趋完善以及对信息需求的不断提升都在为美国报业的快速发展奠定坚实基础。早在1692年被称

---

① 大卫·斯隆:《美国传媒史》,刘琛译,上海人民出版社2010年版,第66页。

为现代广告之父的霍顿创办了被认为是《华尔街日报》雏形的报纸就强调广告的作用。① 广告的出现在满足读者获取商业信息的需要，同时也成为报纸增加收入来源的重要渠道，并由此奠定报纸的基本赢利模式即在内容和广告市场上进行双重售卖从而获得发行收入与广告收入。

如果说殖民地时期人们已经发现报纸可以通过刊登广告获取收入，奠定了报纸赚取利润的双重模式，那么，以1833年《纽约太阳报》为开端的便士报的出现则是对报纸的基本赢利模式即双重市场二次售卖理念的进一步实践。内容围绕暴力事件与本地新闻的报纸风格、低廉的定价策略使得《纽约太阳报》的发行量快速上涨，在创刊半年的时间里发行量几乎是当时其他报纸发行量的两倍②，而通过大量刊登广告更是给该报带来了丰厚利润。以《纽约太阳报》为代表的便士报凭借其低廉的价格以及在当时可谓是新颖的报纸风格获得读者规模的迅速增加，读者规模的增加自然带来了高发行量和高广告收入。

1790—1840年是美国报业扩张的重要时期，报纸的数目从1790年不到100种到1840年超过1400种，增长速度是人口增长的3.5倍。人均报纸从1790年的一份报纸到1840年的人均11份报纸。③ 美国经济在南北战争结束之后进入到快速发展阶段，与之相随的是国民教育程度的提高、城市的涌现与快速发展以及交通设施、印刷设备、通信基础设施的进一步完善。这一切外部环境的变化给美国报业带来更大的发展机遇，其结果便是迎来了

---

① 迈克尔·埃默里·埃德温：《美国新闻史：大众传播媒介解释史》，展江、殷文译，新华出版社2001年版，第41页。

② 同上书，第117页。

③ 斯坦利·L.恩格尔曼：《剑桥美国经济史》第二卷，王珏译，中国人民大学出版社2008年版，第592页。

1870—1900年的美国报业的大发展,这一时期,报纸的数量增加了3倍,日销售量增长了近6倍。[①]

相较于报纸而言,美国的杂志出现稍晚。在美国第一份报纸出现37年之后的1741年,第一份杂志《美国杂志,或英国殖民地政治状况每月评论》才由安德鲁·布雷德福在费城出版。其后,杂志的种类和发行数量开始增多,向更多地区持续推进。从1865年到1885年,各种期刊数由700份猛增到3300份,增加了近四倍,到1890年,杂志总数达4400份。[②] 进入到20世纪20年代之后,美国期刊业进入迅速发展阶段,时代公司两本有代表性的期刊《读者文摘》《时代》在20世纪20年代先后创刊,并迅速成长为著名的期刊品牌,也因此奠定时代公司彼时在期刊行业的重要地位。

从19世纪后半叶到20世纪初,美国历史上出现了席卷所有行业的第一次并购浪潮,就并购类型来说这次并购主要是横向并购,也即同行业之间的并购。横向并购通过购买生产或销售相同、相似产品的企业从而实现消除竞争、提高市场占有率、扩大市场份额、扩大生产规模、形成规模经济以及增加并购企业的垄断实力等目的。美国报纸产业也被裹挟到这一并购浪潮之中,报纸企业通过不断的横向并购迅速成长为报业集团从而成功占据报纸产业的寡头垄断地位。在经历了19世纪末20世纪初的最初并购浪潮之后,美国报业在1910—1930年又迎来另一轮并购狂潮。在这次持续很久的并购浪潮中,著名的赫斯特报业集团通过快速并购奠定其在美国报业市场中的地位,其通过在多个城市不断购

[①] 迈克尔·埃默里·埃德温:《美国新闻史:大众传播媒介解释史》,展江、殷文译,新华出版社2001年版,第184页。

[②] 刘有源:《美国新闻事业概况》,人民日报出版社1982年版,第64页。

买报纸《号角报》《问询邮报》《先驱报》等得以构建其在报业中寡头垄断地位。到1930年，美国报业集团的数目为55个，控制日报311家，分别占全国日报总数和总发行量的16%和43.4%。[①]这些在并购浪潮中抓住机遇的报业集团迅速成为美国报纸产业的主要寡头，通过生产规模、市场份额和占有率的不断扩大，实现其生产成本与分销成本的下降从而出现规模经济。更为重要的是，对市场控制能力的不断提高增加了这些报业集团持续获取利润的能力。

表4-1　仅出一家日报的城市数目的增长：1880—1930年

	1880年	1900年	1910年	1920年	1930年
普遍发行的英文日报	850	1967	2200	2042	1942
有日报的城市	389	915	1207	1295	1402
有独家日报的城市	149	353	509	716	1002
拥有一主多报的城市	1	3	9	27	112
有日报竞争的城市	239	559	689	552	288
有日报竞争的城市的百分比（%）	61.4	61.1	57.1	42.6	20.6
每日发行总量（百万份）	3.1	15.1	22.4	27.8	39.6

资料来源：迈克尔·埃默里·埃德温：《美国新闻史：大众传播媒介解释史》，展江、殷文译，新华出版社2001年版，第336页。

表4-2　美国报业集团及其控制日报数：1900—1930年

年代	报纸集团数	拥有的日报数	占日报总数的百分比（%）	占总发行量的百分比（%）
1900	8	27	1.3	10.0
1910	13	62	—	—
1930	55	311	16.0	43.4

资料来源：刘有源：《美国新闻事业概况》，人民日报出版社1982年版，第18页。

二　交叉持有纸媒与电媒：跨媒体传媒集团的出现

20世纪20年代之后，广播出现并凭借其在信息传播的时效

[①] 刘有源：《美国新闻事业概况》，人民日报出版社1982年版，第18页。

性和生动性的优势迅速抢占报刊产业的广告份额,给报刊产业的生存与发展带来极大挑战。为了回应广播的出现以及其迅猛发展给报刊业生存带来的困境,报业集团开始通过收购电台来拓展更多的收入来源和分散风险。美国商业广播电台出现五年后的1927年,美国报纸发行人协会的电台委员会发表的一份报告表明,48家报纸拥有自己的电台,69家报纸在别人的电台上出钱主办节目,[①] 这是跨媒体传媒集团的最初形态。而在其后的很多年里,更多的报业集团通过扩大自身规模与经营领域成长为交叉持有纸媒与电媒的实力雄厚的跨媒体传媒集团。如著名的赫斯特报业集团在20世纪30年代经过一系列的跨媒体并购之后,成长为拥有多家报纸、期刊、新闻社、广播电台、电影公司的跨媒体传媒集团。

电视的出现成为美国传媒产业格局另一次剧变的重要因素。1952—1956年电视广告收入从45.4万美元升至120万美元,将上百万名观众吸引到电视机前。[②] 电视媒体优势进一步发展的直接结果便是广播、报刊产业的生存空间的愈发狭小,在这一背景之下,报刊业开始通过购买或交叉持有电台、电视台来因应外部威胁与挑战,而各广播网也不甘人后地通过进入电视领域从而抓住发展机遇并规避风险,跨媒体传媒集团成为美国传媒产业激烈竞争背景之下出现的一种普遍现象,不仅仅报业集团开始收购电台、电视台,其他传媒集团如电影集团、杂志集团也开始收购不同媒介类型,向着跨媒体传媒集团方向发展。

时代华纳的前身时代公司和华纳公司也在这一过程中迅速成

[①] 迈克尔·埃默里·埃德温:《美国新闻史:大众传播媒介解释史》,展江、殷文译,新华出版社2001年版,第319页。

[②] 大卫·斯隆:《美国传媒史》,刘琛译,上海人民出版社2010年版,第580页。

长起来。时代公司以1923年《时代》出版为发端拉开其传媒事业发展大幕,在其后的数年里集中于期刊出版并相继出版《财富》《生活》《体育画报》《人物周刊》等,这些期刊对准其各自的细分市场,有着清晰的市场定位,由于能够适应当时的美国生活节奏与生活方式,从而迅速成长为知名期刊品牌,为时代公司带来了丰厚的发行收入与广告收入。1972年时代公司开始从期刊业涉足电视产业并以创办HBO有线电视网作为这一转向的标志,又于十多年之后以并购的方式拥有特纳广播电视网部分股权。上述可以清晰地看到时代公司的发展路径,其以杂志业起步,在推出一系列杂志之后,相继进入图书出版业、家庭影院电视网、有线电视业,成为拥有多种不同类型传媒产品的跨媒体集团。而华纳公司则以电影事业起步并于1923年成立华纳兄弟影业公司,20世纪30年代开始通过收购的方式由电影产业进入唱片行业,在其后的发展历程中又相继收购唱片公司和家用游戏机公司从而成为业务版块多元布局的跨媒体传媒集团。

迪士尼公司通过制作许多经典的动画影片奠定了迪士尼传媒帝国的基石。之后,迪士尼进军电视业,并经营动画衍生产业,如主题公园与度假村、商品特许经营等。到20世纪80年代,迪士尼已经成长为一家拥有多种传媒产品和服务的跨媒体传媒集团。新闻集团也在这一时代进程中紧随时代潮流,默多克接手父亲的《新闻报》之后不断进取,在创办新的报纸的同时也在不断地收购报纸,此外还通过收购的方式进入电视产业,这一时期默多克对电视产业的两次收购引人瞩目,一次为1962年购买WIN第4频道并由此进入电视产业,另外一次为1985年购买福克斯公司的50%股权,并于稍后购买了都市传媒公司的7家电视台,由此奠定其在美国电视产业的市场地位与深远的影响力。

跨媒体传媒集团形成背后的驱动力当然是对拓展收入来源、多元化业务版块、最大化利润、分散风险等的追求与渴望。多元化战略可分为产品多元化战略与地区多元化战略。这一时期的跨媒体集团更多的是从产品多元化层面进行战略布局。对于实施多元化战略的传媒企业来说，最容易出现的优势便是范围经济和交叉促销优势。具体来说，范围经济来源于可以共同分享的有形资源和无形资源。有形资源如原材料、机械设备、财务资源、厂房以及闲置的生产能力等；无形资源则包括了人力资源、管理能力、管理经验、生产技能、品牌与商誉、企业文化、组织结构、营销网络、分配和服务系统以及由内部市场代替外部市场而产生的交易成本的下降等。范围经济之所以在传媒业中容易出现是因为传媒产品本身固有的特点：一方面，传媒产品具有高初始成本、低边际成本的特点；另一方面是传媒产品具有准公共物品的特点。美国传媒企业不再生产和提供单一的产品和服务，大都提供多元化的传媒产品，通过利用已有的内容资源和专门技术，将用于一种媒介形式的内容资源转变成另一种媒介形式进行销售，可以降低分别单独生产两种媒介形式产品的成本。如将电影内容再制作成录像带、广播剧、电视剧、图书杂志等，通过生产可以相互协作的产品，降低相关产品的生产成本，从而实现只生产一种传媒产品所无法达到的范围经济。

多元化经营可以给美国传媒企业带来的另一种极为重要的竞争优势是可以获得协同效应和交叉促销优势。协同效应在传媒企业的产品提供中是常见的一种现象，通过资源的共享和利用，公司每一部分相对独立的业务都同时为其他业务服务。实施多元化战略的传媒企业对资源进行合理协调与配置从而达到资源共享、成本下降、开拓新的经营范围与收入来源等多重目标。迪士尼对旗下多元化的传媒产品进行的资源共享可以说是对协同效应最好的诠释。迪士尼经典动画片《狮子王》在攫取海内外票房的同时,其衍生产品的制作与销售也创造了巨额财富,可以说呈现出一派欣欣向荣的景象。更具体地说,从迪士尼通过一部动画片获取源源不断的利润的商业模式可以看出协同效应在传媒产品生产与提供过程中的重要性:首先是内容收入。迪士尼生产的一部成功动画片可以通过在海内外市场发行从而获取票房收入,而其后对内容的窗口化策略的实施和内容授权同样能够给迪士尼带来巨额收入。其次是衍生产品的授权收入。对基于动画角色而衍生出来的如玩具、书籍、服装等在内的各种产品在世界各地的迪士尼商店进行销售从而获得大量衍生产品的收入。最后是迪士尼乐园与度假村的收入。一部成功的动画片带来的受众忠诚度会吸引大量游客进入迪士尼乐园与度假村从而使其获得门票收入、住宿收入、餐饮收入以及零售商品相关收入。

  跨媒体集团通过拥有多种不同类型的媒体还可以实现交叉促销,一方面,对于跨媒体传媒集团来说可以降低营销成本,另一方面也可以加大促销力度从而造成对某一种传媒产品铺天盖地的营销效果。在美国传媒企业进行产品销售的过程中,交叉促销是极为常见但又非常重要的用于宣传推广其产品的手段。迪士尼、时代华纳、新闻集团、维亚康姆等传媒集团都是交叉促销的高手。如新闻集团的《辛普森一家》于1989年首播,并成功地成为收割受众注意力的忠诚度极高的系列动画片。新闻集团对《辛普森一家》的商业运作可以为我们提供了一个极好的交叉促销案例。新闻集团推出每一季的《辛普森一家》动画片之前首先通过旗下的各种传媒产品与渠道对其进行持续宣传以引起受众注意，而之前集聚的受众忠诚度自然会成为其播出之后进一步集聚眼球与影响力的基础，其后会在动画片内容成功的基础之上推出《辛普森一家》电影以及其他相关衍生产品。新闻集团旗下的各种类型的传媒产品与渠道对《辛普森一家》的交叉宣传报道能够持续引起与保持受众对《辛普森一家》相关产品的关注热度从而成功获取协同效应和范围经济。

这一时期美国传媒业所有权集中的步伐加快，一些大的传媒集团开始占据美国传媒业大部分市场份额，成为提供报纸、广播、电视、图书、杂志等无所不包的传媒帝国，从而形成美国传媒业寡头垄断的市场结构类型。很多当下称霸世界传媒市场的传媒集团那时早已锋头渐露，在国内市场上不断积蓄力量，为其快速的国际扩张奠定雄厚基础。

三 市场逻辑与全球战略布局：跨国传媒集团的加速发展

如前所述，在美国传媒企业从单一传媒集团向跨媒体传媒集团的发展过程中，实力雄厚的传媒企业早已不满足于狭小的国内市场，开始在更广阔的国际市场进行市场寻求、利润攫取与全球化战略布局。因此，如果我们梳理美国传媒企业的国际扩张历史会发现，其国际化源头可追溯至19世纪，只不过那时其国际化经营规模较小，因而我们可以得出一个结论，即美国传媒企业国际化一直贯穿在美国传媒企业自身的发展历史之中，而20世纪80年代之所以成为美国传媒企业国际化发展史上的重要时间节点，是因为从20世纪80年代开始，外部环境的剧烈变化为其快速国际化提供条件，而从其内部因素来看，美国传媒企业开始更为关注其海外市场的扩张与全球市场的战略布局，其国际化阶段经过雏形期、缓慢发展阶段进入到迅猛发展阶段。

20 世纪 80 年代以来，美国电脑、有线电视等产业的迅猛发展对美国经济的增长起到了极为重要的促进作用。政策环境、经济环境的利好使得企业并购异常频繁，同时也与企业通过并购发展壮大的内在需求呼应。这一时期，美国传媒企业也被并购的浪潮裹挟其中，并购交易的频繁与交易金额之高令人惊叹。1989 年，时代公司和华纳公司进行合并，合并金额达到 140 亿美元，合并的结果是时代华纳公司成为拥有多种资产的传媒集团。公司经营业务包括平面媒体、广告媒体、影视、音乐、动画、主题公园等。还有其他一系列的收购，如通用电气公司对美国无线电公司及其旗下的全国广播公司的收购、大都会通信公司对美国广播公司的收购、甘尼特公司对四家主要的大都会日报的购买等，而这也仅仅是美国传媒企业大规模并购的开端。

1983 年，美国传媒业由 50 家传媒公司控制。1987 年，这一数字为 29 家。到了 1990 年，传媒业所有权越来越集中了，只剩下 23 家传媒公司控制着美国报纸、杂志、电视、书籍和电影业的大部分市场。[①] 到了 1993 年，不到十家跨国传媒集团——时代华纳、迪士尼、新闻集团、维亚康姆、索尼、Seagram、AT&T、GE 占据了美国传媒产业的主要市场份额。[②]

---

① 本·H. 贝戈蒂克安：《媒体垄断》，吴靖译，河北教育出版社 2004 年版，第 65 页。
② David Waterman, *CBS-Viacom and the Effects of Media Mergers: An Economic Perspective*, Federal Communications Law Journal, Vol. 52: Iss. 3, Article 6.

表 4-3　　1990 年占美国传媒市场垄断地位的 23 家传媒集团

1. 贝塔斯曼（出版）	13. 国际汤姆森（报纸）
2. 重要城市/美国广播公司（报纸/广电）	14. 奈特·里德（报纸）
3. 考克斯传播（报纸）	15. 传媒新闻集团（报纸）
4. 哥伦比亚广播公司（广电）	16. 新屋（报纸、书籍）
5. 布埃纳·威斯塔电影公司（电影）	17. 新闻集团（报纸、杂志、电影）
6. 道·琼斯（报纸）	18. 纽约时报（报纸）
7. 甘尼特（报纸）	19. 读者文摘联合体（书籍）
8. 通用电气（电视）	20. 斯克里普斯—霍华德（报纸）
9. 派拉蒙（书籍、电影）	21. 时代华纳（杂志、书籍、电影）
10. 哈科特·布雷斯·伊万诺维奇（书籍）	22. 时代镜报（报纸）
11. 赫斯特（报纸、杂志）	23. 论坛公司（杂志）
12. 英格尔索（报纸）	

资料来源：本·H. 贝戈蒂克安：《媒体垄断》，吴靖译，河北教育出版社 2004 年版，第 65 页。

进入到 20 世纪 90 年代，美国传媒管制政策日趋放松、传媒技术的驱动、新兴市场的开放以及以美国历史上第五次并购为代表的外部环境的变化导致美国传媒企业开始了新一轮的并购浪潮。有学者指出："一个企业通过兼并其竞争对手的途径发展成巨型企业，是现代经济史上一个突出的现象，没有一个美国大公司不是通过某种程度、某种方式的兼并而成长起来的，几乎没有一家大公司是靠内部扩张成长起来的。"[①] 更为具体地说，美国传媒企业频繁进行并购主要基于两个方面的动机。

一方面，通过横向并购可以扩大自身规模、减少竞争对手、提高市场占有率，从而达到在寡头垄断的传媒市场占有一席之地，使传媒企业获得垄断利润，增加其长期获利的机会。同时，还能推动传媒企业市场规模不断扩大，降低其被恶意收购的可能

[①] 乔治·J. 施蒂格勒：《通向垄断和寡占之路——兼并》，《产业组织与政府管制》，上海三联书店 1998 年版。

性。通过纵向并购可以实现传媒企业完善产业链的目标进而拥有对市场更强的控制能力，在产业链上下游的战略布局也会使得传媒企业竞争能力的进一步增强。在横向并购、纵向并购之外，美国传媒企业也开始更多地进行混合并购以进一步开拓更多的收入来源，同时也可降低传媒产业的高风险性。

另一方面，美国传媒集团的频繁并购也有基于委托人—代理人的动机。19世纪中期以来，企业所有权和经营权逐渐分离，企业经营管理方式发生极大变化，很多企业开始从之前由所有人经营转而由职业经理人进行具体的经营管理。委托人和代理人有完全不同的利益渴望，对于企业所有人即委托人来说，其追求的最终目标无非是企业利润最大化，而对于只是被委托进行经营管理的职业经理人来说，其追求的目标则是如何在任期之内实现其个人效用最大化。通过并购战略的实施，职业经理人可以在短时间内推动企业规模迅速变大、市场份额迅速提高以及企业在市场控制能力的增强等从而获得更多的个人收入、权利以及更多的工作机会与就业保障等具体利益，因而委托人—代理人这一层面的动机或许可以从另外一个角度提供众多美国传媒企业选择并购战略的重要原因。

基于并购可以给传媒企业带来各种优势以及外部环境的变化，自20世纪90年代以来，美国传媒企业进行了大量并购。1995年迪士尼收购美国广播公司，一举成为当时美国第二大传媒集团。次年，时代华纳公司收购特纳广播公司，又使得时代华纳成为当时不仅是美国最大的传媒集团同时也是世界最大的传媒集团。2001年，美国传媒业历史上最大的并购案发生在时代华纳与美国在线之间，时代华纳与美国在线合并，进军互联网业务，这两家公司之间的合并也被称为"世纪联姻"。以20世纪90年代开始的新一轮并购不仅交易数目惊人,而且并购更加频繁。经过一系列的并购,美国传媒企业的市场规模与占有率不断扩大与提高,各传媒企业的市场地位于不断变化中重新洗牌,其显而易见的结果便是出现美国传媒产业集中度的愈发提高以及寡头垄断市场结构的出现,少数几家传媒集团主宰着美国传媒产业的发展。

经济学上将市场结构类型划分为四种:完全竞争市场、垄断竞争市场、寡头垄断市场和垄断市场。这四种市场类型有着不同的市场结构特征,判定一个市场属于何种类型的市场有四个主要因素,即市场上厂商的数目、厂商生产产品的差异程度、单个厂商对于市场价格的控制程度以及厂商进入或退出一个行业的难易程度。寡头垄断市场结构是指由少数几家厂商控制整个市场产品的生产和销售的市场结构类型。在寡头垄断市场结构中,厂商数目有限,几家主要寡头掌控整个市场的大部分的产品供给,对市场有着较高的控制能力,潜在进入者想要进入寡头垄断市场非常困难,在位的寡头之间相互牵制相互竞争,在进行战略制定和战略实施时会充分考虑到竞争对手可能出现的行为与反应。

美国传媒市场具有明显的寡头垄断市场的特征。在这个市场中,几家传媒集团即迪士尼、时代华纳、维亚康姆、新闻集团等控制着传媒产品的生产和销售,进而左右美国传媒业的发展,保持其在美国传媒业的垄断地位从而赚取垄断利润。这些庞然大物的经营版块遍及与信息相关的各行各业,包括图书和杂志出版、有线电视和网络电视、广播、电影制片厂、音乐公司以及主题公园等,通过横向整合和纵向整合组成不同类型的战略联盟以实现其间的协同效应从而进一步提高竞争优势。

实力雄厚的美国传媒企业早已不满足于美国国内市场,同其他跨国公司一样,加速其在世界传媒市场的国际化征程以寻求更多的市场份额从而赚取更多的利润。地区多元化战略能够给美国传媒企业带来最为常见的经济现象为规模经济。规模经济存在于任何边际成本低于平均成本的行业当中,与其他行业相比,规模经济在传媒行业中更易形成,之所以如此主要源自于传媒产品的特点以及传媒公司特殊的赢利模式。传媒产品的特点在于其初始成本较高,而在第一份产品成形之后,其后进行再生产的成本极低,有时甚至为零。因而,传媒产品达到的受众越多,便可以达到更大的规模经济从而获取更多的利润。无论是报纸、图书、杂志、广播电视,还是电影等传媒产品的生产都存在规模经济这一特点。另外,传媒公司与其他公司的赢利模式也有不同之处,正如前述,传媒业的基本赢利模式是双重市场二次售卖,通过同时在内容市场和广告市场的双重销售进而获取其利润来源,其中,内容市场销售的数量直接决定其广告市场表现的好坏。这自然意味着,传媒产品到达受众的规模越大,吸引受众的注意力越多,其获取的广告收入也会随之增多,从而进一步推动了边际成本的下降和规模经济的出现。

此外,美国传媒企业为了在全球传媒市场上提高其国际竞争能力而加速进行全球化战略布局,成为全球传媒市场的主要寡头。20世纪80年代和90年代前所未有的并购导致全球市场上跨国传媒集团的寡头垄断,其中,美国传媒企业占据绝对主导地位,进入越来越多的东道国、覆盖越来越多的受众,从而获得规模经济与范围经济,成为美国传媒企业海外扩张的直接而强烈的驱动力。贝戈蒂克安在他的《媒体垄断》著作中这样写道:"1983年,五十家公司主宰着传媒行业。到1987年,五十家公司收缩为二十九家公司。到 1990 年又减少至二十三家。1997 年这一数字变为十家。这十家最大的传媒集团掌握着每一种传媒产品。"① 同样的观点亦见于 1997 年 Robert W. McChesney 在《全球传媒巨人：9 家公司主宰世界》一文中的表述："一个幽灵现在笼罩着世界：一个全球性的商业媒体系统，由少数超级大国，主要是以美国为基础的跨国媒体公司主导。它是一个致力于促进全球市场的事业，促进商业价值的系统，同时贬低新闻和文化，有利于直接的和长期的企业利益。"②

全球传媒市场的寡头垄断有两个截然不同但相关的方面。一方面，这意味着主要寡头正以惊人的速度横跨全球，利用海外增长潜力迅速成长，而不要被竞争对手甩在后面。另一方面，传媒行业集中化程度越来越高，其背后的逻辑便是"要么迅速变大，要么被别人吞并"。③ 当前，全球传媒市场依然由这些传媒寡头所把持，虽然他们在欧洲、澳大利亚和北美的市场规模最大，但这些公司的业务遍及全球。他们凭借市场规模、财政资源、基础设施和人力资本有效地控制了世界媒体的巨大份额，这是数十亿人获取新闻和娱乐的渠道，因此共同发挥了巨大的作用，影响着人们的观点和态度。④

综上，梳理美国传媒企业的发展历程可以清晰地看到其如何从单一的传媒集团发展到跨媒体集团再到跨国传媒集团，在其不

---

① Abida Eijaz, *Challenges of Media Globalization for Developing Countries*, International Journal of Business and Social Science, Vol. 2, No. 18; October, 2011.

② Robert W. McChesney, *The Global Media Giants: The nine firms that dominate the world*, November/December, 1997.

③ Robert W. McChesney, *Global media, neoliberalism, and imperialism*, Monthly Review, Mar, Alt, -Press Watch, 2001, 52, 10.

④ Barney Walf, *Oligopolization of Global Media and Telecommunications and Its Implications for Democracy*, Ethics, Place and Environment, Vol. 10, No. 1, March, 2007, pp. 89 – 105.

断发展的背后有着不断地追求市场份额以及利润的强烈驱动。通过自身成长、不断并购、组建跨国战略联盟等方式，美国传媒企业在国内外的市场份额不断扩大并由此获得规模经济、范围经济、协同效应、交叉促销等，不断拓展收入来源渠道，打造与完善传媒产业链条，加强对市场控制能力并获得寡头垄断的市场地位，通过内容、广告、衍生产品或服务、主题公园与度假村等的多重售卖获得源源不断的利润。

第二节 外部环境的嬗变：新自由主义、全球化语境与传媒技术的发展

如前所述，美国传媒企业国际化历程最早可追溯至19世纪，国际化历史颇为悠久，然而其国际化的加速发展以及快速扩张则发生在20世纪80年代之后，究其原因：一方面，不变的市场逻辑当然仍是其内部驱动力；另一方面，外部环境的嬗变则为其国际化加速发展提供更为有利的环境。具体来说，外部环境可以归纳为：新自由主义的兴起与美国传媒政策的放松、国际组织的积极协调与持续推动、经济全球化的宏观背景和非传媒跨国公司的加速发展、新兴市场的开放、传媒技术的发展，等等。这些外部环境的变化为美国传媒集团的国际化提供新的助推器，驱动美国传媒企业国际化驶入发展的快车道。

一 新自由主义的崛起与传媒管制政策的放松

正是新自由主义，而不是资本主义本身，占据了许多媒体和文化研究领域的学者的注意力。作为一位著名的传媒学者，Natalie Fenton（2009）提出："传媒研究必须分析和解释新自由主义

市场学说的文化和政治意义。"① 也正是基于这一原因，笔者首先分析新自由主义的重新崛起，进而分析其对传媒政策的影响以更好地理解为何自 20 世纪 80 年代起美国传媒企业国际化进入了迅猛发展阶段。

20 世纪 70 年代，以两次石油危机为开端，以"过剩的生产能力、低增长的生产率、高失业率与通货膨胀"为表征的经济危机席卷西方国家，对于这一"滞胀"困境，新自由主义主张回归自由放任资本主义，并取代凯恩斯主义重返历史舞台。市场预期支配社会的所有部门，不与商业利益相关联的政府干预被质疑，新自由主义可以用私有化、去管制化、自由化和市场全球化这四个指标来解释。② 推行"自由化、私有化、市场化"的新自由主义不仅在美、英两国开始盛行，并藉由美、英两国的积极推行在全球蔓延开来，为美国跨国公司在全球范围内拓展利润空间与地理边界奠定基础。

政府放松管制这一趋势自然也进入到传媒业当中。20 世纪 80 年代以来，"私有化、去管制化、自由化、市场全球化"这一新自由主义高举的大旗正剧烈改变着美国传媒产业格局，也愈发奠定了市场逻辑在美国传媒产业的中心地位。正如 McChesney 所指出的，"新自由主义政策"的口号总是要求商业媒体和通信市场放松管制。在实践中，这意味着它们是"为企业利益服务"的"重新监管"。③ 20 世纪 80 年代以来美国传媒政策的不断放松清

---

① Christian Garl, Stephen Harper, *Did Somebody Say Neoliberalism: On the Uses and Limi-tations of a Critical Concept in Media and Communication Studies*, 2010.

② Victor Pickard, *Neoliberal Visions and Revisions in Global Communications Policy from NWICO to WSIS*, Journal of Communication Inquiry, Vol. 31, 2007, pp. 118 – 139.

③ McChesney, R., *Global media, neoliberalism, and imperialism*, Monthly Review, 2001, 52, pp. 165 – 178.

楚地呈现市场逻辑如何主宰美国传媒业并对传媒企业的国际化进程起到的重要影响。

1982年，FCC对广播电视台的禁卖年限进行了重新规定，取消了先前的广播电视台售卖年限必须在许可证获取后的3年之后的规定，提出在联邦委员会批准的情况之下任何时间都可以进行售卖。1984年，FCC将一家公司在全国可以拥有的广播台、电视台的数量上限，由7家提高到12家，将其达到全国观众人数的上限定为25%。1992年、1994年FCC又先后提高一家公司能够拥有的广播电台、电视台的数量上限。

如果说上述所说的对传媒业的放松管制只是对原有传媒法规进行的细微调整，那么，《1996年电信法》的颁布则是对以往传媒法规的重要扭转。《1996年电信法》主要在广播电视、有线电视和电话服务、网络和电脑服务以及电信基础设施等五个部分对《1934年电信法》进行修改。《1996年电信法》的颁布打破电信业、传媒业以及其他相关产业之间的产业壁垒，同时放松对传媒所有权的管制。传媒所有权放松的具体细节如下：(1) 撤销了一家公司能够拥有广播电台数量的上限；(2) 将一家公司能够拥有地方电视台的数量从7家提高到12家，而且将一家电视台达到的全国受众人数的上限从25%提高至35%；(3) 广播电台的许可证期限从原来的5年增加到8年；(4) 授予FCC自行判定是否准许一家公司在同一城市拥有有线电视台和无线电视台的权力。

《1996年电信法》的颁布给美国传媒业带来重大影响，传媒业的并购浪潮此起彼伏。然而，美国传媒政策的放松并没有就此放慢步伐。2001年，美国政府放宽对四大电视网（ABC、CBS、NBC、FOX）兼并的规定，允许这四家电线网可以拥有、运营和控制其他电视网。基于这一规定，维亚康姆，当时CBS的拥有者购买了 UPN，NBC 则购买了当时美国第二大西班牙语电视网 Telemundo。2003 年，联邦委员会经过投票表决通过对传媒所有权放松的新规定，新规定如下：（1）取消在大中型城市原有的跨媒体所有制的限制，允许一家公司在同一地区同时拥有电子媒体和报刊（拥有 9 家或 9 家以上电视台的），但同时说明，原有限制对小城市仍然有效（拥有 3 家或 3 家以下电视台的）；（2）取消对广播和电视台交叉所有权的限制；（3）将原有的电视受众覆盖率的上限 35% 提高到 45%；（4）将一家公司在同一市场拥有的电视台的数量提高到 3 家，只要该市场有 18 家及以上的电视台。该规定通过之后，在美国国内掀起轩然大波，各方力量抗衡，第三巡回法庭要求 FCC 给出通过新规定的充分理由，最后在多方力量的反对中，该新规定并没有被实施。2007 年，FCC 保留对其他细节的修改，但是，仍然坚持对跨媒体所有权的限制进行放松。

美国传媒政策的去管制化打破传媒产业以及与之相关产业之间的产业壁垒，并导致传媒产业并购行为的愈发频繁，并购金额与规模不断刷新纪录，并购行为不仅发生在同行业之间，也越来越多发生在跨行业之间。如 CBS 和维亚康姆的合并被认为是传统媒体之间的资源整合，而美国在线和时代华纳的合并则被认为是新旧媒体间的合并，表征美国传媒产业新的并购浪潮的兴起。新自由主义推动的传媒政策的放松为美国传媒企业的快速发展提供政策保障，使得美国传媒企业可以通过并购等方式更快地积聚力量发展壮大，为美国传媒企业的国际扩张奠定基础。同时，随着美国传媒管制政策的放松，推行新自由主义的美国也试图打开其他国家传媒市场的大门，为传媒企业的海外扩张铺好前行道路。

二 经济全球化语境与非传媒跨国公司的加速发展

20世纪80年代以来，美国传媒企业的外部经济环境发生了极大的变化。经济全球化以不可阻挡的潮流席卷世界各国，作为经济全球化重要载体的跨国公司发展极为迅速。世界银行、国际货币基金组织以及世界贸易组织一直在为跨国公司的发展铺平道路和提供制度性保障。这些政治经济背景的变化对美国传媒企业的国际扩张起到了重要的推动作用。

经济全球化当然不是新现象，其最早源头甚至可以追溯至第一次工业革命期间，当时是以国际贸易的快速发展、国际资本与劳动力跨越国家边界流动为重要表征。第二次世界大战之后，经济全球化愈发活跃，将世界各国之间的经济联系得更加紧密，到了20世纪80年代，经济全球化势头更甚，其主要特征即贸易自由化程度的不断提高、金融全球化的日益深化以及对外投资的不断扩大。

经济全球化的不断发展不仅为跨国公司的发展提供了良好的外部环境，同时也为跨国公司的发展提供了可靠的制度保障。其中，1945年12月成立的国际货币基金组织和世界银行以及1947年成立的关税及贸易总协定三大经济组织发挥着重要作用，推动着国际贸易和对外投资的迅速发展，为跨国公司的进一步发展扫清障碍，为经济全球化向纵深发展提供条件。从国内政策看，大多数新的投资政策措施都致力于推动开放和促进投资。2015年，85%的政策措施旨在扩大开放、促进投资，亚洲新兴经济体在这方面表现得尤其突出。[①] 目前来说，世界各国仍然

---

① 联合国贸易与发展会议：《2016年世界投资报告》，中国财政经济出版社2007年版。

放宽对外国直接投资的限制，调整外资政策以促进外国直接投资的流入。①

非传媒类跨国公司的加速发展给美国传媒企业的海外扩张带来了重要的推动作用。以下数据可以呈现跨国公司的加速发展的现实情况。2007 年跨国公司的外国直接投资存量超过 15 亿美元，全球外国子公司的附加值（总产值）约占全球国内生产总值的 11%。② 2011 年跨国公司创造了 28 万亿美元的销售额，最大的一百家跨国公司拥有超过 5000 亿美元可用于投资，约占全球直接外资流量的 1/3。③ 2016 年，跨国公司海外分公司的销售额和附加值分别增长了 4.2% 和 3.6%。④ 跨国公司在向海外扩张的过程中，需要对其生产的产品和提供的服务进行广告宣传，这一任务无疑要由传媒企业来承担。美国传媒企业凭借其自身优势通过旗下的印刷媒介、电子媒介和网络媒介等为跨国公司在全球范围内商品和服务的销售提供广告服务。相较于美国国内已趋稳定的广告市场而言，其他国家特别是新兴市场的广告市场仍然具有巨大的增长空间。跨国公司在全球范围内的巨大的广告需求同样推动着美国传媒企业的国际扩张。为了更好地服务其全球客户，美国传媒企业跟随其客户扩张至不同的东道国市场。从这方面来说，美国传媒企业的海外扩张具有一定的客户带动的性质。

三　传媒业贸易投资政策演变与新兴市场开放

贸易和投资政策的自由化为美国传媒企业的国际扩张提供政

---

① 联合国贸易与发展会议：《2017 年世界投资报告》，中国财政经济出版社 2017 年版。
② 联合国贸易与发展会议：《2008 年世界投资报告》，中国财政经济出版社 2008 年版。
③ 联合国贸易与发展会议：《2012 年世界投资报告》，中国财政经济出版社 2012 年版。
④ 联合国贸易与发展会议：《2017 年世界投资报告》，中国财政经济出版社 2017 年版。

策支持，以"金砖四国"为代表的新兴市场的开放则为美国传媒企业的快速进入提供市场通道。在 WTO 的推动下，传媒自由化这一理念正在相继被各国自愿或被迫的采纳，尽管仍然存在这样或那样程度不一的抵制措施，但总体来说，世界范围内的传媒市场正趋于开放，国际传播产业正日渐被贸易和市场标准而非政治考量所定型，这也被奇斯哈姆林克称作"从政治对话向经济对话的显著转变"。[1]

（一）传媒贸易和投资政策的渐趋开放

由于媒体已越来越成为世界经济的中心，传媒政策实务已被国际货币基金组织和世界贸易组织纳入其职权范围。国际货币基金组织和世界贸易组织致力于鼓励在全球范围内建立商业媒体，鼓励商业媒体的全球单一市场，反对任何有悖于此的障碍。[2] 这一主导思想在由关税贸易总协定、世界贸易组织等国际组织主导的各种贸易谈判中得到明确体现。

伴随经济全球化以及跨国公司的迅猛发展，传媒产业正成为全球经济的一个亮点，在世界银行、国际货币基金组织、关贸总协定以及之后的 WTO 等组织的推动之下，新自由主义在全球传媒市场高歌猛进。"自由化、私有化、市场化、全球化"正试图成为世界传媒市场的主导政策与唯一生存逻辑，而任何与此相悖的则被围剿。《1995年服务贸易总协定》明确提出希望建立服务贸易原则和规则的多边框架以期在透明和逐步自由化的条件下扩大具体包括财经服务、保险服务、市场调查、电脑服务、广播、传播通信服务等在内的服务贸易，可以说对国际传播有着极为重

---

[1] 达雅屠苏：《国际传播：延续与变革》，董关鹏译，新华出版社 2004 年版，第 136 页。
[2] 爱德华·赫尔曼、罗伯特·W. 麦克切斯尼：《全球媒体：资本主义的传教士》，甄春亮等译，天津人民出版社 2001 年版，第 53 页。

要的影响。

因此，我们看到的图景是自从20世纪80年代以来全球传媒市场的新自由主义的转型与重构，这一过程自然是以英、美这两个新自由主义始作俑国开始，并迅速地在全球多个国家不断地蔓延开去。许多国家欣然接受这一市场哲学与逻辑，成为新自由主义在传媒行业的积极践行者和推动者。质言之，世界传媒系统正在自由化和私有化的大旗之下重新构建，这不仅仅发生在西方发达国家，也发生在拉丁美洲、亚洲、东欧等国家。原有的发达国家的传媒政策向着更加宽松的政策前进，新兴国家和地区的传媒政策也正朝向渐趋放松的路径演进，这些变化为美国传媒企业的国际扩张扫清了前行障碍，同时也为美国传媒企业的产品和服务提供了潜在市场和巨大的消费需求。

（二）新兴市场的涌现与开放

由美国、加拿大、墨西哥于1992年签订并于1994年正式生效的《北美自由贸易协定》的要义在于明确承诺降低服务贸易壁垒，相互开放媒介产品自由贸易市场，这一协定自然为美国传媒企业打开墨西哥市场奠定基础。1996年，美国和墨西哥签署向对方开放各自的卫星电视市场的协议，这一交易被联邦通讯委员会主席称为"与北美自由贸易协定的精神一致"。[①]

在北美，墨西哥的传媒政策朝向更为自由化和私有化的方向发展，加拿大的传媒业发展也正在以美国传媒商业化运作模式作为模板，更为直接的后果是，美国传媒资本不断掌控加拿大的传媒版图，因而无论是加拿大的期刊报纸、还是电影电视都逐渐进

---

① 爱德华·赫尔曼、罗伯特·W.麦克切斯尼：《全球媒体：资本主义的传教士》，甄春亮等译，天津人民出版社2001年版，第53页。

入到美国传媒业的掌控之中。

东欧剧变、苏联解体也为美国传媒业的进入提供了新的投资机会和进入渠道。东欧的传媒业在向私有化的方向转变，俄国的传媒业商业化运作模式开始浮出水面，并逐渐开放传媒市场。1991年7月，《读者文摘》俄文版出版发行并于首期发行50000册，[1]同年9月，莫斯科电影院放映影片中的大多数都是美国电影。[2]美国福布斯公司曾通过协议方式与俄罗斯的阿尔施普林格出版社进行合作，同时协议约定以合资的方式在俄罗斯进行报纸和网络公司的合作经营。

近些年来，中国、印度、巴西、俄罗斯经济发展迅速，是全球最大的四个新兴市场国家，被称为金砖四国。2006—2008年，四国经济平均增长率为10.7%，成为直接投资中的亮点。2008—2017年世界经济年均增长率可能仅为1%，而同期内金砖国家的年均经济增长率却可能高达8%左右。[3] 金砖四国的传媒市场具有极大的发展潜力。2002年以来，这四国的电视收入年平均增长率为19%，而英国的电视收入增长率仅为5%。2014年金砖四国的电视收入增长率为11.3%，而美国只有4.1%。[4] 这四个国家的人口占世界总人口的42%，但是，其传媒消费仅占世界传媒消费总额的14%，[5] 金砖四国经济的持续增长将会为世界传媒经济提供更大的增长份额。这些国家也在不断调整其传媒政策向着逐渐开放的方向发展，其中，中国和印度的巨大的传媒市场和强劲的传

---

[1] New York Times, July 24, 1991, p. C-17.
[2] William E. Schmidt, "The Neon Revolution Lights Up Pushkin's World", New York Times, September 27.
[3] www.imf.org/.
[4] Ofcom, *The International Communications Market 2008*, London: Ofcom, 2014.
[5] Ibid..

媒产品市场需求更是引起了美国传媒企业的极大兴趣。自改革开放以来中国吸引了诸如新闻集团、时代华纳、迪士尼、维亚康姆等美国传媒集团的进入。印度对其传媒业实施私有化和自由化的传媒政策。随着私有化和自由化的加剧，印度的电视业向跨国传媒集团敞开大门。外国投资者从20世纪90年代开始投资印度电视业，美国电信巨头ATT与印度进行有线电视的合资经营。近些年，许多美国传媒企业都将印度看作是其全球化战略中极为重要的部分，并将更多的战略重心放在拓展印度市场上。

除金砖四国显示出强劲的经济增长力之外，拉丁美洲和中东市场亦呈现出极为迅猛的发展势头。新兴市场的不断涌现以及其经济增长的强劲表现和对传媒产品的巨大需求为美国传媒企业的海外扩张提供重要机遇和广阔市场。

四 传媒技术的迅猛发展与持续驱动

传媒技术的快速发展对于美国传媒企业来说有着双重意义：一方面，传播技术的发展使得以渠道稀缺为理由的传媒管制政策不再成立，为传媒政策的放松提供技术上的合法性理由，进而为传媒企业的发展提供政策保障；另一方面，传媒技术的发展使得传媒内容可以在全球范围内迅速传送，给美国传媒企业带来更大的市场空间，为传媒企业的国际扩张提供更为充分的经济方面的原动力。

从电报到电话、从收音机到电视、从有线电视到卫星电视再到互联网和手机，传媒技术的每一次向前发展总会为美国传媒企业拓开新的经营领域，并为其提供新的利润增长点。同时，传媒技术的发展也驱动着美国传媒企业在更大范围内寻求利润的赚取，具体表现为：

（一）扩大的规模经济和范围经济。如前所述，基于传媒产品的特殊性，传媒业中最常出现的两种经济现象分别为规模经济和范围经济。传媒技术的不断发展使传媒内容的生产、贮存、复制和传输变得更加简单易行从而降低传媒产品生产和发行成本。随着传媒产品达到越来越多的受众，规模经济得以扩大。以美国传媒企业经常使用的"窗口策略"为例（如图4-1）可以看出传媒技术的发展给美国传媒企业在获取规模经济方面带来的变化。

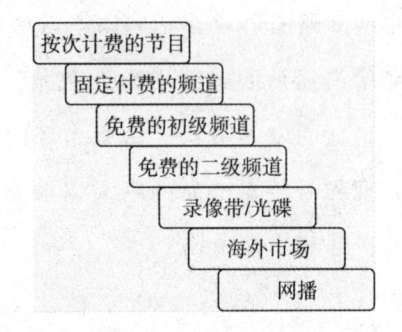

```
按次计费的节目
  固定付费的频道
    免费的初级频道
      免费的二级频道
        录像带/光碟
          海外市场
            网播
```

图4-1 电视节目的发行渠道和窗口

资料来源：吉莉安·道尔：《理解传媒经济学》，李颖译，清华大学出版社2004年版，第60页。

就其本质来说，窗口化策略通过价格歧视的定价策略实现其利润最大化目标。价格歧视将同一种产品对不同的消费者收取不同的价格，具体可以分为一级价格歧视、二级价格歧视和三级价格歧视。一级价格歧视通过对每一单位的产品按消费者愿意支付的最高价格进行销售，也称为完全价格歧视；二级价格歧视是指对不同的消费数量规定不同的价格；三级价格歧视通过对不同市场或对不同的消费者收取不同的价格。这三种价格歧视中，对于传媒企业来说，二级价格歧视与三级价格歧视尤其普遍。对于美国传媒企业的海外扩张来说，通过将相同的节目以不同的价格销售给不同窗口的消费者实施三级价格歧视最大化地榨取产品本身的价值从而获取最大利润。"窗口化策略"是美国传媒企业针对不同窗口实行不同价格的定价策略，传媒技术的发展可以让美国传媒企业更为便利地在更多的国家和地区增加新的渠道和窗口把产品销售给更多受众从而实现规模经济优势。

传媒技术的发展也使得范围经济的出现变得更加容易。简而言之，传媒技术的发展使得传媒内容在不同媒介间的转换变得更加简单易行从而得以降低不同传媒产品之间进行内容转换的成本，在内容转换过程中更容易出现协同效应从而产生范围经济。对美国传媒企业来说，传媒技术的发展使得其能够通过海外扩张到达更多的受众从而进一步扩大规模经济和范围经济优势。

（二）传媒技术发展给美国传媒企业带来新的受众群体。20世纪80年代以来，随着传媒技术的发展，渠道资源已不再稀缺，渠道数量的快速增加导致全球范围内对于传媒内容的需求大大增加，这也给美国传媒企业带来新的受众群体进而提供新的利润来源。如时代华纳旗下的 Cartoon Network，Turner Classic Movies 等使用包括英语、荷兰语、德语、法语等在内的多达十几种语言通过网络、卫星等向全球数千万家庭输送电视节目。其他的美国传媒企业也在运用新传媒技术拓展新的国家和地区以达到最大数量的受众覆盖。

（三）新传媒技术带来的受众碎片化促使美国传媒企业的海外扩张。新传媒技术为美国传媒企业拓开新的经营领域的同时，也带来了受众的碎片化。就美国电视市场来说，美国人花在看电视上的平均时间在整个20世纪90年代上升了，但是主要电视网的平均收视率却在20世纪的最后20年内下降了50%。与此同时，在特定时间内收看电视网节目的家庭百分比从 1/2 下降到 1/3。[①]同样可见的是,在电影市场中,电影受到录像带、有线电视付费频道、按次付费频道、网络视频播放网、手机媒体等的竞争与挤压,受众正在被不断切割。对于广播、报纸、杂志等媒体来说,受众的碎片化现象同样普遍存在。受众碎片化给美国传媒企业带来了极大的经营压力,由于国内市场竞争格局与市场需求基本已定,整个美国传媒市场由几家传媒集团垄断,市场已呈饱和状态,这种情况促使美国传媒企业将目光移向更为广阔的海外市场寻找更多受众,开拓美国传媒企业的利润空间的地理边界以期在新传媒迅猛发展的背景之下继续保持和创造最大化利润。

第三节 四大传媒集团国际化内外因驱动的案例研究

企业国际化动因研究是国际化研究的重要议题。基于企业规模、所处行业、技术水平、管理水平、发展理念、母国与东道国政策因素等方面的诸多不同,企业国际化的动机也会有不同之处。本节首先对企业国际化动因的相关文献进行梳理以奠定案例研究的理论基础。其次,对四个目标案例进行国际化动因的单案例研究以呈现每个案例的具体情况。最后,对四个案例进行跨案例分析以寻找其中存在的模式与命题以更好地解释美国传媒集团的国际化动因。

[①] 艾莉森·亚历山大、安·霍利菲尔德:《媒介经济学:理论与实践》,丁汉青译,中国人民大学出版社 2008 年版,第 90 页。

一 企业国际化动因的理论基础

前述国际化理论从各自的学术立场出发对国际化动因进行理论解释，如垄断优势理论认为，企业之所以进行对外直接投资的原因在于其拥有由于市场不完全所带来的垄断优势，这种垄断优势能够使得母国企业相较于东道国企业更具垄断力量。内部化理论认为，在东道国进行投资的跨国公司为了避免市场不完美而将隐性知识、原材料、中间产品等内部化。通过对外直接投资，建立海外子公司，以企业内部市场取代外部市场，使资源和产品在企业内部得到合理配置与利用从而避免因交易不确定而导致的高交易成本。资源基础理论则提出，如果一个拥有丰富资源并且能够成功利用它们从而在母国获得超越其他企业的可持续竞争优势的企业可以通过海外扩张的方式将这种竞争优势转移至东道国，并且能够在国际市场上占据有利的竞争地位并且能够达成它的长远发展目标。其他国际化理论如产品生命周期理论、国际生产折衷理论、企业国际化网络理论等也从不同角度对企业国际化动因进行解释，在此不再一一赘述。[①]

企业国际化动机可具体区分为企业出口的动机与企业从事跨国经营的动机。多数学者对企业出口产品的动因持基本相同的观点，即通过出口获得生产规模的扩大从而获得规模经济的好处，当然通过出口也是风险最低的拓展国际化程度的主要途径，在不断出口的过程中逐步积累国际化经验从而对之后的国际化经营有所帮助。小岛清对企业跨国经营的动机进行归纳，认为企业进行国际化经营的动机基于三个目的，即寻求自然资源、寻求市场和

---

① 前文已述。

寻求生产要素。英国学者邓宁则归纳出企业国际化动机的四种类型：寻求资源、寻求市场、寻求效率和寻求战略资产。对于企业国际化经营动机，国内学者也进行了积极探讨，如梁能从企业管理的"场理论"出发，提出企业的发展是各种推力和阻力相互作用的结果，提出企业国际化经营的企业的订单带动论、客户带动论以及竞争带动论。[①] 从前述梳理可以发现，对于企业国际化动因的具体归纳，小岛清和邓宁从企业自身发展的角度出发对企业国际化动机进行解释；梁能的企业国际化动机则主要从企业的外部环境带来的变化进行解释，因而更着重于对于外力的分析。

本书认为，基于不同的理论视角出发，可以得出不同的企业跨国经营动机的分析框架，上述分析框架都有其合理之处，为分析美国传媒企业的国际化动因提供了不同的理论视角。本书不预设美国传媒企业的国际化动因，而是从案例研究中去发现、提炼与归纳总结。案例分析先从单案例开始，然后再进行跨案例的对比与分析以发现美国传媒企业国际化动因。需要说明的是，案例使用的数据资料主要来源于二手数据，主要包括案例企业的财务报告、案例企业的官方网站、相关的学术研究文献、相关的新闻报道、相关的公司与人物传记。

二 单案例分析

1. 时代华纳

时代华纳国际化的源头可追溯至 20 世纪 20 年代，彼时时代公司和华纳公司的期刊、电影都已开始进军欧洲市场。20 世纪 90

[①] 梁能：《跨国经营概论》，上海人民出版社 1995 年版，第 113—117 页。

年代时代华纳提出，全球化战略能够为其提供增长动力。[①] 2000年美国在线与时代华纳合并之时，时任董事长史蒂夫·凯斯抛下类似的话语"十年之内，公司收入的50%将来自于国际业务"。时代华纳2008年年度报告中亦提到"为全球受众提供原创内容是公司的战略重点"。最近几年的年度报告中，国际化战略一直是时代华纳报告中不断被提及的战略选择。2012—2016年时代华纳海外市场收入如表4-4所示。

表4-4　　　　2012—2016年时代华纳海外市场
　　　　　　　收入情况　　　　（单位：百万美元）

	2012年	2013年	2014年	2015年	2016年
美国与加拿大	17936	18642	19102	20426	20970
欧洲	4250	4494	4684	4485	4557
亚洲/环太平洋	1605	1629	1711	1619	1992
拉丁美洲	1288	1475	1575	1284	1413
其他	246	221	287	304	386
总收入	25325	26461	27359	28118	29318

资料来源：根据2012—2016年时代华纳年度报告整理而得。

通过对时代华纳国际化战略的大量的资料数据的梳理与分析，可以发现时代华纳的国际化战略的实施主要受内外部环境双重驱动。就外部环境而言，时代华纳认为，在过去的许多年里，对于传媒产品与服务的强劲需求是其实施国际化战略的重要原因，而对传媒产品与服务需求的增加主要是由于全球范围传媒政策的放松、新兴市场的涌现以及网络和手机等新媒体的快速发展。在时代华纳的近些年的年度报告中不断提到如中国、印度新兴市场的出现与迅猛发展给公司发展带来的机遇。另一方面，近年来，外部

[①] 爱德华·赫尔曼、罗伯特·W.麦克切斯尼：《全球媒体：资本主义的传教士》，甄春亮等译，天津人民出版社2001年版，第90页。

环境中一个突出的变化是受众偏好变化迅速且难以预测，时代华纳提出如果不能迅速地对这一变化进行有效回应将会直接影响公司的收入来源。时代华纳的收入来源主要来自于包括电视节目、电影、视频游戏等传媒产品的销售收入与广告收入，因而时代华纳在了解何种内容会受最大程度的欢迎之前必须对不同的内容生产进行大量投资。作为公司的重要战略组成部分，时代华纳的国际化战略聚集于全球市场以扩大受众规模，因为最大化受众到达率是公司在受众偏好不断变化的环境之下获取利润的重要保障。

时代华纳国际化的内部动机主要基于如下考量。首先，时代华纳希望通过海外扩张扩大其受众规模从而增加公司收入来源。时代华纳在近些年的年度报告中都提到通过国际化战略可以使其扩大收入来源。2016年的年度报告中提到，时代华纳拥有的如HBO, CNN, Boomerang, HLN, TNT, TBS, Cartoon Network, Turner Classic Movies, Adult Swim, truTV 以及 Turner Sports 等众多传媒品牌不仅在美国国内获得丰厚收入，也在海外市场拓展更多的收入来源。具体可见，时代华纳的 Cartoon Network 不仅仅是美国儿童有线电视网络的领导者，也是阿根廷、澳大利亚、巴西、意大利、墨西哥、南非、西班牙和泰国等国的儿童有线电视网络的领导者。特纳的有线电视网有着广泛的受众到达率，CNN 在 2015 年到达美国之外的 300 百万用户，HBO 在世界各地有 131 百万订阅用户。2016 年 HBO 的节目在 150 多个国家得到播放授权，在西班牙、巴西、阿根廷提供新的 OTT 服务。2016 年华纳兄弟在 190 多个国家授权它的电视剧、电影和电视节目内容的播放。时代华纳旗下品牌的全球化使得其受众规模扩大从而扩大收入来源，广泛的受众到达率为时代华纳提供了不可复制的竞争优势与赢利能力不断提高的可能性。其次，时代华纳希望通过拓展更多地理边界，分散集中于某一国家或地区的经营风险。尽管从20世纪20年代至今时代华纳已进入南美、欧洲、拉丁美洲和亚太地区等，国际化战略也一直是时代华纳的重要战略选择，但是从其地区收入的实际情况来看，时代华纳的收入来源高度依赖美国和加拿大市场。在2016年时代华纳年度报告这样写道："2015年时代华纳的主要收入来源的72.6%来自于美国和加拿大市场，这并不能反映我们的全球化布局。收入来源的区域集中增加市场风险，使得公司对于特定市场的政治、经济环境等方面风险的应对能力较弱，因而需要更高的国际化程度来提供增长可能性和应对特定市场风险的能力，要达到这一目标公司必须不断提高产品的全球受众覆盖率。"新兴市场的不断涌现为时代华纳这一国际化动因提供可能，使得时代华纳通过地理边界的不断拓展以降低地区依赖程度从而得以分散地区集中风险。2015年8月，Turner's Boomerang——一个儿童传媒品牌登陆马来西亚的HyppTV为受众提供两个月的免费收看服务。2015年2月，Turner在印度推出Toonami——一个给儿童提供动画内容的频道。2015年10月，HBO拉丁美洲宣布为HBO GO成立新的数字化平台在拉丁美洲和加勒比海提供线上服务。这些都反映出时代华纳不断拓展国家边界从而降低依靠某一国家和地区的努力。最后，时代华纳的国际化动机还在于，通过海外扩张在全球传媒市场进行战略布局从而成为全球传媒业的主要寡头以进一步占据垄断优势。传媒业的日益集中和纵向整合使得美国和全球传媒产业的竞争异常激烈。时代华纳在美国和其他国家和地区面对着激烈的产业内竞争，其主要竞争对手包括21世纪福克斯、维亚康姆、迪士尼、新闻集团、Comcast以及CBS等。这些主要竞争对手无一例外地在全球寻求市场进行全球化布局，因而如何在这一竞争异常激烈的环境之中抢占市场份额，建构实施国际化战略的资源与能力是时代华纳进行战略选择时需要重点考虑的问题。时代华纳认为其必须以成本效益高的方式在关键的国际领土上取得足够规模,必须加紧全球战略布局以便能够竞争成功,未能达到足够规模会对公司经营业绩产生不利影响从而被竞争者抛在后面。

2. 新闻集团

默多克在 20 世纪 50 年代从澳大利亚开始他的传媒事业生涯,60 年代即进入到英国报业市场,70 年代进入美国市场。1999 年新闻集团的年度报告这样写道:"我们的足迹遍及世界各地,从受众早晨睁开眼睛到晚上闭上眼睛,我们的传媒产品一直与我们的受众联系在一起。"新闻集团 2008 年年度报告提到"我们的现金流强劲,这一切受益于我们长期的战略选择——全球化与数字化"。新闻集团 2012 年年度报告亦提出"我们的国际化战略建立在提供有吸引力的媒介产品上,而且已经证明非常成功。福克斯国际频道的快速扩张就是一个极好的案例,另一个例子就是我们的电影工作室正在美国之外的 11 个不同的国家进行东道国语言电影的发行"。近几年新闻集团的年度报告中也反复提到其国际化战略对于公司整体发展的重要意义。2012—2016 年新闻集团海外市场的收入情况如表 4-5 所示。

表 4-5　　　　　2012—2016 年新闻集团海外市场
　　　　　　　　　收入情况　　　　　（单位:百万美元）

	2012 年	2013 年	2014 年	2015 年	2016 年
美国和加拿大	3727	3862	3631	3808	3920
欧洲	1960	2048	2045	1982	1873
澳大利亚和其他	2967	2981	2810	2734	2499
总计	8654	8891	8486	8524	8292

资料来源:根据 2012—2016 年新闻集团年度报告整理而得。

在国际化战略的外部环境驱动方面,新闻集团在历年来的年度报告及相关资料中都提到了以下几个方面。首先,新兴市场的出现和全球传媒产业发展的良好势头为公司的国际扩张提供外部环境。新闻集团2008年度报告中提到"我们看到更多的海外增长。在发展中国家如印度与中国,数以万计的人们正进入中产阶级并成为新闻娱乐产品的受众。在世界各国,人们持续需求更多的和更好的新闻娱乐产品。我们相信在国际市场上拥有强势品牌会给我们持续增长的机会。福克斯国际频道已经在欧洲、拉丁美洲、亚洲增加了36个频道,而且利润正在增长中。在土耳其,我们的国家电视台增长迅速,我们期待它很快能够盈利。印度星空已成为国家电台"。全球传媒市场的不断发展、新兴市场的出现以及由此而来的强劲的受众需求为新闻集团的国际化战略提供了良好的外部经济环境。其次,媒介技术的驱动与变化的受众行为让新闻集团的国际扩张不仅必要而且必须以回应变化的受众行为。快速的传媒技术的发展已经使受众需求发生剧烈变化,新闻集团提出必须持续创新以保证它的产品和服务对于受众仍具吸引力,必须进行重要投资以应对受众内容偏好变化以及新技术、新内容和新服务带来的挑战。新闻集团在技术方面的不断创新为其国际化战略的实施提供更多的便利和更低的成本。正如默多克所言:"数字信息时代为我们提供了一个无边界的世界,而这个世界同时又为我们提供巨大的挑战和无穷无尽的机遇。"①

从内部动因来看,新闻集团认为其国际化战略可以从以下几个方面给公司成长带来优势。首先,凭借强劲的市场渗透与广泛

---

① 罗伯特·W. 麦克切斯尼:《富媒体穷民主:不确定时代的传播政治》,谢岳译,新华出版社2004年版,第135页。

的受众到达率扩大收入来源。2003年新闻集团COO Peter Chernin 提到"全球75%的受众都被新闻集团控制的卫星电视和电视台所覆盖……主要在亚洲……我们相信这是个全球扩张的时代,有一些重要的战略需要实施,而我们一直在实施"。[①] 和其他跨国传媒集团一样,新闻集团旗下拥有的众多品牌在海外市场拥有无数受众,受众到达率与订阅率越高意味着新闻集团的收入就越高,从这一层面来说,其国际化动机直接而强烈。其次,分散地区集中风险以增强抗风险能力也是新闻集团国际化战略实施的重要原因。新闻集团很早就进入北美、南美、欧洲、亚太地区等,但公司的主要收入来源于美国和加拿大。2016年21世纪福克斯收入的70.9%、新闻集团收入的47%都来自于美国和加拿大。新闻集团提出地区的集中没有反映出其全球化战略,同时增加了经营风险以及限制其成长机会与更多可能性。因而实施国际化战略专注于扩张海外市场范围可以使得新闻集团避免地区集中的高风险和拓展更多的盈利可能性。最后,新闻集团一直在高度竞争的产业环境中生存,主要竞争对手包括迪士尼、维亚康姆、时代华纳等大型跨国传媒集团等。除此之外,新闻集团也在全球范围内与不同的节目提供商、分销商进行竞争,竞争不仅仅来自于传统媒体也来自于新媒体。众多的竞争对手都在角逐全球市场,新闻集团当然也不例外。

3. 迪士尼

迪士尼的国际化之旅从其动画片走出国门就开始了,其后迪士尼乐园与度假村也在许多国家和地区进行国际化经营。20世纪90年代时任ＣＥＯ Michael Eisner 宣布迪士尼计划通过与本土公司

---

① Richard A., Gershon: *The Transnational Media Corporation: Environmental Scanning and Strategy Formulation*, The Journal of Media Economics, 2000, 13 (2), pp.81 - 101.

或其他全球参与者进行合资或通过进一步收购积极扩张海外市场。迪士尼的目标是将非美国的收入从 1995 年的 23% 扩大到 2000 年的 50%。① 2007 年迪士尼年度报告写道："我们加强国际业务，通过传媒产品的提供、迪士尼乐园与度假村的建立、零售品的销售等正在同世界各国的受众和消费者建立联系。我们在中国发行我们的电影，在俄国和印度建立我们的管理团队，并继续在其他市场包括在欧洲和拉丁美洲的不断的发展。我们的目标是将迪士尼的产品和精神更频繁地传递到更多的地方到达更多的人群。"从 20 世纪 20 年代公司开端至现在，迪士尼已进入多个国家和地区，其传媒产品与服务正满足美国、加拿大、欧洲、亚太和拉丁美洲的受众的需求。同前三家美国传媒集团一样，国际化战略一以贯之贯穿于迪士尼的成长过程之中。2012—2016 年迪士尼海外市场收入的具体情况见表 4-6 所示。

表 4-6　　　　2012—2016 年迪士尼海外市场收入情况

（单位：百万美元）

	2012 年	2013 年	2014 年	2015 年	2016 年
美国与加拿大	31770	34021	36769	40320	42616
欧洲	6223	6181	6505	6507	6714
亚太地区	2990	3333	3930	3958	4582
拉丁美洲和其他	1295	1506	1609	1680	1720
总收入	42278	45041	48813	52465	55632

资料来源：2012—2016 年迪士尼年度报告。

通过对迪士尼国际化战略的丰富的资料数据的梳理可以发现，迪士尼的国际化动因基于如下理由：首先，正如前述，20 世纪 80 年代以来全球范围内对传媒产品与服务的强劲需求为其国际

---

① McChesney, R., *Global media, neoliberalism, and imperialism*, Monthly Review, 2001, 52, pp. 165–178.

化战略的实施提供基础与可能。而迪士尼的重要经营版块即乐园与度假村则是在全球休闲市场不断增长的情况下持续发展的。得益于这一外部环境，迪士尼在美国开设乐园与度假村之后，也将这一业务版块扩张至法国、日本、中国、中国香港等地，并拥有法国巴黎市场81%的股权、香港市场47%的股权和上海迪士尼43%的股权。再次，新兴市场的出现对迪士尼的国际扩张提供机遇。迪士尼2005年年度报告明确指出"中国是世界上拥有最多人口的国家和经济增长最快的经济体，这使得它对迪士尼极具吸引力。除了中国之外，印度在长期内也代表着巨大的增长潜力。同样地，我们在俄罗斯等新兴市场寻找增长机会的同时，也在继续扩大我们在欧洲各地市场的业务"。迪士尼2010年年度报告提出"作为提供世界领先的高品质传媒娱乐的跨国传媒集团，我们正在凭借公司拥有的竞争优势和我们的全球声誉以满足中国和印度等国家对高质量娱乐的需求"。迪士尼2013年年度报告写道："公司看到在新兴市场如中国、俄国、拉丁美洲、东南亚以及印度所具有的巨大的需求，我们也因此快速在这些市场寻找机会。中国、俄国、日本和英国是我们国际化的最主要的四个目标东道国。"从上述可以清楚看到，中国、印度、俄国等新兴市场的出现为迪士尼国际化战略的实施提供了重要机遇。最后，不断变化的受众偏好也在推动迪士尼快速实施国际化战略。在技术与社会文化环境方面，迪士尼认为，由于技术变革以及社会文化环境的变化带来难以进行准确预测的受众内容偏好的剧烈变化，因而公司必须不断加大在电影生产、有线电视节目生产、游戏、乐园和度假村等方面的投入以覆盖更多的受众与消费者从而获得更多利润来源的可能。

从内部动因来看，迪士尼认为通过国际化战略的实施可以为其带来如下优势。首先，国际化战略的实施可以推动迪士尼到达更多的受众从而获得更多的收入。正如迪士尼2006年年度报告所说："发展国际业务对迪士尼的未来至关重要，2006年迪士尼中国和印度市场取得了极大进展，这两个国家21岁以下的受众市场规模巨大，对于迪士尼来说，这是一个巨大的尚未被完全开发的市场。"迪士尼拥有诸多著名传媒品牌如ESPN, Disney Channels Worldwide，等等。ESPN是领先的体育节目供应商，在美国之外拥有19家电视网络到达60多个国家和地区的广大受众。Disney Channel, Disney Junior, Disney XD, Disney Cinemagic, Disney Cinema, DLife以及Radio Disney等使用34种语言在163个国家和地区播出。至2016年底，Disney Channel在国际市场上拥有127（百万）订阅用户，Disney Junior在海外市场有140（百万）订阅用户。广泛的受众到达和大量的受众订阅能够扩大公司利润来源，同时也能提高公司在全球范围内的影响力。其次，国际化战略的实施可以降低迪士尼依赖北美市场的市场风险。尽管迪士尼在北美、欧洲、亚太地区、拉丁美洲运营，它的主要收入来源仍然单一。2016年度，迪士尼收入来源中的76.6%来自于美国和加拿大，过于依赖美国和加拿大会降低它的风险抵抗力，同时也使得迪士尼相对于其竞争对手来说缺乏全球竞争能力。因此，国际化战略对迪士尼降低经营风险至关重要。最后，迪士尼在竞争激烈的环境下生存，无论是在电影、电视节目方面，还是在乐园与度假村以及零售品销售等方面均拥有强势的竞争对手。其竞争对手都在进行全球化战略布局，迪士尼提出必须抓住时机进行国际化战略以抢占全球市场从而在竞争激烈的环境中占据有利地位。

4. 维亚康姆

维亚康姆在雷石东的带领下经过几十年的发展成为拥有强势

品牌与内容的跨国传媒帝国，实施国际化战略、进行全球化战略布局是维亚康姆的不二选择。雷石东曾经说过："公司专注那些最能带来回报的市场——那就是海外市场。"[①] 无论是早期的维亚康姆还是当下的维亚康姆，国际化战略一直是其发展战略中的重要组成部分。2000年维亚康姆希望能达成海外收入市场占到总收入40%的目标。[②] 2006年维亚康姆的年度报告中提出"我们在全球的业务版块还在持续扩大。我们相信我们已有的在全球传媒市场中的位置可以给我们提供重要的发展机会。我们也希望通过在世界各国提供传媒产品进一步增强我们在全球传媒市场的位置"。近些年维亚康姆的年度报告及其高层领导在各种访谈中无一例外地提到国际化战略对公司发展的重要意义，至2016年9月维亚康姆的年度收入为12488百万美元，全球雇员人数为9300人。2012—2016年维亚康姆的海外市场收入具体数据如表4-7所示。

表4-7　　　　　2012—2016年维亚康姆海外市场收入情况　　　（单位：百万美元）

	2012年	2013年	2014年	2015年	2016年
美国	9804	10152	10252	9928	9308
EMEA	2423	2173	2046	2193	2182
其他	1660	1469	1485	1147	998
总收入	13887	13794	13783	13268	12488

资料来源：根据2012—2016年维亚康姆年度报告整理而得。

对维亚康姆国际化战略的丰富的资料数据的梳理可以发现，其国际化战略一方面是建立在外部环境的基础之上，另一方面，

[①] Robert W. McChesney, *Global media, neoliberalism, and imperialism*, Monthly Review, 2001, 52, pp. 165 – 178.

[②] Ibid..

也是建立在公司自身的战略目标、战略实施的资源与能力等方面的基础之上，具有微观主体自身的国际化动机。

外部环境自然对维亚康姆的国际化战略产生重要影响。20世纪80年代以来新自由主义在世界范围内的蔓延、传媒政策的放松、新兴市场的出现等为维亚康姆国际化战略的实施提供了良好的外部驱动力。历年来维亚康姆的年度报告中多次提到，在过去的许多年里，对于传媒产品的需求强劲且一直呈现上升趋势，同样可以乐观地预测，全球传媒产业还会持续发展。作为一个在全球180多个国家和地区进行包括电影、电视节目、电视剧、游戏、消费品、社交媒体以及其他传媒内容提供的跨国传媒集团，全球传媒市场的快速发展为维亚康姆发展提供更多的发展机会。维亚康姆也提到技术环境的变化给其国际化战略带来的机遇与挑战。2016年维亚康姆的年度报告写道："但是我们也应该看到在问题之外亦存在许多机会，如由于数字技术带来的广告收入整体的上扬。预计未来几年数字广告支出将强劲增长，据估计，全球数字广告支出预计将从2016年的1600亿美元增长至2020年的2850亿美元，以年均复合增长率12%的速度增长。"为了抓住新媒体技术发展带来的机遇，维亚康姆提出应通过多个平台如SVOD，PCs，tablets，smartphones、社交媒体平台等为全球受众生产、分销节目和其他媒介内容。在新媒体市场上的优异表现能够使其进入不同的东道国，利用不断增长的市场机会为公司发展奠定雄厚基础，并使其能够在全球传媒市场巩固其市场地位。而新兴市场的涌现更是为维亚康姆的国际扩张提供更多机遇，2015年维亚康姆收购印度电视台Prism TV 50%的股份时其总裁兼首席执行官Philippe Dauman表示"印度是世界上最大也是发展最快的电视市场之一，我们希望在这里拓展业务，并加强与Network 18公司的合作关系。此次收购是我们巩固在印度市场的领导者位置的重要一步。而印度是维亚康姆的国际增长战略中的关键市场"。[①]

从内部因素来看，同样基于维亚康姆国际化战略相关资料的编码显示，维亚康姆在提到其国际化经营动机时主要从几个方面进行解释。首先，维亚康姆认为国际扩张使得拥有多平台与多品牌的强势组合的维亚康姆的内容到达规模巨大的受众从而带来巨额收入。近些年的年度报告中，维亚康姆反复提及其是全球领先的提供娱乐产品的传媒帝国，拥有竞争优势强劲的节目网络和内容品牌。Nickelodeon, Comedy Central, MTV, VH1, SPIKE, BET, CMT, TV Land, Nick at Nite, Nick Jr., Channel 5 (the UK), Logo, Nicktoons, TeenNick, 以及Paramount Channel等诸多传媒品牌在全球范围内拥有规模巨大的受众到达率以及由此而来的受众的高品牌忠诚度。如MTV在超过178个国家和地区拥有372百万的家庭用户，Nickelodeon在超过178个国家和地区拥有493.5百万的家庭用户。大规模的受众到达能够提高公司的品牌形象以及提供与竞争者相比较而言的竞争优势和收入来源。其次，海外扩张可以使得公司通过收入来源地区的不断拓展以降低地区依赖风险。尽管维亚康姆已进入许多国家和地区，如北美、南美、欧洲、亚太等的180多个国家和地区，但其主要收入来源地仍依赖美国，2016年美国的收入为维亚康姆总收入的74.5%，维亚康姆认为这并不能反映其全球化的能力与布局，同时收入来源的区域集中会增加市场风险，也限制了它的增长能力。这些存在问题的后果便

[①] 维亚康姆集团拓展收购印度电视台，http：//www.broadcast.hc360.com，2015年8月5日09：26。

是经营业绩的下滑和收入来源的下降，如公司的运营利润从2014年的4082百万美元下降至2016年的百万美元，净收入从2014年的2391百万美元下降至2016年1438百万美元。下降的利润和收入表征公司未能有效地拥有有效的成本结构，长久下去会损害公司的财务状况。因此，维亚康姆指出必须进行国际扩张以降低集中于美国市场的风险。最后，竞争激烈的传媒市场也使得公司必须通过全球化战略布局抢占竞争先机。维亚康姆在竞争激烈的市场中生存，其主要竞争对手有Discovery Communications、Walt Disney、Scripps Networks Interactive，时代华纳、新闻集团、21世纪福克斯。这些强劲的竞争对手都在进行全球化战略布局，因而维亚康姆强调必须在全球市场确定垄断地位，否则会在竞争中落后。在进行国际化战略时，维亚康姆也注重拥有合作前景良好的战略合作伙伴关系从而给公司未来发展带来良好前景并进一步提高战略竞争地位。在全球范围内寻求战略合作伙伴，建立良好的战略合作关系能够加强维亚康姆在全球传媒市场的市场份额和垄断地位。

三 跨案例研究

前述可见，一系列国际化动因从单案例中涌现出来，这其中不仅包括了诸多的外部动因，也包括众多的内部动因。外部原因主要是美国传媒企业国际化过程中的政治、经济、社会文化以及技术环境的变化对美国传媒企业国际化所起到的外部驱动作用。这一切外部环境包括新自由主义的兴起、传媒政策管制的放松、传媒技术的发展、经济全球化的现实语境、非传媒跨国公司的迅猛发展，这一切所表征的外部环境的剧烈变动成为四大传媒集团国际化的巨大的外部推动力。外部环境中还包括近些年来新兴市场的不断涌现、全球传媒市场的不断增长、持续增长的数字广告收入和 OTT 市场良好的发展态势，以及由此而来的全球范围内对传媒产品与服务的强劲需求。

外部环境只是提供美国传媒企业国际化的宏观背景，在外部环境之外，要分析美国传媒集团国际化动因更应该聚集于微观主体进行分析。一言以蔽之，美国传媒集团进行国际化战略的最终目标当然是利润最大化，在利润最大化的驱动之下，美国传媒企业实施国际化战略的具体动机可以从上述四个单案例清楚看到，具体可归纳为寻求市场、寻求效率以及寻求战略资产。

（一）寻求市场。在寻求市场这一方面，美国传媒企业国际化动机可以分为出口的国际化动机和对外直接投资的国际化动机。通过出口，将传媒企业提供的产品和服务推及最大限度的受众身上从而获取规模经济优势，增加传媒企业的利润空间。通过对外直接投资可以使美国传媒企业绕过贸易壁垒开创东道国市场以占据竞争的有利位置。美国传媒企业进行国际化战略的一个极为重要的原因在于在全球范围内寻求市场，国内市场的逐渐饱和推动美国传媒企业走出去，因为与美国国内对传媒产品需求渐渐饱和形成强烈对比的是，无论是在中国、印度、俄罗斯还是拉丁美洲的一些国家等新兴市场都表现出对传媒产品的巨大需求。正如许多学者提到的美国的"跨国传媒"正把他们的注意力转向新兴经济体国家和地区特别是中国、亚洲、东欧和中欧。[1] 寻求市场这一动机可以从四个单案例中反复看到，寻求市场进而寻求受众最后进行利润赚取是四大传媒集团提到的

---

[1] Oba and Chan-Olmsted; Bettina Li, Chan-Olmsted, S. M., & Chang, B. H., *Diversification strategy of global media conglomerates: Examining its patterns and determinants*, Journal of Media Economics, 2003, 16 (4), pp. 213 – 233.

国际化战略的重要动机。

命题1 美国传媒企业寻求市场的动机越强，其进行国际化的动机就越强。

（二）寻求效率。美国传媒企业进行国际化经营，通过产品生产、促销、资源配置等方面的协同效应，将产品通过更多的窗口提供给世界各地受众，在全球范围内进行资源整合与配置实现效率优先从而获得最大的规模经济和范围经济。本书认为，郑琴琴在她的博士论文《服务业跨国公司扩张理论和应用研究》中针对服务业跨国公司国际扩张提出的二维协同效应观点能够很好地解释美国传媒企业寻求效率这一直接动机。美国传媒企业在进行国际扩张时，同其他服务业跨国公司一样，都是以全球利润源为中心，借助扩张中服务的经济协同效应和管理协同效应来实现传媒企业的全球扩张和发展。服务经济协同效应的产生往往来自于传媒企业在全球范围内获得的规模经济和范围经济，这也决定了传媒企业的经济协同效应来自于它能所达到的受众规模的大小。这一观点在学者的研究中也可见。[①] 美国传媒企业在全球扩张的规模越大，其能够得到经济协同效应就越大，则其在全球范围内赚取的利润也就越大。管理协同效应则来源于美国传媒企业先进的管理经验的丰富与积累、生产诀窍的分享与流动、内容资源的共享与人力资源的专业、持续的创新能力、高效率的组织结构、品牌战略中的品牌定位、品牌推广、品牌延伸、品牌保护等的实施、营销战略中的交叉促销、窗口化策略的选择与使用等等在全

[①] Doyle, 2002; Gershon, 1997; Bettina Lis, *Media ownership*, Thousand Oaks, CA: *Sage*, Gershon, 1997. *The transnational media corporation*, Mahwah, NJ: Lawrence Erlbaum Associ-ates, Inc. Bettina Lis, Heinz-Werner Nienstedt, *SMEs Going Global: A Comparison of the Internationalization Strategies of Publishers and Online Social Networks*, International Review of Management and Marketing, Vol. 2, No. 1, 2012, pp. 1 – 9 ISSN, pp. 2146 – 4405.

球范围中的合理配置及协同应用。而且随着传媒技术的不断发展，美国传媒企业的全球经营管理能够更加便利和更加高效，从而形成美国传媒企业在全球的竞争优势。因此，美国传媒企业通过国际扩张可以达到在全球范围内寻求效率的目的，而效率和利润的获得又会促进其进行一轮又一轮的海外扩张。寻求效率的动机在四大传媒集团提到国际化战略中可以频繁看到，通过在不同国家和地区进行传媒产品和服务的生产和销售可以获得规模经济、范围经济、协同效应从而带来成本的下降和效率的提高。

命题 2　美国传媒企业寻求效率的动机越强，其进行国际化的动因就越强。

（三）寻求战略资产。20 世纪 80 年代以来，跨国公司的规模和发展速度不断上升，带来的是全球范围内竞争激烈程度的增加，与之伴随的是一种新的经济主义达尔文主义形式，其特征是相信规模是商业生存的唯一因素。[1] 美国传媒业市场一直是高度寡头垄断的市场结构，国内市场被几大传媒集团所控制。因而，任何一个传媒集团的国际化经营都会引起其他传媒集团的反应。当竞争对手前往国际市场进行跨国经营时，其他集团为了防止市场被竞争者独占或者为了避免本集团的竞争劣势，势必会采取跟随战略或者向着不同的东道国进军以维持或扩大自己所拥有的世界传媒市场份额。很久以来美国国内传媒市场已趋饱和，在这种情况之下，为了赢得竞争先机和优势，美国传媒企业极为重视国际市场的重要性，通过开展国际化经营从而使本集团在全球竞争格局中处于较为有利的位置。美国电信公司的约翰·马龙

---

[1] Richard A. Gershon, *The Transnational Media Corporation: Environmental Scanning and Strategy Formulation*, The Journal of Media Economics, 2000, 13 (2), pp. 81–101.

说："全球媒体纵向一体化的全部要义在于尽力赶上鲁伯特·默多克。"[1] 维亚康姆的雷石东说："我们希望能够和新闻集团、时代华纳在同一个国际联赛中踢球。"在谈到新闻集团的默多克时，雷石东这样说："我和默多克享有共同的背景，人们说我想模仿他，我并不想模仿他，我只想打败他。"[2] 美国传媒企业在海外扩张中也在寻找某些特定资产，如 Ozanich and Wirth（1998）and Picard（1996）认为传媒企业的海外扩张是为了寻找他们没有的东西。[3]

命题3 美国传媒企业寻求战略资产的动机越强，其进行国际化的动因就越强。

质言之，美国传媒企业的国际化动机往往是交织而成，经常是上述三种动机同时并存，即在全球范围内寻求市场、寻求效率、寻求战略资产。而在这些国际化直接动机的背后则是美国传媒企业国际化的根本动机即利润最大化。这一研究结果与 Bettina Lis, Heinz-Werner Nienstedt, Patrick Proner（2012）的研究一致。美国传媒企业的国际化在其内部动因之外，也须有外部环境的推动。因而在单案例分析中，我们反复看到四大传媒集团在不同的资料、报告、采访中提到之所以进行国际化战略，除上述提到的内部动机之外，也有对外部环境的不断提及，如对政治环境、经

---

[1] 爱德华·赫尔曼、罗伯特·W. 麦克切斯尼：《全球媒体：全球资本主义的新传教士》，甄春亮等译，天津人民出版社2001年版，第80页。

[2] Richard A. Gershon, *The Transnational Media Corporation: Environmental Scanning and Strategy Formulation*, The Journal of Media Economics, 2000, 13 (2), pp. 81–101.

[3] Ozanich and Wirth, and Picard, Ozanich, G. W., & Wirth, M. O., *Mergers and acquisitions: A communications industry overview*, In A. Alexander, J. Owers, & R. Carveth (Eds.), *Media economics: Theory and practice* (2nd ed.), Mahwah, NJ: Lawrence Erlbaum Associates, Picard, R. G., *The rise and fall of communication empires*, Journal of Media Economics, 1996, 9 (4), pp. 23–40.

济环境、社会文化环境以及技术环境的乐观态度以及这些外部环境起到的重要推动作用。这一研究结果与 Christina Holtz-Bacha（1997），Robert W. McChesney（2001），Barney Walf（2007）等研究一致。正如本章前言所述，美国传媒企业的国际化动因深嵌内外部环境之中，两者相辅相成且缺一不可，共同推动美国传媒企业的国际扩张。

第五章
美国传媒企业国际市场进入模式选择

不论好坏，美国电视产品为全世界的电视节目确立了风格，就像40年前好莱坞确立了世界电影的风格一样。作为节目输出国，美国的出口量是所有其他国家出口总和的两倍……海外销售额直到前不久仍然是美国公司的国内利润收入可有可无的补充，但现在海外销售额占到所有美国电视影片辛迪加业务的60%，并代表了整个产业利润和亏损之间的差额。

——W. P. Dizard

在尼日利亚电视黄金时间播出的节目大部分是来自美国的电视节目，其中许多是肥皂剧。正如今天我们看到的，一个国家全然浪费了播放时间，这将面临着一个非常严重的问题，以这种方式使用电视媒介的后果可能是非常糟糕的。电视在尼日利亚之所以如此使用是因为对于该国的电视网来说，购买美国的电视剧比他们自己制作或者购买其他类型的电视节目更便宜。

——赫伯特·席勒[1]

---

[1] 赫伯特·席勒：《大众传播与美帝国》，刘晓红译，上海译文出版社2013年版，第80、107页。

从 19 世纪的国际化经营雏形到 20 世纪 80 年代以来的国际化快速发展，从时间节点来看，美国传媒企业国际化经历三个主要阶段，在每一阶段，美国传媒企业的国际市场进入模式呈现出不同的特点，这些不同的特点自然与当时的外部政治经济等宏观环境紧密勾连，同时又因企业各自拥有的资源与能力而异。但一个需要注意的重要问题是，该决策一旦被实施，将对企业今后整体绩效造成持续性的影响，并且往往涉及不可撤销、挽回或搬移的资产投入。[①] 不同的国际市场进入模式意味着不同的风险、资源承诺与市场收益，因而是美国传媒企业国际化进程中需要重点关注的问题。

美国传媒企业进行国际扩张时面对的首要问题便是如何选择合适的国际市场进入模式。在国际化进程的不同阶段美国传媒企业需要结合母国与东道国的政经环境以及传媒企业自身在资源与能力综合考察影响国际市场进入模式的多种因素从而决定国际市场进入模式以更好地实现其国际化经营目标和整体发展目标。本章首先对美国传媒企业国际化历程进行梳理，并以时间节点进行国际化阶段的划分，同时呈现每一阶段其国际市场进入模式的选择情况；其次，对美国传媒企业使用的不同的国际市场模式进行分类并具体分析各种模式的特点及需要注意的问题；最后，对四大传媒集团的国际市场进入模式进行单案例分析和跨案例分析以更深入更具体对其国际市场进入模式选择提供情境化的解释。

---

① 谢军：《中国制造业企业进入国际市场的行为模式及国际化绩效研究》，博士学位论文，暨南大学，2007 年。

第一节 美国传媒企业国际化历程：
从雏形到快速发展

美国传媒企业国际化历史悠久，其国际化雏形最早可追溯至19世纪。第二次世界大战之前，美国传媒企业国际化一直以缓慢的速度发展。第二次世界大战之后，随着世界经济的发展、国际贸易和外国直接投资规模的扩大，美国传媒企业国际化步入相对较快的发展阶段。在这一阶段，美国传媒企业已不满足于第二次世界大战之前的主要以出口传媒产品作为国际市场进入模式进行海外扩张，开始更多地通过外国直接投资的方式进入到世界许多国家。20世纪80年代以来，世界经济形势呈现新的特点，具体表现为经济全球化朝向纵深方向发展、跨国公司发展速度的加快和规模的不断扩大、贸易投资政策的日趋自由化以及新兴市场的开放等。这些外部环境的变化不仅对美国传媒企业国际化的加速发展起到推动作用，同时也对美国传媒企业的国际市场进入模式选择产生了极为深远的影响。美国传媒企业开始在国际市场上大肆进行扩张，综合使用不同类型的国际市场进入模式拓展地理边界以期在世界范围内寻求资源的有效配置以及占据有利的竞争地位从而实现利润最大化的目标。本书借鉴学者爱德华·赫尔曼以及罗伯特·W.麦克切斯尼的观点以时间节点将美国传媒企业国际化发展阶段划分为三个阶段，[1] 主要对每一阶段的国际市场进入模式选择的情况进行具体呈现。

---

[1] 爱德华·赫尔曼、罗伯特·W.麦克切斯尼：《全球媒体：全球资本主义的新传教士》，甄春亮等译，天津人民出版社2001年版，第15页。

一 1945年之前：美国传媒企业国际化的雏形阶段

19世纪70年代以来，美国企业开始积极拓展其经营版图的地理边界向更多的国家和地区推进，在这一过程之中，越来越多的以前以国内为目标市场的企业开始将目标市场放置在全球范围之内，美国的跨国公司由此出现并不断发展。有数据显示，19世纪末到20世纪初的13年内，由于第二次科技革命的影响和现代企业组织的发展，美国国内的大企业不断出现，半数以上的大公司开始向海外投资、设立工厂或分公司。[①] 通过同时在国内外市场生产与销售，跨国公司可以有效地进行资源配置、减少交易成本、降低集中于某一国家或地区的风险以及拓展更多的收入来源。美国的跨国公司的出现和壮大推动美国对外直接投资的不断增加，在全球市场中占有愈发重要的地位，为美国传媒企业的国际扩张的出现和发展提供条件与奠定基础。

电报和水下电缆的诞生标志着电讯时代的到来，以无线电为基础的国际通讯社就成了全球媒体的第一种重大形式。[②] 美联社在这一阶段开启了其国际化序幕。资料显示，早在1849年，美联社就在加拿大的新斯科舍省的哈利法克斯港建立了第一个外国新闻站，到了1900年，美联社已拥有2300家报社向其订购新闻。1902年，美联社开始向古巴提供新闻稿。[③] 到了19世纪末20世纪初，美联社已成长为世界顶级通讯社之一，通过向世界各国的新闻机构提供新闻内容进行国际扩张，这可以看作是美国传媒企

[①] 邹昭晞：《跨国公司战略管理》，首都经济贸易大学出版社2004年版，第23页。
[②] 爱德华·赫尔曼、罗伯特·W.麦克切斯尼：《全球媒体：全球资本主义的新传教士》，甄春亮等译，天津人民出版社2001年版，第4页。
[③] 罗伯特·福特纳：《国际传播：全球都市的历史、冲突及控制》，刘利群译，华夏出版社2000年版，第88页。

业国际化的雏形。

进入到20世纪，世界贸易和投资的不断发展将世界各国紧密捆绑在一起，外部政治经济环境的变化为美国传媒企业的国际化经营提供了全新的历史机遇，在国际通讯社之外，美国的图书公司以及电影公司开始了其国际化征程。1915年威廉赫斯特旗下的"国王故事片辛迪加"创作的连环画被全世界各家报纸采用。[①] 时代公司旗下的《时代》周刊在其国内市场发行量不断飙升的同时，开始进军海外市场。从20世纪40年代起《时代》周刊不同的海外版本进入拉丁美洲、欧洲等市场。《读者文摘》也先后发行英国版、西班牙语和葡萄牙语的南美版。

第一次世界大战期间，美国电影产业迅速成长为世界电影中心。彼时世界电影产业由几家主要电影公司掌控，美国电影公司占据其中的主导位置。早在1914年，全球85%的电影观众都在看美国电影。[②] 在1918年至1921年，美国电影出口增长了300%。[③] 1925年，美国电影占英国、加拿大、澳大利亚、新西兰、阿根廷电影总收入的90%以上，占法国、巴西和斯堪的那维亚国家电影总收入的70%以上。[④] 自20世纪20年代起，在世界各国，美国影片占上映节目60%—90%。[⑤] 这一时期，在国际市场进入模式方面呈现出新变化，美国传媒企业不再满足于出口这种单一的国

---

① 达雅·屠苏：《国际传播——延续与变革》，董关鹏译，新华出版社2004年版，第32页。
② 爱德华·赫尔曼、罗伯特·W.麦克切斯尼：《全球媒体：全球资本主义的新传教士》，甄春亮等译，天津人民出版社2001年版，第6页。
③ 韩俊伟：《国际电影和电视节目贸易》，中国传媒大学出版社2008年版，第6页。
④ 爱德华·赫尔曼、罗伯特·W.麦克切斯尼：《全球媒体：全球资本主义的新传教士》，甄春亮等译，天津人民出版社2001年版，第6页。
⑤ 乔治·萨杜尔：《世界电影史》，徐昭、胡承伟译，中国电影出版社1982年版，第243页。

际市场进入模式，同时也加大对于海外市场的直接投资从而进入到国际市场进入模式的高级阶段。另外一个值得注意的现象是，在欧洲市场占主导地位之后，美国电影也开始进入到更多国家和地区，不断拓展其国际化进程的地理边界。到1939年，美国公司已经拥有全世界大约40%的电影院。[①]

综上所述，1945年之前是美国传媒企业国际化的雏形阶段，通讯社、电影业、广播业、图书杂志企业等都在积极地进行国际扩张，其中，国际化最为活跃的当数引领世界电影风潮的好莱坞电影。这一时期，美国传媒企业国际化的市场进入模式尚处于较低阶段，国际市场进入模式主要以出口为主、其他模式为辅，如通过在海外设立分支机构的进入模式进行国际扩张。这一阶段美国传媒企业国际市场进入模式处于低级阶段的原因在于：一方面是由于当时外部的政治经济环境所致；另一方面，也由于美国传媒企业刚刚开始其国际化道路，仍处于国际化经验的积累时期，因而主要选择风险较小、资源承诺较低的国际市场进入模式。

二　1945年—20世纪80年代：美国传媒企业国际化成长阶段

第二次世界大战之后，跨国公司进入快速发展时期，其规模与速度较第二次世界大战之前已大大增加与提高。从战争中快速崛起的美国迎来发展的黄金时期，在不断致力于鼓吹市场开放能够带来益处的同时，美国也在不断通过国际协议和贸易谈判逐渐减少关税壁垒推动市场开放。1960年，在全球的对外直接投资总额

[①] 罗伯特·福特纳：《国际传播：全球都市的历史、冲突及控制》，刘利群译，华夏出版社2000年版，第178页。

中，美国占 71%，英国占 17.1%；1970 年，美国占 62.9%，英国占 10.9%，[1] 从这一数据可以清晰地看到美国经济实力的上升以及美国已取代英国在对外直接投资中的地位从而成为最大的对外直接投资国，这一时期美国的跨国公司开始加大在海外市场的投资力度和扩张速度，也因此不断推动美国传媒企业的海外扩张。战后年代，美国支持"新闻自由流动"的观点，把它看成是一种普遍原则，美国运用其新显现的实力，使"自由流动"原则在新建的联合国教科文组织中获得通过，成为该组织的正式方针，也成为代表美国媒体的一种侵略性贸易立场。[2]

第二次世界大战之后，美国的图书杂志开始踏上更为快速的国际化轨道。20 世纪 40 年代之后，《时代》《新闻周刊》等杂志开始发行更多的区隔不同东道国的海外版本进入更多的国家和地区。《读者文摘》推出法国、西班牙、葡萄牙、瑞典、芬兰等不同国家的语言版本。这些杂志企业成为杂志业进行国际化经营的积极实践者。到了 20 世纪 60 年代，更多的杂志开始向海外扩张。《科学美国人》《大都市》《花花公子》《魅力》等杂志采取许可经营的模式在世界各国推出不同版本的杂志。图书出版业的贸易和投资也不断发展，美国的图书出口量增加迅速，图书出口从 1945 年的 1200 万美元增加到 1960 年的 5000 万美元以及 1970 年的 17500 万美元，[3] 许多出版公司开始在国外设立分支机构。也有一些报纸开始将目标读者扩展至世界其他国家。《国际先驱论坛报》《华盛顿邮报》《纽约时报》《今日美国》等报纸的国外发

---

[1] 邹昭晞：《跨国公司战略管理》，首都经济贸易大学出版社 2004 年版，第 25 页。
[2] 爱德华·赫尔曼、罗伯特·W.麦克切斯尼：《全球媒体：全球资本主义的新传教士》，甄春亮等译，天津人民出版社 2001 年版，第 10 页。
[3] 同上书，第 13 页。

行量呈现不断增加的态势和良好的发展势头。

在报纸期刊之外,美国电视节目出口增长迅速,为美国传媒企业的国际化历程加上了浓墨重彩的一笔。美国的电视出口占据世界相当大的市场份额,向国外出售电视节目的价值从1958年的1500万美元增加到1973年的13000万美元,美国在20世纪70年代出口的电视节目时数是其他国家出口总数的两倍。[①] 1979年,联合国教科文组织在七个国家所作的研究成果同样表明这一时期美国电视节目在各电视进口国所占的优势地位。由下面两个表格可以看到,美国电视节目已进入许多国家和地区,并且在一些国家占据了相当高的比重,如在加拿大占比44.3%,几乎占据加拿大进口节目的全部数量。此外,我们还可以看到的是,美国成为加拿大、法国、意大利、日本等国的主要电视节目出口商(见表5-1、表5-2)。

表5-1　　1979年各国播出的电视节目中进口节目所占比例

国家	进口节目所占比例(%)	美国节目所占比例(%)
比利时	79.1	12.4
保加利亚	24.4	—
加拿大	52.7	44.3
法国	8.3	6.7
匈牙利	31.8	3.4
意大利	17.7	11.5
日本	9.4	6.7

说明:该研究重点集中于这七个国家的抽样城市频道,而并未对每个国家的全部开播电视台进行调研。

资料来源:罗伯特·福特纳:《国际传播:全球都市的历史、冲突及控制》,刘利群译,华夏出版社2000年版,第179页。

[①] 爱德华·赫尔曼、罗伯特·W.麦克切斯尼:《全球媒体:全球资本主义的新传教士》,甄春亮等译,天津人民出版社2001年版,第14页。

表 5-2　　　　　　　　1979 年主要电视节目输出国

国家	主要输出国	比例（%）
比利时	法国	52.6
保加利亚	苏联	15.0
加拿大	美国	44.3
法国	美国	6.7
匈牙利	苏联	7.0
意大利	美国	11.5
日本	美国	6.7

资料来源：罗伯特·福特纳：《国际传播：全球都市的历史、冲突及控制》，刘利群译，华夏出版社 2000 年版，第 180 页。

在出口电视节目的同时，美国传媒企业也积极寻求其他国际市场进入模式将电视节目推进至更多的国家。如美国著名的三大电视网即美国广播公司、哥伦比亚公司、全国广播公司开始通过对外直接投资的方式试图在海外市场建立商业电视网。到 1965 年，美国广播公司已向亚、非、拉地区的 24 国共 54 家电视台投资，掀起了美国电视网向海外扩张的第一波浪潮。[①] 这一时期，美国三大电视网踊跃地通过直接投资或出口电视节目的形式进入其他国家和地区，美国电影公司开始更多地在海外设立分支机构，购买外国电影院，把电影的生产和发行推向海外市场。

这一阶段，美国传媒企业国际化速度较快，国际化程度趋于向较高的阶段发展，美国的传媒产品席卷世界各国，从图书到报纸、从唱片到录像带、从电影到电视，美国无不占据主导地位。美国传媒企业国际市场进入模式选择也日渐多元丰富，采取多种国际市场进入模式向海外扩张，如使用出口模式、对外直接投资模式、许可经营模式，等等。总体来说，美国传媒企业的海外扩

[①] 爱德华·赫尔曼、罗伯特·W. 麦克切斯尼：《全球媒体：全球资本主义的新传教士》，甄春亮等译，天津人民出版社 2001 年版，第 15 页。

张已经全面展开,在全球传媒业的优势地位持续扩大,提供的传媒产品占据世界传媒市场的主导地位。

三 20世纪80年代至今:美国传媒企业国际化的加速发展

如前所述,20世纪80年代以来的外部环境的变化为跨国公司与对外直接投资的发展奠定了政策基础、经济基础以及技术基础等,外部环境利好与跨国公司的内部利润驱动形成合力共同推动跨国公司加快对外扩张的进程与速度。世界经济驶入发展的快车道,对外直接投资规模不断扩大,跨国公司数目增长迅速。80年代的其他重大发展是,全球商业要求通讯网更快更可靠,这就促进了通讯技术的发展,通讯、信息与金融市场一道成为全球化市场经济最具活力的特征,全球商业媒体的发展对全球市场的发展至关重要。[①]新自由主义推崇的私有化、自由化、去管制化在全球范围内的蔓延大大地拓展了美国传媒企业获取利润的空间,在这剧烈变化的外部环境之下美国传媒企业进入到国际化加速发展阶段,全球图书出版业、音像业、电影业等正在美国传媒企业的控制之下。

美国影视节目在世界贸易市场中拥有竞争优势的重要来源为其节目内容的高品质与低价格。高品质与低价格的竞争优势源自于美国本土的巨大市场规模以及由此出现的规模经济,美国传媒企业丰富的市场化运营经验与模式、高效的组织结构、内容与资源的共享与流动、巨额的投资规模、充分的市场竞争都在推动其生产出更多更好的影视产品,而基于影视产品的初始成本高、边际成本低、具有准公共物品等特点也能够使其随着生产规模的扩张而降低成本。

[①] 爱德华·赫尔曼、罗伯特·W.麦克切斯尼:《全球媒体:全球资本主义的新传教士》,甄春亮等译,天津人民出版社2001年版,第37页。

因而,随着其海外扩张覆盖的受众规模越大,其成本越低,影视产品的价格自然也会降低。从1981年至1991年,好莱坞向全球出口翻了一番,从11亿美元增至22亿美元。从1987年至1991年音乐录像制品出口也翻了一番,到1991年总数达到41900万美元。[1] 这一时期,影视产品仍然延续着从美国流向其他国家的一贯情形。20世纪90年代,美国占据了世界节目出口69%的市场份额以及到90年代中期至少占据世界75%的电视节目出口。到2000年,几乎1/3的世界观众在看美国的电视节目。[2] 美国电影同样一直主导全球电影贸易市场,海外票房收入来源于欧洲、亚洲、拉丁美洲等。

在以出口作为国际市场进入模式之外,这一时期,跨国并购成为美国传媒企业进行国际扩张的一种非常重要的国际市场进入模式。如图5-1、5-2所示,1983—2005年全球传媒业经历着以跨国并购为进入模式的海外扩张,美国传媒企业通过外国直接投资尤其是跨国并购等手段大规模地进行海外扩张。1983—2005年,美国传媒企业跨国并购488家外国广播电视公司,成为拥有国外广播电视台最多的国家。这一时期,美国传媒企业还并购了283家外国广告公司、101家外国报业集团、1502家外国电信公司。[3] 美国传媒企业通过不断的跨国并购在世界范围内有效地组织传媒产品生产以达到资源的最优配置。从电视业到广告业、从报刊业到电影产业,美国传媒企业的国际化正呈现加速发展的趋势。

---

[1] 爱德华·赫尔曼、罗伯特·W. 麦克切斯尼:《全球媒体:全球资本主义的新传教士》,甄春亮等译,天津人民出版社2001年版,第38页。

[2] Richard A. Gershon, *The Transnational Media Corporation: Environmental Scanning and Strategy Formulation*, Journal of Media Economics, 2000, 13 (2), pp. 81 – 101.

[3] Dal Yong Jin, *Neoliberal restructuring of the global communication system: mergers and acquistions*, Media, Culture and Society, 2008, 30 (3).

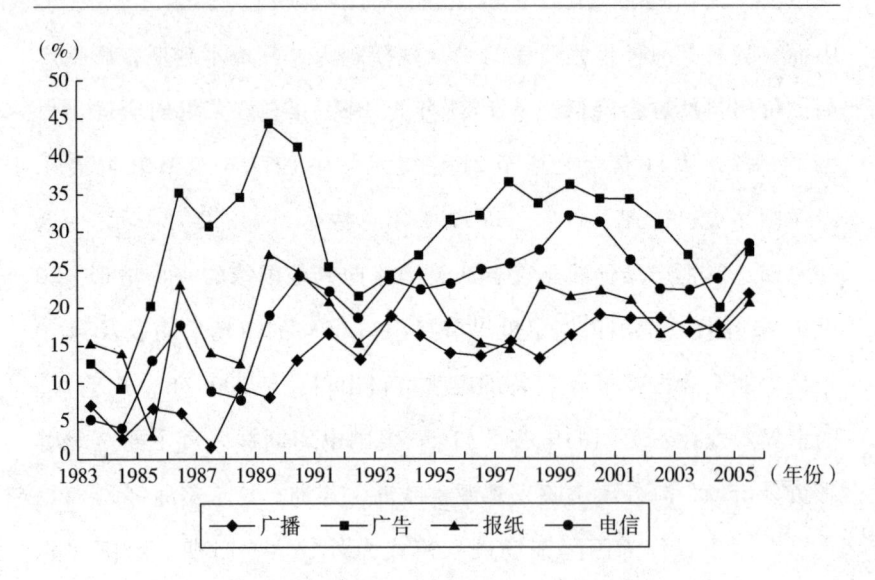

图 5-1 全球传媒业的跨国并购（1983—2005）

资料来源：Dal Yong Jin, *Neoliberal restructuring of the global communication system: mergers and acquistions*, Media, Culture and Society, 2008, 30 (3).

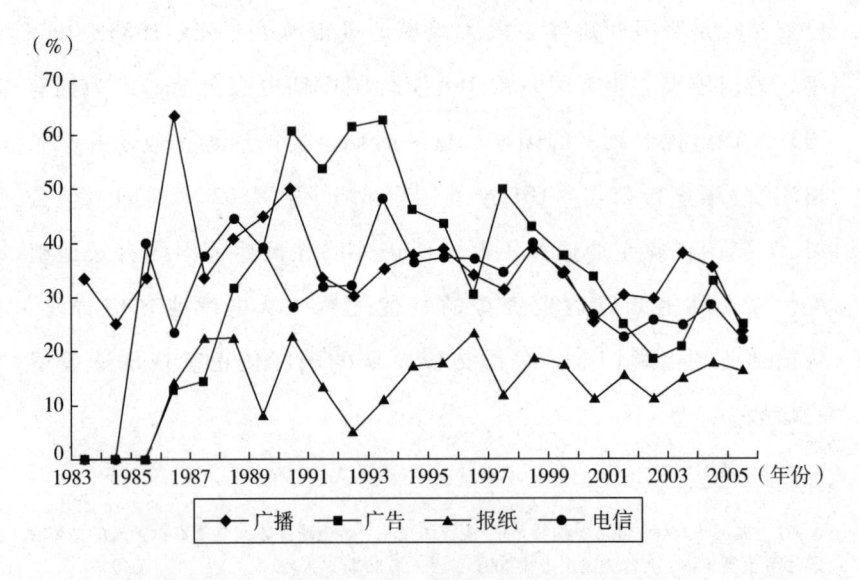

图 5-2 美国传媒业的跨国并购（1983—2005）

资料来源：Dal Yong Jin, *Neoliberal restructuring of the global communication system: mergers and acquistions*. Media, Culture and Society, 2008, 30 (3).

质言之，20世纪80年代以来，美国传媒企业的国际扩张进入到迅猛阶段，其国际市场进入模式较前两个阶段更加多元丰富，除了前述二个阶段中出现的出口、许可经营等国际市场进入模式之外，还出现了在国际市场进入模式中属高级阶段的跨国并购，跨国并购相对其他国际市场进入模式来说，能够快速地进入东道国，对海外分支机构控制能力强，同时获利较高，但需要注意的是，该国际市场进入模式风险较大、资源承诺较多。美国传媒企业的跨国并购进入模式与当时的外部环境与内部环境紧密结合在一起，可以说是外部的政经环境与企业自身拥有的资源与能力共同推动了这一国际市场进入模式的出现。

第二节 美国传媒企业国际市场进入模式选择：从出口到跨国并购

美国传媒企业面对国际市场进入模式选择时有出口、新建、跨国并购、许可经营等多种选择。在进入不同国家和地区时，美国传媒企业综合考虑外部环境和内部环境的多种因素从而决定具体的国际市场进入模式选择。国际市场进入模式具体包括非股权国际市场进入模式和股权国际市场进入模式。不同的国际市场进入模式在风险、资源承诺、对国外分支机构的控制程度、获利等方面都各不相同。

一 非股权国际市场进入模式

非股权模式包括出口进入模式和契约进入模式两大类别。出口是企业进入国际市场最为常见也是最为普遍使用的一种国际市场进入模式，可分为间接出口和直接出口。契约进入模式可分为许可证进入模式、特许经营、交钥匙合同、合同生产、管理合同等。不同的契约模式在资金投入、风险扩散以及赢利程度等方面存在着一定的差异。由于非股权国际市场进入模式不涉及股权投入，因而相对于股权进入模式来说，其具有风险较小、承诺较低、对海外市场的业务或分支机构的控制能力较低、获利较少等特点。

（一）出口进入模式。在使用出口这种模式进入海外市场时可具体选择直接出口或间接出口。直接出口通过在海外设立销售渠道进行产品销售。间接出口指的是通过进出口商将产品销售至海外，两者之间的主要区别为是否自设销售渠道还是借助外部销售渠道将产品销售至海外市场。因而无论是直接出口还是间接出口，其目的都是将产品和服务输出到其他国家以赚取利润。一般来说，企业在国际化扩张之初由于国际化经营经验的欠缺以及抗风险能力较弱因而会先采取间接出口再直接出口的模式以规避风险及积累国际化经验。

出口进入模式具有以下优势：（1）减少企业在海外进行生产及经营所带来的风险。出口进入模式相对于其他进入模式来说，卷入程度与风险程度最低，通过在母国进行生产然后出口到其他国家，可以避免在东道国生产有可能遇到的各种政治风险和市场风险；（2）获得规模经济。规模经济意味着随着生产规模的扩大，生产产品的长期平均成本可以降低。规模经济在传媒产业中尤其突出，传媒产品生产的边际成本通常很低，有时甚至为零。通过在母国的大规模的集中生产，然后再出口到海外，可以获得由大规模生产带来的规模经济；（3）通过出口进入模式可以积累相关经验与知识从而降低进行国际化经营的风险，也为进入到高一级阶段的国际进入模式奠定基础。同时需要注意的是，出口进入模式也有其自身局限性，如易受到关税与贸易壁垒的限制、产品海外运输成本高、运输时间长、对海外市场控制能力较弱、对海外市场信息把握不足等。

对于传媒产品来说，其初始成本高、边际成本低的特点使得通过出口这种方式进入其他国家和地区更可能获得规模经济，通过大量生产传媒产品可降低生产成本。因而出口进入模式是美国传媒企业进入国际市场最常见的、也是历史最为悠久的一种国际市场进入模式。早在美国传媒企业进行国际化经营的最初阶段，就是使用出口进入模式进行海外扩张的。前述可见，美国在20世纪70年代出口的电视节目时数是其他国家出口总数的两倍。[①] 1980年，无论是书籍、报纸和期刊，还是唱片和录像带，美国的出口都占据第一名的位置，而且和出口国第二名的部分相当可观（见表5－3）。

表5－3 1980年书籍、报刊、唱片和录像带出口国及所占百分比

国家	书籍		报刊		唱片和录像带	
	价值	比例	价值	比例	价值	比例
美国	183.3	24.3	76.6	19.8	599.5	21.6
英国	112.6	14.9	43.0	11.1	244.6	8.1
联邦国	86.9	11.5	66.0	17.0	354.0	12.8
法国	70.6	9.3	55.7	14.4	239.9	8.7
意大利	—	—	50.5	13.0	—	—
日本	—	—	—	—	682.5	

资料来源：罗伯特·福特纳：《国际传播：全球都市的历史、冲突及控制》，刘利群译，华夏出版社2000年版，第179页。

20世纪80年代以来美国传媒企业推动其产品出口至更多国家和地区，规模与速度较之前更甚，愈发占据世界传媒市场贸易

[①] 爱德华·赫尔曼、罗伯特·W.麦克切斯尼：《全球媒体：全球资本主义的新传教士》，甄春亮等译，天津人民出版社2001年版，第14页。

的主导地位。1996年，包括电影、电视、音乐、图书、期刊和电脑软件在内的美国文化产业对外出口总额首次超过航空器和航天器出口总额，以高达600亿美元的总收入成为美国最大的出口产品行业。[①] 2002年，尽管遭遇盗版和全球整体经济衰退等状况，这部分的出口收入仍然增长1.1%，达到892.9亿美元。[②] 2014年美国书籍和有声读物的出口额为1877百万美元，视听及相关产品的出口额为19414百万美元，电影和电视节目的出口额为1639百万美元（见表5-4）。至2016年12月美国电视节目的全年出口额已达到3916342.14美元，从1995年到2016年美国电视节目的年出口平均额为2154585.04美元。[③]

表5-4　　　　　2010—2014年美国服务业出口总量及

传媒产品出口　　　　（单位：百万美元）

	2010年	2011年	2012年	2013年	2014年
服务业出口	563333	627781	656411	687894	710565
视听及相关产品	15886	17865	18715	18410	19414
电影和电视节目	13690	15195	15990	15846	1639
书籍和有声读物	1617	1903	1937	1664	1877

资料来源：www.ceicdata.com.

综上，可以看出，无论是在美国传媒企业国际化雏形阶段，还是20世纪80年代以来的美国传媒集团国际化迅猛发展阶段，出口模式一直被频繁使用。美国的电影、电视节目、图书杂志等传媒产品在满足着其国内市场需求的同时，也在不停地通过出口模式进军海外市场，在将其生产的传媒产品源源不断地推向世界

[①] 联合国教科文组织：《世界文化报告——文化、创新与市场》，关世杰等译，北京大学出版社1998年版。

[②] Eopyright Industries in the U.S. Eeonomy: The 2004 Report.

[③] www.ceicdata.com.

各国市场的同时赚取利润及提高其国际影响力与文化软实力。这种国际市场进入模式属于国际市场进入模式中的初级阶段,因其风险较低、资源承诺较低、同时也能够逐步积累国际化经验,一直是美国传媒企业进军海外市场的主要模式。

(二)跨国许可经营进入模式。跨国许可经营进入模式是指一国企业在一定时期内向国外企业转让其专利、商标、产品配方等无形资产使用权并由此获得许可收入的国际市场进入模式。跨国许可经营进入模式相对于其他国际市场进入模式来说,是一种成本最低以及风险最低的一种国际市场进入模式,通过向海外企业转让自身的无形资产获得固定收益,无须面对东道国的政治、经济等风险。同时,在企业国际化经验不足时,跨国许可经营进入模式可作为一种拓展国际市场的一种初级模式。其劣势在于这种进入模式收益较少,也有可能由于无形资产的授权使用从而培养自身竞争对手的风险。作为一种低承诺的国际市场进入模式,跨国许可经营进入模式对于那些不愿意或者由于自身资源与能力的不足而无法进行高控制度的国际市场进入模式的企业来说更具吸引力。

美国传媒企业在国际市场进入模式选择时经常使用传媒产品的跨国许可经营进入模式进行海外扩张。节目模式的跨国许可被定义为"一种能产生独特叙事的节目,并在原籍国以外获得许可以适应当地观众"[1]。美国节目模式的跨国流动最早可追溯至20世纪20年代英国BBC模仿美国商业广播秀,其后对美国商业广播秀的模仿也出现在澳大利亚、加拿大等国的商业广

---

[1] Albert Moran, *Global franchising, local customizing: The cultural economy of TV program formats*, Journal of Media & Cultural Studies, Vol. 23, No. 2, April, 2009, pp. 115 – 125.

播中。① 早期的这些节目模式的跨国流动中较受欢迎的节目多出现于喜剧、智力竞赛节目以及观众参与节目等广播节目之中,在美国国内成功推动之后,便会进入到其他国家和地区。然而,这一时期节目模式的跨国许可尚未正式开始,直到20世纪50年代,节目模式的跨国许可开始出现在电视节目中。其中一个较好的案例便是于1950年2月在CBS上播出之后即获得巨大成功并持续播出达17年之久的 What's My Line?。1951年这一节目模式通过跨国许可经营的模式进入英国。② 另一个早期的极好的美国电视节目的跨国许可经营案例可见于1953年推出并大获成功的 US Children's Programme Romper Room（1953—1994年）电视节目。这一节目在1953年首次推动就获得巨大成功,在国内多家电视台进行节目许可经营的同时,该节目也通过跨国许可经营的模式成功进入到澳大利亚和日本。③

在其后的数年里,电视节目模式的跨国许可经营一直以非常缓慢的速度发展,其中,大多数是美国的节目模式流向其他国家并且主要在发达国家之间进行,20世纪90年代以来节目模式的制作重心从美国转移到欧洲,进入到快速发展阶段并且成为有着丰厚利润的巨大产业。尽管20世纪90年代以来节目模式的制作重心有所转移,但美国仍在全球节目模式交易和流动中占据重要地位,一些美国传媒集团如华纳兄弟、新闻集团、迪士尼、NBC等都加大了对节目模式制作的投入,并加快其节目跨国许可经营进入模式的发展脚步。

---

① Chalaby, J., *At the Origin of a Global Industry: The TV Format Trade as an Anglo-American Invention*, Media, Culture & Society, 2012, 34 (1), pp. 37–53.

② Ibid..

③ Albert Moran, *Global franchising, local customizing: The cultural economy of TV program formats*, Journal of Media & Cultural Studies, Vol. 23, No. 2, April, 2009, pp. 115–125.

除广播电视节目之外，美国的音像制品、期刊等也在以跨国许可经营的模式进行海外扩张。美国乃至世界最大的音像制品租售公司之一 Blockbuster 在包括美国在内的 25 个国家和地区拥有 9094 家专营店和特许经营店，其中 3291 家在海外。[①] 1998 年起，美国国际数据集团 IDG 与美国最大的消费类杂志出版公司 HEARST 建立合资战略联盟，成功地将《大都会》(*Cosmopolitan*)的版权转让给中国的《时尚》杂志。而在传媒产品的衍生产品的国际扩张方面，许可经营则更是经常使用的一种方式。如新闻集团、迪士尼、维亚康姆、时代华纳旗下有大量的传媒产品的衍生产品都采取许可经营这种方式进行海外市场扩张。

前述可见，许可经营这种国际市场进入模式在美国传媒企业的国际扩张之中普遍存在而且历史悠久，无论是广播电视，还是期刊音像制品，抑或是传媒衍生产品都可以使用这种方式进入不同国家和地区，许可经营模式的优势在于国际化经营风险较小，国际资源承诺较低，同时能够取得固定收益。但正如前述，与优势并存的是，相对于其他国际市场进入模式来说，许可经营这种国际市场进入模式收益较低，同时有可能会产生无形资产的外溢风险。

二 股权国际市场进入模式

与非股权模式相对应的是股权模式。股权模式是指企业通过对外直接投资实现的目标国市场进入模式，即企业对国外子公司或其他形式的生产实体拥有实际控制权。股权模式又包括合资和独资两种类型。合资指两个或两个以上的企业共同投入一定数量

[①] 孔晶，Blockbuster：美国最大的音像制品租售公司，中国政务信息网。

的资产进行合资经营,并因此共享收益和共担风险,具体包括多数股合资、少数股合资和对等股合资。独资则是指拥有百分之百的股权,公司的所有经营管理权都由母公司掌握,盈亏也由其负责。股权国际市场进入模式在国际市场进入时涉及股权安排,这种国际市场进入模式风险较大,资源承诺较多,但同时对海外经营活动控制能力较强以及获利较大。

(一)独资市场进入模式。所谓独资,是指母公司拥有对海外子公司的全部股权,经营管理由其全权负责,收益、风险也由其全部承担。美国传媒企业进入国际市场时也会使用独资进入模式。独资进入模式使得美国传媒企业控制其海外分支机构更为直接与有效,能够最为直接地符合母公司的战略目标和发展路径,也能够将公司的无形资产保留在公司内部而没有外溢的风险。收益与风险并存,独资进入模式虽然收益较高、控制能力较强,但同时也要面对由政治、经济等外部环境带来的在海外市场经营的极高风险,同时在一些政策限制较为严苛的国家和地区,这种国际市场进入模式面对的政策壁垒较高。

早在 20 世纪初的 1909 年,美国人本杰门·布拉斯基就来到中国创办了一家电影制片公司——中国电影公司。从 1921 年开始,好莱坞的环球电影公司在中国设立办事处推销电影。其后,华纳兄弟在上海和天津设立了办事处,派拉蒙在香港、上海和天津设立了办事处。[①] 独资这种国际市场进入模式在美国传媒企业的国际扩张中经常出现,特别是新闻集团、时代华纳、迪士尼等大型传媒集团经常会使用独资进入模式进行国际扩张,正如前述

---

① 萧知纬、尹鸿、何美:《好莱坞在中国:1897—1950 年》,《当代电影》2005 年第 6 期。

所述,这种进入模式的优点在于收益较高,对于子公司的控制能力强,同时不会存在无形资产等泄露的风险,但也正因如此,独资进入模式风险较高,投入的资源承诺亦较高。

(二)合资进入模式。合资进入模式指母国企业与东道国企业共同出资、共同经营、共担风险。合资进入模式具有以下优势:(1)与东道国当地企业合资,可以从合作者那里获得东道国市场状况、经营体制、文化惯例等方面的本土化知识;(2)与东道国企业分担生产和经营成本及风险。合资进入模式的风险及卷入程度介于出口进入模式和独资进入模式之间,通过与东道国企业合资,可以分担经营的成本,同时也可降低相关风险;(3)规避东道国政策限制。对于一些具体的产业门类,东道国会制定相关政策限制外国资本进入或只允许有限度的进入。在这种情况下,通过与东道国企业进行合资可以相对有效地进行政策规避。合资进入模式也有其自身的局限性,表现为由于合资各方在内部环境和企业文化上的不同,有可能会导致合资公司发展的目标与路径充满矛盾和摩擦,有损合资公司的发展方向和利益,同时由于是合资经营,有可能会有无形资产外溢的风险从而培养新的竞争对手。

合资进入模式也是美国传媒企业常用的国际市场进入模式之一。由于传媒产品本身的特性,一些国家对于外资传媒的进入有一定的限制,如对于进入领域的限制、对于外资持有股份的具体限定等。政策限制的目的在于保护其本国的传媒产业,同时也保护本国的民族文化不被侵蚀。美国传媒企业经常使用合资模式进入其他国家最主要的原因之一就是通过合资进入模式可以规避东道国的政策限制。以新闻集团为例,可以看出合资这种进入模式的优势。在新闻集团的国际扩张历史上,常常由于政策限制原因采取合资模式进行国际扩张。如新闻集团通过与软银公司、索尼公司合资建立日本天空广播公司从而实现进入日本市场的目的。在新闻集团的印度、俄罗斯市场的拓展过程中同样使用合资这种方式进入。

（三）跨国并购进入模式。并购是收购和兼并的简称，跨国并购是指母国企业通过一定的渠道和手段以现金、证券或其他形式取得东道国目标企业的部分或全部股权从而达到控制目标企业的一种经济行为。跨国并购具有如下优势：（1）迅速进入目标国市场。跨国并购进入模式相对新建进入模式来说花费的时间较短，可以大大减少进入东道国市场的时间。（2）扩大市场份额，提高市场控制能力，同时可以将企业的经营扩张到新的领域。并购可以分为横向并购、纵向并购和混合并购。横向并购通过并购生产同种类型产品的企业，可以扩展企业的市场份额。纵向并购可以通过产业链上下游的并购减少交易成本，同时可以通过产业链链条的拉长加强对市场控制能力。混合并购通过对生产其他类型产品的企业的并购使得企业迅速进入到新的产品市场、降低生产经营风险，同时拓展收入来源。（3）获得特定资产。通过跨国并购可以有效利用并购目标企业的各种现有资源。相对于外来进入者来说，并购的目标企业通常在东道国拥有比较成熟和丰富的渠道和资源，如成熟完善的销售网络、既有的人力资源以及成熟的客户关系网。通过跨国并购方式进入东道国，可以利用目标企业的现有资源与能力如生产能力、管理经验、品牌形象、技术诀窍、销售网络、本土化知识、社会网络关系等。（4）高控制程度与高获利能力。跨国并购通过收购海外企业的全部股权或部分股权从而实现对海外分支机构的高控制能力，能够实现将海外分支机构的发展路径和目标与母公司一致，同时其获利程度也较高。

同样地，跨国并购这种国际市场进入模式的局限性在于其风险较大，须面对海外市场的政治风险、经济风险、市场操作风险、企业文化整合风险等，因而是国际市场进入模式中风险较高的一种市场进入模式。

20世纪80年代以来，全球传媒行业的跨国并购活动日益频繁并且势头强劲，其中，美国传媒企业的跨国并购是其中重要组成部分。对于外资传媒进入限制较少的国家，美国传媒企业频频使用跨国并购进行海外扩张，可以说是跨国并购的身体力行者。同样以新闻集团为例，新闻集团最初进入英国就是使用跨国并购方式得到了《世界新闻报》，为新闻集团在英国的发展打下基础。其后，新闻集团又采取同样的方法获取《太阳报》《泰晤士报》《星期日泰晤士报》。在美国，新闻集团并购《纽约邮报》《纽约》《新女性》、福克斯公司；在亚洲，新闻集团并购香港星空卫视；在欧洲，新闻集团并购克里斯—克拉夫特工业公司和意大利Telepiu卫星电视台等。新闻集团通过其在全球一系列的跨国并购，快速地进行国际扩张，奠定了其在跨国传媒集团中的霸主地位。美国传媒企业通过跨国并购实现其快速进入东道国目标，同时也可以通过跨国并购获得特定资产和有效地进行资源配置，同时，跨国并购这种国际市场进入模式收益较大，控制能力强，无无形资产外溢风险，然而这种国际市场进入模式风险较大，同时无法进入对于传媒政策限制较多的国家。

综上，梳理美国传媒企业的国际市场进入模式选择时可以发现，从其国际化雏形阶段到20世纪80年代以来的国际化迅猛发展阶段，美国传媒企业综合使用不同的国际市场进入模式进入不同的东道国，不同的国际市场进入模式在风险、收益、控制能力、资源承诺等方面均呈现不同的特点。除了上述提到的主要国际市场进入模式之外，美国传媒企业也会使用其他类型的国际市场进入模式，如合同生产、与东道国传媒企业组成战略联盟等来推动其国际扩张进程。一般来说，进入对外资传媒限制较少的国家时，美国传媒企业通常使用高控制度的进入模式，如采取新建、跨国并购模式快速进入；而对于外资传媒限制较多的国家，其则会采取出口进入模式、许可协议等低投入度的进入模式。

第三节 四大传媒集团国际市场进入模式选择的案例研究

国际市场进入模式是企业国际化研究中的重要内容，众多的国际化理论从各自的理论视角出发对国际市场进入模式选择进行理论解释。国际市场进入模式选择受宏观因素、中观因素以及微观因素等多种因素影响。本节首先对企业国际市场进入模式选择的理论基础和影响因素等相关文献进行梳理以奠定案例研究的理论基础；其次，对四个目标案例进行国际市场进入模式选择的单案例研究以呈现每个案例的具体情况；最后，对四个案例进行跨案例分析寻找其中存在的模式与命题以更好地解释美国传媒企业的国际市场进入模式选择机制。

一 国际市场进入模式选择的理论基础

国际市场进入模式是企业进行海外扩张时首先要面对的问题。围绕国际市场进入模式出现了大量的研究成果，其中，国际生产折衷理论、国际化阶段理论、[①] 交易成本理论、决策过程理

---

① 前文已述。

论、组织能力理论是国际市场进入模式选择方面的代表性理论，占据已有国际市场进入模式研究的主导位置。国际市场进入模式选择的影响因素也同样积累了丰富的研究成果，学者们从理论研究和经验研究中提炼出众多的影响因素并对其影响机制进行阐述。

（一）国际市场进入模式选择的理论综述

1. 交易成本理论

交易成本理论是国际市场进入模式选择研究中普遍使用的理论框架，占据了已有研究的重要位置，是这一研究领域的主流理论。Erin Anderson 和 Hubert Gatignon 把 Coase（1937）提出的企业性质理论和 Williamson（1975）提出的市场等级理论应用于美国企业的国际市场进入模式选择，试图解释为什么一家公司决定在外国市场建立生产线或服务系统，而不是许可其技术或与当地公司签订合同。这两位学者于 1986 年发表的《国际市场进入模式：基于交易费用理论的研究》以控制程度作为国际市场进入模式选择的决策标准，并将其定义为企业在国外市场上对其分支机构所拥有的系统、过程和决策的授权。[①] 他们将国际市场进入模式划分为高控制模式、中等控制模式与低控制模式。不同的国际市场进入模式对应着不同的控制程度以及不同的风险和回报程度。高控制度的进入模式意味着高回报和高风险；低控制度的进入模式意味着低回报和低风险；中等控制度的进入模式的回报与风险介于高控制模式与低控制模式之间。为了选择合适的国际市场进入模式，企业须在控制和资源承诺之间

---

① Erin Andersom, Hubert Gatignon, *Modes of Foreign Entry: A Transaction Cost Analysis and Propositions*, Journal of International Business Studies, 1986, 17 (3).

进行权衡。

表 5 – 5　　　　　　　　　国际市场进入模式分类

高控制模式：绝对控股全资子公司
控股股东（有多个合伙人）
控股股东（有少量合伙人）
控股股东（一个合伙人）
中等控制模式：对等权益较大权益股东（有多个合伙人）
较大权益股东（有少量合伙人）
等权益股东（50/50）
契约式合资公司
管理合同
限制性排他合同（如分销协议、许可经营）
特许经营
非排他性限制合同
排他性非限制合同
低控制模式：分散权益非排他性非限制合同（如集中分销、某些许可经营）
小股东（有很多合伙人）
小股东（有少量合伙人）
小股东（有一个合伙人）

资料来源：Erin Andersom, Hubert Gatignon, *Modes of Foreign Entry: A Transaction Cost Analysis and Propositions*, Journal of International Business Studies, 1986, 17 (3).

　　企业在进行国际进入模式选择的时候须同时考虑四个方面的因素：专用资产、外部不确定性、内部不确定性和"搭便车"问题。专用资产指的是无法转换或转换成本极高的专门性投资。外部不确定性指的是企业进入东道国后由于外部环境如政治、经济、法律等的变化而带来的经营风险。内部不确定性指的是由于企业内部的原因如管理、交易成本等不确定而导致的经营风险。"搭便车"指的是不承担任何成本而获得的收益。这四个因素与企业对海外分支机构的控制程度存在正相关关系，也就是说，企业拥有的专用资产越多，外部不确定性和内部不确定性越高，"搭便车"的机会越多，则企业越会选择高控制度的进入模式；反之，则会选择低控制度的进入模式。企业应综合考虑上述四个因素对国际市场进入模式的影响决定国际市场进入模式选择从而实现交易成本最小化目标。

交易成本理论为分析国际市场进入模式选择提供新的理论框架，然而这一理论框架也受到许多批评，如有学者认为该理论不能提供一种动态的国际市场进入模式选择方法；[1] 只在股权或非股权与高控制度或低控制度的二元选择模式有效；[2] 只在国外市场交易成本很高时有效；[3] 聚焦于制造企业，而服务企业与制造企业对交易成本的产生有着不同反应；[4] 忽视区位优势的作用和与市场潜力和投资风险相关的区位因素的成本。[5] 也忽视了国际市场进入模式选择对企业创造竞争优势的影响。[6]

2. 组织能力流派

组织能力理论提出企业间的竞争实质上与其能力的获取、开发与配置相关，[7] 将组织视为能力和知识的集合体，其中，个人技能、组织与技术经验密不可分地结合在一起。[8] 组织能力理论认为企业的经验和信息管理能力彼此相关，企业过去的经验对现

---

[1] Cumberland, F., *Theory development within international market entry mode-An assessment*, The Marketing Review, 2006, 6 (4), pp. 349 – 373.

[2] Erramilli, M. K., & Rao, C. P., *Service firms' international entry-mode choice: A modified transaction cost analysis approach*, Journal of Marketing, 1993, 57 (3), pp. 19 – 38.

[3] Morschett, D., *Firm-specific influences on the internalization of after-sales service activities in foreign markets*, Journal of Services Marketing, 2006, 20 (5), pp. 309 – 323.

[4] Brouthers, K. D., & Brouthers, L. E., *Why service and manufacturing entry mode choices differ: The influence of transaction cost factors, risk and trust*, Journal of Management Studies, 2003, 40 (5), pp. 1179 – 1204.

[5] Ekeledo, I., & Sivakumar, K., *International market entry mode strategies of manufacturing firms and service firms: A resource-based perspective*, International Marketing Review, 2004, 21 (1), pp. 68 – 101.

[6] Morschett, D., *Firm-specific influences on the internalization of after-sales service activities in foreign markets*, Journal of Services Marketing, 2006, 20 (5), pp. 309 – 323.

[7] Teece, D. J., Pisano, G. & Shuen, A., *Firm capabilities, resources and the concept of strategy*, Working paper no 90 – 8, Center for Research in Management, University of California, Berkeley, 1990.

[8] Nelson, R. & Winter, S., *An evolutionary theory of economic change*, Cambridge MA: Harvard University Press, 1982.

在的企业行为有着重要影响，而现在的经验也会影响到企业将来的行为。组织能力既是企业竞争性优势的来源，也是有可能制约企业发展的因素。组织能力管理是一个动态的过程，在这个过程中，企业获取、评价、吸收、融合和利用知识的能力非常重要，对于能力的开发与积累是重要的战略决策。

将组织能力视角引入解释国际市场进入模式的代表学者有Aulakh、Kotabe 和 Madhok。Aulakh，Kotabe（1997）以美国大型企业为研究对象，从交易成本因素、组织能力因素、战略因素三个方面分析国际市场进入模式选择的影响因素，其中，交易成本因素包括资产专用性、国家风险；组织能力因素包括国际化经验与企业规模；战略因素包括市场定位战略、全球整合战略和差异化战略。就组织能力因素对国际市场进入模式的影响而言，研究发现企业拥有的国际化经验越多，越会使用纵向一体化的方式在海外市场进行投资。[1] Madhok（1998）实证检验企业国际化能力、转移知识的经验、国际化经验与环境变化、母国与东道国之间的社会文化距离以及资源的共享性对企业国际市场进入模式选择的影响。研究结果发现，企业的组织能力比交易成本对企业的市场进入模式选择有着更为重要的影响。企业进入国外市场的经验会严重影响其后续进入模式的选择，也就是说，企业后续进入模式会有一定的路径依赖，与之前的市场进入模式相类似。研究还发现，与没有通过合资企业进入市场的企业相比，具有合资企业更多经验的企业更可能后续通过合资企业进入海外市场。当外部环境变化剧烈时，企业会通过合资进入模式来应对。此外，社会文

---

[1] Preet S. Aulakh, *Masaaki Katabe*, Antecedents and Performance Implications of ChannelIntegration in Foreign MarketsArticle, Journal of International Business Studies, 1997, 28(1), pp. 145 – 175.

化距离越远，企业越倾向于选择独资进入模式从而将知识与经验保留在企业内部。[①]

组织能力流派将组织能力视角引入解释企业国际市场进入模式选择，是从交易成本理论向着组织能力理论的一次理论转向，为企业国际市场进入模式选择提供新的理论框架与研究路径。该理论受到的质疑之处在于该理论无法有效解释出口、许可协议等非股权进入模式的影响因素，也没有较多地关注复杂的外部环境对国际市场进入模式的影响从而降低该理论的理论解释能力。

3. 决策过程理论

决策过程理论同时将宏观因素与微观因素纳入影响国际市场进入模式选择的分析框架，认为已有理论在分析影响因素没能很好地解决其复杂性的问题。该理论的代表学者是 F. R. Root 和 Stephen Yong。F. R. Root（1987）认为企业国际市场进入模式选择会同时受到内部因素和外部因素的双重影响。外部因素包括目标国的市场因素、目标国的环境因素、目标国的生产因素以及母国国内因素。内部因素包括企业内部生产因素和内部资源因素。企业在选择市场进入模式时，应综合分析内外部的各种因素的影响选择合适的国际市场进入模式。具体而言，如果目标东道国的政治风险较大，经济发展没有进入快速发展阶段，同时市场规模较小，并且对于外汇管制较为严苛，其社会文化背景同母国差异化程度较大，这种情况之下，企业通常会采用间接出口或许可证协议等低投入度、低风险的国际市场进入模式；相反地，如果东道国市场规模较大、政治风险小且东道国与母国之间的社会文化距

---

① Anoop Madhok, *The Nature of Multinational Firm Boundaries: Transaction Costs*, Firm Capabilities and Foreign Market Entry Mod, International Business Review, 1998, 7 (3), pp. 259 – 290.

离较小,则企业可以选择直接出口或直接投资的方式进入。当然,上述的母国因素以及企业自身内部因素也会对企业的国际市场进入模式选择起到重要的影响作用。① 在各种内外部因素之外,Stephen Yong(1989)将企业国际化经营原因与经营目标纳入国际市场进入模式选择的影响因素框架,提出企业在进行国际市场进入模式选择时还应对企业国际化的原因和目标进行优先排序从而选择与此相契合的国际市场进入模式。②

决策过程理论综合考虑影响国际市场进入模式选择的各种因素,为企业国际市场进入模式提供了具体的分析框架和决策过程,这是该模式的贡献之处。但该理论的不足之处在于其提出的因素过于庞杂且很多难以量化,同时也忽略了企业决策者的影响以及组织决策效率的影响。

(二) 国际市场进入模式选择的影响因素

正如前述,企业的国际市场进入模式选择受多种因素影响,这一领域的研究积累了丰富的研究成果,其中,F. R. Root 与 W. Chan Kim 和 Peter Hwang 的分析框架较为具体与清晰,因而这里主要介绍他们的分析框架。

F. R. Root 将影响国际市场进入模式的因素分为外部因素和内部因素(如图 5-3)。外部因素包括目标国的市场因素、目标国的环境因素、目标国的产品因素以及企业的母国国内因素。目标国的市场因素中需重点考虑的因素有目标国的市场规模、目标国的市场结构类型以及当地的营销基础。以目标国的市场因素为例,

---

① F. R. Root, *Entry Strategies for International Markets*, Lexington Books, D. C. Health and Co., Lexington Mass, 1987, pp. 16 – 17.

② Stephen Young, et al, *International Market Entry and Development*, Harvester Wheatsheaf, 1989, p. 267.

可以看到外部因素对市场进入模式的影响。如果目标国的市场规模较小，那么可以采取间接出口、许可经营或者是契约模式进入。相反，如果目标国的市场潜力巨大，则应该采取高控制度的进入模式进入，如采取对外直接投资的模式进入。如果目标国市场竞争非常激烈，则可以使用许可经营或其他契约进入方式。

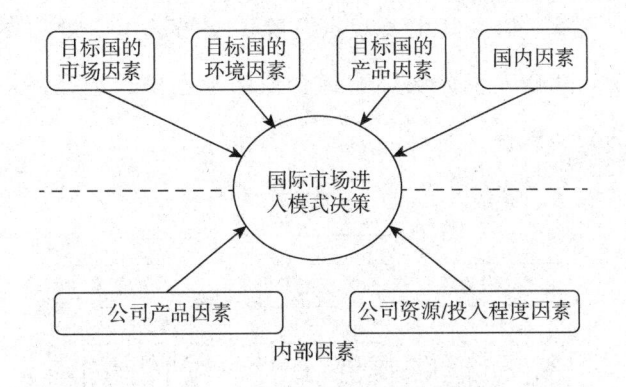

图5-3 国际市场进入模式选择的影响因素

资料来源：富兰克林·R.鲁特：《国际市场进入战略》，古玲香译，中国人民大学出版社2005年版，第10页。

鲁特提出的决定国际市场进入模式的另外的重要因素是企业内部因素，包括公司产品因素以及公司资源/投入程度因素。高度差异化产品更可能使用出口这种模式进入国际市场，而低差异度的产品会促使企业在东道国进行直接生产的方式。企业在管理、资金、生产技能、营销技能等方面拥有的资源越是丰富，它可选择的进入模式就越多；反之，可选择的市场进入模式就越少。此外，国际市场进入模式的选择还应与企业拓展国际市场的意愿结合起来，公司拓展国际市场的意愿越强，越会投入更多的资源，在其他条件不变的情况下，高资源投入度的公司会更多地选择对外直接投资模式进入目标国市场。

W. Chan Kim 和 Peter Hwang 对已有的国际市场进入模式影响因素进行分析，认为已有的各种影响市场进入模式的因素可以归纳为环境因素和交易成本因素两大类。他们在前人研究的基础上进一步提出全球战略变量，将环境因素、交易成本因素、全球战略因素放在同一个框架里，提出一个影响国际市场进入因素的折衷模式（图 5-4），其主要观点是除了交易成本变量和环境变量之外，全球战略变量也会影响到企业的进入模式选择，并得到相关研究的实证支持。

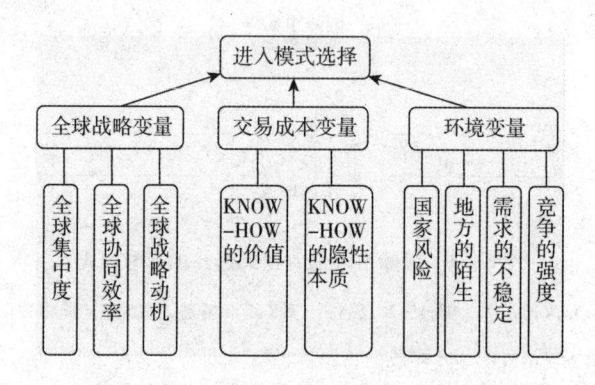

图 5-4 国际市场进入模式的折衷框架

资料来源：W. Chan Kim, Peter Hwang, *Global Strategy and Multinationals' Entry Mode Choice*, Journal of International Business Study, 1992, 23 (1), pp. 29-53.

全球战略变量包括全球集中度、全球协同效率、全球战略动机。这三个因素对市场进入模式的影响可作如下表述：其他条件相同，但当企业所处的全球产业市场是高度集中的市场结构时，企业会选择高控制度的进入模式；其他条件相同，企业各分支机构之间的全球协同效应越大，企业越会选择高控制度的进入模式；其他条件相同，企业的全球化战略动机越强，企业越会选择高控制度的进入模式。

交易成本变量包括 KNOW-HOW 的价值和 KNOW-HOW 隐性

本质。这两个因素对市场进入模式的影响可作如下表述：其他条件相同，企业拥有的 KNOW-HOW 的价值越大，企业越会选择高控制度的进入模式；其他条件相同，企业拥有的 KNOW-HOW 隐性本质越强，企业越会选择高控制度的进入模式。

环境变量包括国家风险、地方的陌生、需求的不稳定以及市场竞争的强度。这四个因素对市场进入模式的影响可作如下表述：东道国国家风险越大，企业越会选择低投入度的进入模式；目标国越是陌生，企业越会选择低投入度的进入模式；需求越不稳定，企业越会选择低投入度的进入模式；市场竞争强度越是激烈，企业越会选择低投入度的进入模式。

W. Chan Kim 和 Peter Hwang 提出的国际市场进入模式的折衷框架认为全球战略变量、交易成本变量以及环境变量都会对企业的市场进入模式产生影响，全球战略变量和交易成本变量与市场进入模式之间呈现正相关性，环境变量与市场进入模式选择之间则呈现负相关性。W. Chan Kim 和 Peter Hwang 研究的重要性首先在于其扩大国际市场进入模式决策框架将全球战略变量纳入分析框架；其次，管理者可以更好地理解每个变量在影响国际市场进入模式决策中的重要性从而可以在评估其进入模式备选方案时优先考虑相关变量。

综上所述，无论是 F. R. Root 对国际市场进入模式影响因素的分析，还是 W. Chan Kim 和 Peter Hwang 提出的国际市场进入模式折衷框架，都是在各自的视角上综合分析影响国际市场进入模式的各种因素，具有多层次多维度的特点。这些影响因素对企业国际市场进入模式选择研究及其现实层面的操作具有重要的理论意义与现实意义。

二 单案例研究

1. 时代华纳

自 20 世纪 20 年代以来，时代华纳一直在积极寻求海外扩张，并成功地将其生产的传媒产品推进世界不同的国家与地区，赚取巨额利润的同时也提高其公司的全球影响力与寡头垄断地位。对时代华纳国际市场进入模式进行梳理可以发现，在国际扩张过程的不同阶段其在综合考虑外部环境与内部环境的基础上使用不同的国际市场进入模式进入不同东道国，这其中既包括以出口和许可经营为代表的非股权市场进入模式，也有以跨国并购和合资为代表的股权投资模式。

（1）股权投资进入模式。股权投资进入模式具体包括合资和独资。合资包括少数股合资、对等股合资以及多数股合资。独资可以通过新建或并购实现。不同类型的股权投资进入模式的风险、对海外市场的控制程度、资源承诺、收益情况等前文已述。早在 20 世纪 20 年代时代华纳就已使用股权进入模式进行国际扩张，进入到时代华纳发展的鼎盛时期，股权进入模式的使用更为频繁，其中，跨国并购与合资尤其普遍。1992 年时代华纳收购英国麦克唐纳出版公司从而进一步扩大其当时在英国图书出版行业的市场规模。2000 年时代华纳先后收购西班牙领先数字卫星平台——Sogecable 卫星数字频道、南非自由广播电视台的部分股权。在使用跨国并购不断进入不同东道国的同时，时代华纳也在频繁使用合资方式进入东道国市场。2001 年时代华纳与印度的 Zee Telefilms、Splendid Medien 建立合资企业。2002 年时代华纳与日本有线电视台合资以实现落地 CNN 的目标。在欧洲，CNN 为合资伙伴的频道提供 CNN 国际新闻采集基础设施，合资方具体包括西班牙的 CNN+、土耳其的 CNN Turkey 以及德语的 channel n-tv。2004 年时代华纳与意大利儿童频道 Mediaset for Boing 合资。时代华纳同样使用合资方式进入中国市场。2003 年，时代华纳与上海永乐影院合资成立永华电影城，其中，中方控股 51%，美方拥有 49% 的股权。其他的合资可具体见于 2004 年华纳影视公司与中影集团、横店集团合资成立中国首家中外合资影业公司——中影华纳横店影视公司、2005 年时代华纳与上影集团合资成立南京上影华纳城、2005 年与 China Audio Video 合资在中国销售 DVD 和 VCD 等。

近些年来，时代华纳同样使用股权投资模式进入不同东道国。时代华纳旗下的 HBO 在拉丁美洲、亚洲和中欧等超过 50 国家拥有与东道国合资的合资企业。[①] 2009 年特纳收购印第安通用娱乐频道 NDTV Imagine 的大部分股权；2010 年时代华纳收购智利全国地面电视台 chilevisió；2011 年时代华纳收购 BlazHoffski Holding（荷兰和比利时的独立电视制片公司）。2014 年时代华纳全资收购英国 Shed Media Group，华纳兄弟电视集团总裁兼首席内容官 Peter Roth 公开表示期待通过美国、英国以及全球电视制作业务的资源共享实现其在全球范围内的成功。也是在 2014 年，时代华纳完成收购 Eyeworks 美国以外的 15 个国家的业务。

（2）非股权市场进入模式。在股权投资进入模式之外，非股权市场进入模式同样是时代华纳进行国际扩张时经常使用的国际市场进入模式。前述可见，非股权市场进入模式具体包括出口、许可协议、战略联盟等。出口是时代华纳最早也是最频繁使用的国际市场进入模式之一。早在 20 世纪 30 年代，时代华纳的旗下

---

① 时代华纳 2003 年年度报告。

期刊《时代》就以出口模式进入英国。其后的50年代《财富》同样以出口这一模式进入亚太地区。时代华纳的影视产品以出口的方式进入其他国家，《哈利·波特》系列、《黑客帝国》系列、《超人》系列、《蝙蝠侠》等影片不仅在北美地区取得了巨大的票房收入，其海外票房收入表现良好。2016年时代华纳的全球票房收入突破50亿美元，海外市场票房收入已经持续超过10亿美元。① 时代华纳生产的电影《自杀小队》《神奇动物在哪里》《蝙蝠侠大战超人：正义黎明》进入全球票房前十名的榜单之中。

　　许可经营也是时代华纳经常使用的一种非股权国际市场进入模式。至2009年12月31日，时代公司通过许可经营的方法在20多个国家进行50多种杂志不同版本的经营。② 消费品授权许可同样是时代华纳许可经营中的重要组成部分，2016年华纳消费品总裁Pam Lifford公开表示将致力于与顶级许可商和零售商建立全新的合作伙伴关系，将时代华纳许可经营的消费品传递给世界范围内的消费者。时代华纳消费品许可经营中经常看到的如漫威系列的超级英雄系列、罗琳的电影魔法世界等。同样通过许可经营的方式时代华纳授权海外市场的视频播放平台播出其视频内容，具体可见于其与香港的i-cable、英国的NTL、日本的Itochu Corp以及西班牙的Espanola达成的分销许可协议。分销许可协议中，时代华纳提供视频内容，本地分销商则提供基础设施资源、销售视频内容的本土化知识与技能、分销平台等。对于时代华纳来说，许可协议的签订可以使其规避政策风险，通过低成本低风险的进入模式进入不同的东道国市场。至2016年12月31日，HBO已授

---

① 时代华纳2016年年度报告。
② 时代华纳2009年年度报告。

权英国、澳大利亚、法国、德国、以色列、加拿大等150多个国家的电视网、SVOD播放其节目内容。华纳兄弟凭借其优势内容通过许可经营授权第三方播放其影视内容，如《蝙蝠侠与哈利·波特》《霍比特人》《指环王》等电影，2016—2017年度时代华纳生产的75部电视剧在190多个国家获得许可播放。

2. 新闻集团

可以说，在本书选择的四大跨国传媒集团之中，新闻集团的国际扩张最为强劲，这种强劲不仅包括其国际扩张的历史悠久，也包括其不断向世界不同国家和地区持续扩张的行为。默多克从其父手中接过家业之后便迅速进行国际扩张到今天为止，新闻集团一直保持高昂的国际扩张势头，其国际市场进入模式多元丰富，新闻集团在选择国际市场进入模式时，同样选择包括股权进入模式与非股权进入模式在内的多种进入模式进入不同国家。

（1）股权进入模式。合资这种股权进入模式在新闻集团的国际扩张过程中较为常见，具体可见于新闻集团通过与软银公司、索尼公司合资建立日本天空广播公司；新闻集团与韩国卫星传媒和意大利星空组建的合资公司，以及STAR TV拥有Vijay TV 51%的股权——泰米尔语言的卫星频道。在新闻集团拓展中国市场的过程中，新闻集团也同样使用合资这种进入模式，如新闻集团与天津广电局合资建立天津金大陆公司，新闻集团持有60%的股份，天津广播电视局占40%的股份。新闻集团与IDG以及中国宽带产业基金合资成立My Space中国公司。

跨国并购同样是新闻集团最为常见的国际市场进入模式。早在20世纪60年代新闻集团就通过先后收购《世界新闻报》《太阳报》成功进入英国报业市场。其后的80年代新闻集团又先后收购英国两家颇负盛名的报纸进一步巩固其在英国报业市场的有利的竞争地位。在进入其他国家和地区时，跨国并购也一直是新闻集团的重要进入模式，具体可见于20世纪80年代新闻集团对香港《南华早报》的收购；1994年收购德国沃克斯公司；2001年收购拉美天空卫星数字平台；2003年收购Telepiu组建SKY意大利并拥有80%的股权，又于次年收购剩余20%的股份；2014年收购爱尔兰的社交媒体新闻创业公司。

（2）非股权进入模式。新闻集团同样使用非股权模式进入不同东道国市场，其中，许可协议和出口是常见模式。新闻集团的跨国许可协议，具体可见于其2003年与MGM—TV Europe的许可协议、2004年与Chinese and In fo New channels的许可协议等。近些年来新闻集团通过许可经营进入的国家与地区越来越多，呈现快速推进态势。出口是另外一种常见的非股权进入模式，新闻集团旗下的期刊、报纸、影视产品都在以出口模式源源不断地向世界各地输出，如《星球崛起》《金刚狼》《少年派的奇幻漂流》《异形》《铁血战士》《博物馆奇妙夜》《辛普森一家》《小鬼当家》《独立日》《荒岛余生》《华尔街2：金钱永不眠》等电影出口到不同国家从而获取海外票房收入。2009年由新闻集团旗下20世纪福克斯出品的电影《阿凡达》在全球票房收入为27.823亿美元，其中，海外票房为20.218亿美元，约占全球总票房的72.7%。新闻集团同样使用跨国战略联盟这一国际市场进入模式进入不同的东道国，如新闻集团与Singapore Telecom组建的战略联盟、与India's production United Television组建的战略联盟等。在这些跨国战略联盟中，新闻集团提供内容，东道国战略合作伙伴则提供平台资源、对于东道国的本土化知识以及分销渠道等。

非股权进入模式也是新闻集团进入中国市场的常用模式。

1985年新闻集团通过免费向中央电视台提供影片奠定进入中国市场的良好基础。2001年，中国国家广电总局正式批准新闻集团持股的凤凰卫视中文台进入广东珠江三角洲地区有线网络，同年12月19日，STAR获准在广东地区落地。2003年，星空卫视取得在中国三星级以上酒店以及涉外单位的播放权。2006年11月，星空传媒与中国移动签订战略合作协议。2009年新闻集团旗下的My Space聚友网与华谊兄弟建立战略合作关系。

3. 迪士尼

同其他跨国传媒集团一样，迪士尼的国际市场进入模式同样呈现多元丰富的图像。早在20世纪30年代迪士尼就进入亚洲地区，而其在欧洲、中东和非洲等国家和地区提供娱乐内容至今也已超过80年的历史。拉美市场同样是迪士尼重要的目标东道国，在拉丁美洲持续提供数字娱乐、音乐、动画电影等，将其拥有众多品牌送入拉丁美洲成千上万的家庭。质言之，其海外扩张过程中的国际市场进入模式选择中同样包括了股权进入模式和非股权进入模式，在国际化不同阶段以及进入不同东道国时使用不同的国际市场进入模式。其中的典型代表就是迪士尼乐园与度假村在进入不同国家时既使用了股权进入模式，也使用非股权进入模式，由此带来完全不同的经营风险、资源承诺、控制程度以及经济绩效。

（1）股权进入模式。股权进入模式中的合资与跨国并购常见于迪士尼的海外扩张。合资可见于迪士尼2000年与韩国MBC的合资企业、2002年与Telefonica的合资企业、2004年与日本索尼的合资企业。在印度，迪士尼的Bueina Vista电视公司与莫迪集团成立了合资企业Walt Disney India，其中，迪士尼拥有51%的多数股权，莫迪拥有49%的股权。合资模式同样可见于迪士尼乐园与度假村的海外扩张历程。迪士尼在 1992 年进入巴黎、2005年进入中国香港、2016 年进入中国上海时都使用了合资这种股权进入模式，其中，其拥有巴黎迪士尼 81% 的股权、香港迪士尼 47% 的股权、上海迪士尼 43% 的股权。除合资之外，迪士尼也会使用独资方式进行国际扩张，如德国 Bueina Vista 100% 由迪士尼全资拥有。在由合资方式进入印度之后，迪士尼退出与 Modi 的合资企业转由以独资的方式在印度进行经营管理。跨国并购同样可见于迪士尼的股权投资模式中，2011 年迪士尼收购印度 UTV 剩余 49.6% 的股权实现全部控股从而进一步扩大其在印度这一新兴市场的市场地位。2012 年迪士尼收购俄罗斯 Seven TV 49% 的股权。2016 年迪士尼旗下的 ESPN 收购加拿大的 CTV 30% 的股权。

（2）非股权进入模式。非股权进入模式是迪士尼进行国际扩张时重要的国际市场进入模式。在进入日本市场时，迪士尼使用与之后其他几家乐园与度假村完全不同的国际市场进入模式即许可经营模式。东京迪士尼乐园是迪士尼乐园与度假村海外扩张的首站，或许因为如此，迪士尼采取了许可经营这种低风险的进入模式，通过向日方转让技术与管理经验等从而收取转让费和管理服务费。东京迪士尼乐园于 1983 年开业，包括两个主题公园、四个迪士尼品牌酒店、六个独立经营的酒店、IKSPIARI——集零售、餐饮和娱乐综合体以及 Bon Voyage——以迪士尼为主题的商店。

迪士尼进行许可经营的还有它的零售品和影视产品。1929 年，华特允许一家公司将迪士尼经典动画片形象米老鼠印在其生产的产品上，这是迪士尼零售品许可经营的第一步。之后的几十年里，迪士尼许可经营产品的种类不断增加，包括玩具、服装、家居装饰、家具、配件、文具、食品、鞋类及电子产品等。公司将其电影、电视剧等中的经典角色授权第三方使用以赚取许可收入。星球大战、米奇、冷冻、蜘蛛侠、尼莫等经典动画角色的授权给迪士尼的零售品带来了巨额收入,其主要通过设在世界各地的零售店以及网上进行迪士尼系列相关产品的销售,公司目前在北美拥有并经营 223 家门店,在欧洲有 78 家门店,在日本有 48 家门店,在中国有 1 家门店。①

许可经营同样可见于迪士尼生产的内容产品之中,20 世纪 90 年代末迪士尼的 ESPN 网络已通过许可经营方式授权 ESPN Magazine、ESPN Radio、ESPN Zones 等播放其内容。迪士尼与索尼娱乐电视签订协议在印度播放和推广迪士尼的节目内容。同样的许可协议也可在历年来其与法国的 TF1、德国的 Kirch、英国、日本等的协议中看到。具体来看,迪士尼使用与时代华纳类似的许可经营协议。迪士尼贡献内容资源,其合作伙伴则提供平台资源、基础设施、分销渠道等。

在许可经营之外,出口当然也是迪士尼经常使用的一种非股权市场进入模式。早在 20 世纪 30 年代迪士尼《白雪公主和七个小矮人》在上海的放映就被认为是其进入亚洲地区的开端。历年来的迪士尼的影视节目以出口方式不断在世界范围内获取受众注意力和收入。2016 年迪士尼的电影全球票房收入超过 70 亿美元,这一年的全球票房前十名中有一半是迪士尼生产的电影,其中,《海底总动员 2:多莉去哪儿》的全球房收入为 10.278 亿美元,另两部《美国队长 3:英雄内战》《疯狂动物城》的全球票房收入均超过 10 亿美元,可谓是迪士尼的大丰收之年。

迪士尼进入中国市场的非股权市场进入模式主要是出口、许

---

① 迪士尼 2016 年年度报告。

可经营等。早在 1978 年迪士尼通过向央视提供每晚 30 分钟的动画节目《米老鼠和唐老鸭》与中国观众见面。1986 年，迪士尼和中央电视台签署授权协议，迪士尼动画片节目每周日晚在中央电视台播放。1994 年，迪士尼与北京电视台作创办"小神龙俱乐部"动画节目。除了在中国香港和中国上海的乐园与度假村之外，迪士尼在中国的重要业务部分当属其衍生消费品的销售。迪士尼消费品授权业务进入中国已有二十多年，在中国有 600 多家授权商，2016 年迪士尼消费品大中华区业务保持两位数增长，远超市场平均水平。[①]

4. 维亚康姆

维亚康姆自然也不例外，在其国际化进程中综合使用不同的国际市场进入模式，出口模式将维亚康姆旗下的传媒产品推向世界各国，许可协议则将其传媒产品涵盖的无形资产进行授权许可经营，在降低国际化风险的同时实现其国际扩张的目的。合资或独资使得维亚康姆对海外市场的控制能力不断加强。总而言之，在进行海外市场拓展时，无论是股权进入模式还是非股权进入模式皆是维亚康姆实现其国际化战略目标的具体手段和途径。

（1）股权国际市场进入模式。合资与跨国并购与这两种模式是维亚康姆在进行国际扩张时经常使用的两种国际市场进入模式。2001 年维亚康姆旗下的 MTV 先后与 Japan Media, On Media, Nation Broadcasting Corp, Ten Music Television 等进行合资从而进入日本、韩国、菲律宾以及中国台湾等。2002 年其又与 Ekabi-

---

① 《迪士尼中国公布 2017 消费品授权计划》，https://www.prnasia.com/story/158243-1.shtml。

nanusa Yamasela、Bimantara Citra合资进入印度尼西亚。同年旗下的Nickelodeon与British Sky合资进入英国，旗下VH1与Ten Music Television合资进入中国台湾。可以说，维亚康姆的MTV，Nickelodeon，VIMN常以合资这种方式进入亚洲、欧洲、中东和非洲等并快速生长。

在进入新兴市场时，维亚康姆也经常使用合资或跨国并购的方式，如在进入中国市场时，2004年维亚康姆与上海文广传媒集团合资组建电视节目制作公司、2005年维亚康姆收购北京流动传媒。在进入印度市场时，2007年维亚康姆与印度领先的传媒娱乐公司Network 18以对半股权合资的方式成立Viacom 18，将电视节目、电影、数字内容、消费品等通过多个平台传递给消费者以打造印度最大的跨媒体娱乐集团。

在其他国家和地区，跨国并购同样颇为常见。2004年维亚康姆收购MTV在欧洲最大的竞争对手VIVA——这家公司在荷兰、匈牙利、瑞士和波兰经营音乐电视频道。同年，维亚康姆购入西班牙广播系统10%的股份。2006年收购MTV日本剩余63.8%的股份，同年取得Nickelodeon英国的控股权。2014年维亚康姆从Northern & Shell集团手中收购英国第五频道。2015年维亚康姆收购印度电视台Prism TV 50%的股份。

（2）非股权进入模式。维亚康姆在使用股权进入模式不断进军海外市场的同时，非股权进入模式也在被维亚康姆频繁使用，无论是许可协议还是出口都为维亚康姆的国际扩张进程做出重要贡献。维亚康姆国际化进程主要依靠有线电视网如MTV和Nickelodeon等，维亚康姆通过许可经营在不同东道国推出不同版本的MTV和NICEODEODEN（包括Nick Toons）。维亚康姆同样通过许可经营的方式将其旗下众多的经典角色进行衍生商品的授权许可经营，如海绵宝宝、忍者神龟等。同样可见，维亚康姆也使用战略联盟和合同生产这些非股权模式进行海外扩张，如 2000 年 Nickelodeon 与印度的 Zee TV 组建的战略联盟、2004 年 Nickelodeon 与俄罗斯的 Regional TV Syndicate of Russia 的合同生产协议。同 NICEODEODEN 一样，MTV 也会使用战略联盟这一模式。2006 年 10 月，MTV 与百度达成战略合作，由百度提供平台，维亚康姆提供视频音乐内容，双方共享视频节目的广告分成。无论是 NICEODEODEN 还是 MTV 在与东道国合作伙伴建立战略联盟时，其主要贡献的是以知识和创新为表征的内容产品，战略联盟合作伙伴则主要贡献对东道国市场了解的本土化知识、分销渠道、本土化的商业网络等。通过战略联盟这一方式，维亚康姆可以以相对较低的风险在东道国经营。出口自然也是维亚康姆常用的一种国际市场进入模式，具体可见于其内容产品的出口，维亚康姆历年来源源不断的传媒产品的出口皆为明证。

三 跨案例研究

美国传媒企业在进行国际扩张时会对影响国际市场进入模式的多种因素进行综合考察。无论是外部因素中的母国因素、东道国因素、产业环境因素、母国与东道国之间的文化距离等，还是企业内部因素中的企业所拥有的资源、能力、国际化经验等都会对其国际市场进入模式的选择产生影响。前述四个单案例分析中涌现出一些共同特点，可以发现，美国政府对于传媒企业的海外扩张一直持积极推动和全力支持的态度，因而母国因素对美国传媒企业的国际市场进入模式影响可以不纳入本书的分析框架之中。而外部因素中的东道国因素尤其是东道国的政治环境与经济环境则会对美国传媒企业的国际市场进入模式选择产生极为重要的影响。同时，母国与东道国的文化距离也是对美国传媒企业的国际市场进入模式产生影响的重要变量。从美国传媒企业这一微观主体层面来看，其拥有的管理经验、资金、生产技能、营销技能等方面资源的多寡与在全球范围内协调与配置资源的能力的高低同样会对其国际市场进入模式产生重要影响，在这些资源与能力中，国际化经营的资源与能力至关重要。因而，可以清楚地看到，伴随着美国传媒企业国际化进程的不断推进，其国际化经验与能力也在不断地积累与提高，由此也会带来国际市场进入模式选择的不同。总而言之，对美国传媒企业国际市场进入模式选择的影响因素主要有东道国的政治环境与经济环境、母国与东道国之间的文化距离、美国传媒企业拥有的资源与能力。

（一）东道国的政治环境与经济环境对美国传媒企业国际市场进入模式选择的影响最大。本书认为，在种种影响美国传媒企业国际市场进入模式选择的因素之中，外部因素尤其是东道国的政策因素是影响美国传媒企业国际市场进入模式选择的最重要因素。前述单案例分析可见，美国传媒企业针对不同的国家使用不同的国际市场进入模式。具体来说，美国传媒企业进入对外资传媒限制较少的国家时，通常使用高控制度的进入模式，如采取跨国并购模式快速进入。跨国并购进入模式获利较高，对海外经营活动控制能力强，因而是美国传媒企业进入国际市场经常使用的进入模式。在一些对传媒资本进入限制较少的国家，这种进入模式能够快速进入东道国市场，并且能够与母公司的发展战略相配合，同时也是四大传媒集团快速进行全球化战略布局的有效利器。而对于外资传媒限制较多的国家，美国传媒企业则会采取出口进入模式、许可协议或合资进入模式。如前所述，这些国际市场进入模式相对于跨国并购来说风险较小,有时也可以规避东道国的政策壁垒从而实现曲线进入东道国的目标。另一方面,东道国的经济环境尤其是对传媒产品的市场需求规模的大小也会对国际市场进入模式选择产生影响。具体观之,当东道国的市场需求较小,则美国传媒企业多采取出口、许可协议或合同生产等低控制度、低收益的方式进入;反之,则会选择如跨国并购、独资等方式直接进入东道国市场从而实现对东道国市场的高控制能力以及高收益。

命题1 东道国政治环境对传媒产品的进入壁垒越低,美国传媒企业越会采取高控制度的国际市场进入模式;反之,则会选择低控制度的国际市场进入模式。

命题2 东道国的经济环境尤其是对传媒产品的市场需求越是强劲,美国传媒企业越会使用高控制度的国际市场进入模式;反之,则会选择低控制度的国际市场进入模式。

(二)母国与东道国之间的文化距离对美国传媒企业的国际市场进入模式产生重要影响。在学者 Kogut 和 Singh 看来,所谓的文化距离是指国家之间的文化差异,涵盖在世界观、信仰、价值观、思维模式、行为方式、感知方式等方面的差异。[1] 在单案例分析中可以看到,美国传媒企业在进入文化距离较远的东道国时候经常采取低控制度的国际市场进入模式以降低进入东道国的经验风险。同时,为了减少因文化距离带来的经营风险,美国传媒企业也常使用合资方式进入东道国以利用东道国的人力资源和管理经验。此外,通过合资方式可以绕开东道国对外资进入传媒领

---

[1] Kogut, Bruce & Singh Harbir, *The effect of National Culture on the Choice of Entry Mode*, Journal of International Business Studies, 1988 (19).

域的限制，寻求规避政府的政策壁垒，但其更为重要的另一方面则在于可以更好地实现本土化运行，有效地克服美国传媒企业水土不服的情况，降低因文化距离所产生的文化折扣出现的可能。在进入文化距离较远的东道国市场时，其他的非股权模式如出口、许可经营、战略联盟也经常出现。出口常见于传媒业的各具体产业门类的产品之中，许可经营进入模式在图书期刊领域、影视产品中比较常见。同时，我们也看到其他方式的进入模式，如美国传媒企业与东道国合作伙伴组建战略联盟来实现双方共赢。在这些跨国战略联盟中，美国传媒企业不仅带来丰富的内容资源，而且带来了生产和销售方面的专业知识。本土化的合作伙伴则贡献本土化知识、对本土商业惯例的熟悉与了解、本土化的社会关系、本土的商业网络等，一方面帮助美国传媒企业更好地融入本土的商业网络，另一方面也有助于创造更吸引本土观众的内容产品。而对于文化距离较近的东道国，美国传媒企业则常采用高控制度的国际市场进入模式，如跨国并购或者新建，其中的重要原因之一在于由于文化距离较近，无须过多担心由此可能产生的文化折扣情况的出现。

命题3 母国与东道国之间的文化距离越近，美国传媒企业越会选择高控制度的国际市场进入模式；反之，则会选择低控制度的国际市场进入模式。

（三）美国传媒企业拥有的资源与能力对其国际市场进入模式产生重要影响。以企业资源/投入程度为例，公司在管理经验、资金、生产技能、营销技能等方面拥有的资源越是丰富，它可选择的进入模式就越多；反之，可选择的国际市场进入模式就越少。此外，国际市场进入模式的选择还应与公司拓展国际市场的意愿结合起来，公司拓展国际市场的意愿越强，越会投入更多的资源,在其他条件不变的情况下,高资源投入度的公司会更多地选择高控制度的进入模式进入目标国市场。在单案例分析中可以看到,美国传媒企业在发展的不同阶段使用不同的国际市场进入模式。当美国传媒企业尚未拥有丰富资源与雄厚能力的时候,其能够选择的国际市场进入模式类型较少,同时也会选择低承诺、低控制度的国际市场进入模式以降低风险。一旦美国传媒企业拥有丰富资源与核心竞争力,并且拥有较多的国际化经营经验时,其便会选择高控制度的国际市场进入模式。这与前述的国际化阶段理论一致,国际化阶段理化认为企业国际化是一个循序渐进的过程,并且其国际市场进入模式基本会遵循出口→许可协议→合资→跨国并购这一路径不断升级。通过出口,将传媒企业提供的产品和服务推及最大限度的受众身上,从而获取规模经济优势,增加传媒企业的利润空间。此外,通过出口也可以增加传媒企业的海外市场经验,为传媒企业国际化阶段向着更高的方向发展奠定基础。因而,可以说出口是美国传媒企业国际化经营的初级阶段。通过契约模式进入其他国家和地区则同样可以积累国际化经验,减少国际化经营成本与风险,同时也是绕过政策壁垒限制的一种国际市场进入模式。一般来说,传媒企业会先出口,然后通过战略联盟和合资方式进入,最后会使用跨国并购或独资模式进入。

命题4 美国传媒企业拥有的国际化资源与能力越丰富,其可选择的国际市场进入模式类型越丰富;反之,则其可选择的国际市场进入模式类型越少。

命题5 美国传媒企业拥有的国际化资源与能力越丰富,越会选择高控制度的国际市场进入模式;反之,越会选择低控制度的国际市场进入模式。

命题 6　美国传媒企业拓展国际市场的意愿越强,越会选择高控制度的国际市场进入模式;反之,越会选择低控制度的国际市场进入模式。

命题 7　美国传媒企业拥有的国际化经验越多,越会选择高控制度的国际市场进入模式;反之,越会选择低控制度的国际市场进入模式。

自 19 世纪以来美国传媒企业一直在寻求国际扩张。在其海外扩张的进程之中,多种国际市场进入模式被使用。从国际化的初期到现在,出口这一国际市场进入模式仍是美国传媒企业向海外市场提供图书、期刊、影视产品等的重要方式。但是随着美国传媒企业的不断成长以及外部环境的不断变化,美国传媒企业的国际市场进入模式逐渐丰富多元,而且在进入不同东道国时呈现出不同特征,具体包括出口、许可经营、战略联盟、合资、独资、跨国并购。本书发现美国传媒企业在国际市场进入模式选择时会综合考虑多种因素进行最后选择,在种种内外部因素之中,东道国的政治环境与经济环境、母国与东道国的文化距离以及自身拥有的资源与能力对其国际市场进入模式的选择产生最为重要的影响。这与 Hitt, Ireland, Hoskisson (2001)、Jaemin Jung (2004) 的研究一致。Hitt, Ireland, Hoskisson (2001) 研究同样发现一家公司的国际市场进入模式选择会受产业竞争环境、公司独特资源、能力和核心竞争能力、国家的环境和政策环境所影响。[①] Jaemin Jung (2004) 研究结果发现,文化距离和东道国风险在决定美国广告公司的国际市场进入模式选择时有重要影响。当东道国

---

① Hitt, Ireland, Hoskisson, *Resource Complementarity in Business Combinations*: *Extending the Logic to Organizational Alliances*, Journal of Management, 27, 2001, pp. 679 - 690.

与母国文化距离较大以及东道国风险较大时,美国广告公司会选择以合资方式而不是并购方式进入。[①] 此外,本书亦发现一个有趣的现象,在美国传媒企业国际扩张过程中,独资相较于其他国际市场进入模式较为少见,其原因可能在于东道国环境的复杂性,包括在政策管制、文化偏好、商业运作的隐性知识、本土化运作以及基础设施等方面的多元复杂。

---

① Jaemin Jung, *Acquisition or Joint Ventures: Foreign Market Entry Strategy of Advertising Agencies*, Jouranl of Media Economics, 2004, 17 (1), pp. 35–50.

第六章
美国传媒企业国际化经营战略选择

与其说是在创造一种垄断性质的文化，西方文明的全球化更可能是在创造一种"异类分离"现象（heterogeneous disjunctures）。全球——地方的文化互动正在导致一种混合文化的形成，它被认为是模糊了现代与传统、高等与低等、国内与全球文化之间的界限。罗伯逊把这种现象称作"全球地方化"（glocalization），以文化间融合为特征；这种融合是为了适应本地语言、风俗和文化习惯而使用新传播技术对西方媒体流派改造的结果。

——达雅·屠苏

将市场领域分配给本地公司的一种转包——这些公司被训练为懂得如何更好地处理拥有特殊性的当地观众，他们的特殊性造成了其对讯息标准的特殊需求：语言，音乐舞蹈的地位，历史，宗教以及设定两性之间、世代和社会阶层间关系的某种特定方式。

——Chevaldonne[①]

[①] 达雅·屠苏：《国际传播——延续与变革》，董关鹏译，新华出版社2004年版，第232页。

"全球一体化还是本土化"是美国传媒企业进行国际化经营战略选择时需要回答的问题，这个问题的答案自然与其嵌入的政治法律环境、经济环境、社会文化环境以及技术环境等紧密相关，与其所在的产业竞争的激烈程度紧密相关，亦与企业自身的资源、能力、国际化经验、领导者的战略眼光紧密相关。因而要考察影响美国传媒企业国际化经营战略选择必须将其放置在宏观环境与产业环境之下进行研究，同时也需结合微观主体自身拥有的资源与能力等进行综合考察。

前述可见，随着国际化进程的不断深入，美国传媒企业的国际扩张不仅速度加快，规模变大，国际市场进入模式也逐渐多元化。与此同时，美国传媒企业的国际化经营战略也呈现出新的特点，越来越多的美国传媒企业在经济全球化背景之下面对的是如何在全球一体化和本土化之间取得平衡从而更好地适应战略环境的变化，更快地抢占竞争先机以期实现其利润驱动的市场逻辑。本章中笔者首先考察美国传媒企业的内外部环境，具体言之，笔者基于PEST模型与五力模型分析美国传媒企业外部的宏观环境和产业环境，进而从内部资源、内部能力以及核心竞争力三个维度对其内部环境进行分析。内外部环境的分析为研究美国传媒企业国际化经营战略的选择奠定基础；其次，笔者借鉴Bartlett & Ghoshal[①]提出的全球整合与地方响应框架，对美国传媒企业的四种国际化经营战略进行具体分析；最后，对四大传媒集团的国际化经营战略进行单案例分析和跨案例分析从而更深入更具体对美国传媒企业国际化经营战略选择提供情境化的解释。

---

① Bartlett, C. A. and Ghoshal, S. "Managing across borders: new strategic requirements", *Sloan Management Review*, Vol. 28, No. 4, 1987, pp. 7 – 17.

第一节 美国传媒企业国际化经营战略选择的内外部环境考察

Jean K. Chalaby 在《从国际化到跨国化》一文中指出，从 19 世纪中叶至 21 世纪初国际传播经历三次范式转变，即从国际化到全球化再到跨国化，而每次范式转变的背后则是政治法律环境、经济环境、技术环境、社会文化环境等的剧烈变动。[①] 该学者的观点为研究美国传媒企业国际化经营战略选择提供极富洞见的启示。笔者借鉴该学者的理论视角，将其引入用以解释美国传媒企业国际化经营战略选择的历史背景与现实逻辑，同时亦结合经济学、管理学视角下的企业国际化经营战略的理论基础以呈现美国传媒企业国际化经营战略选择的内外部环境。

一 美国传媒企业国际化经营战略选择的宏观环境

本书使用 PEST 模型对美国传媒企业国际化经营战略选择的宏观环境进行考察。PEST 模型从政治法律环境、经济环境、技术环境、社会文化环境四个方面对企业的宏观环境进行直观呈现。更具体地说，政治法律环境包括政治制度、政治的稳定性、法律体系、法律执行情况、政府管制等。经济环境包括一个国家或地区的经济发展水平、GDP 和人均 GDP、国民总收入的变化趋势、利率、通货膨胀率、产业结构、居民人均可支配收入等。社会文化环境包括人口分布、社会习俗和规范、价值观念、宗教信仰、

---

① Jean K. Chalaby, *From internationalization to transnationalization*, Global Media and Communication, 2007, 1 (1).

社会流动性、教育程度、生活方式的变化等。技术环境则包括政府的研发投入、政府和行业对技术发展的关注、技术应用情况、新技术的发明和发展、科技成果转化的速度、技术更新速度等（表6-1）。

表6-1　　　　　　　宏观环境影响因素——PEST模型

环境类别	影响因素
政治法律环境	意识形态、政治制度、政治稳定性、对外政策和国际关系及贸易与投资政策、法律体系、法律执行情况、政府管制等
经济环境	经济发展水平、GDP、人均GDP、居民人均可支配收入、产业结构、通货膨胀率、货币供应、生产者价格指数、利率、汇率等
技术环境	研发投入、新技术的发明与发展、技术更新速度、技术应用情况、科技成果转化速度、技术更新速度等
社会文化环境	人口分布、教育程度、社会习俗和规范、社会流动性、价值观念、宗教信仰、生活方式的变化等

资料来源：杨锡怀、王江主编：《企业战略管理——理论与案例》，高等教育出版社2016年版，第51页。

（一）政治法律环境。美国传媒企业进行国际化经营战略选择时同时嵌入母国的政治法律环境与东道国的政治法律环境，因此需从母国与东道国两个维度对其所在的政治法律环境进行分析。就母国的政治法律环境而言，美国政府一以贯之的态度便是不遗余力地推动传媒产业快速发展，并打造系统完善的法律体系为传媒产业发展提供坚实有力的制度保障，具体可见于《版权法》《视觉艺术家权利法案》《电子盗版禁止法》《千禧年数字版权法》等法律。

对于美国传媒企业的海外扩张，美国政府更是竭尽全力为其全球化进程搭桥铺路。如早在1918年出台的《韦伯—波莫雷内出口法》就对美国电影产业的海外扩张提供政策支持。在其后的很多年里，在世界银行、国际货币基金组织、关贸总协定以及之后的 WTO 等组织的积极协调与推动下美国洞开一个又一个国家的传媒业的大门。20 世纪 80 年代，美国通过推行"睦邻友好"政策与阿根廷、巴拉圭、乌拉圭和智利签订双边合同从而加强与这几个国家的投资、资本与内容的双向流动，[①] 这自然是美国"全球视听战略"中文化传媒产品和服务贸易自由化、私有化与取消保护措施的应有之义。1991 年和 1993 年巴西政府先后引入 Rouanet 法律和 Audio 法律从而对外国公司尤其是美国、欧盟的公司开放市场。[②] 此外，美国先后与智利（2004 年）、新加坡（2004 年）、澳大利亚（2005 年）、中美洲国家（2006—2009 年）以及哥伦比亚（2012 年）签订自由贸易协定从而有效地改变这些国家的国内文化政策使视听产品的贸易免于贸易壁垒。[③]

美国和欧洲国家关于文化传媒产品的贸易问题之争持续多年。1994 年启动的乌拉圭回合贸易谈判中美国就强烈反对欧洲的文化传媒产品的贸易保护政策。这一问题在 2013 年 7 月的欧美跨大西洋自由贸易协定（TTIP）中仍然是双方反复争论的中心议题。美国对文化传媒产品持有"自由贸易"的态度旨在推动其文化传媒产品向更多国家和地区推进。欧盟则基于文化传媒产品属精神产品及文化主权保护等方面的特殊性从而对文化传媒产品持有"保护主义"态度。在持续多年的贸易谈判与斗争中，美国的态度一直明确坚定，那就是，推动文化传媒产品的贸易自由化从而为美国传媒企业进入更多国家和地区保驾护航。

[①] Martínez G., *Cinema law in Latin America: Brazil, Peru and Colombia, Jump Cut: A Review of Contemporary Media*, *Jump Cut* 50 (Spring), www.ejumpcut.org/archive/jc50.2008/.

[②] Ibid.

[③] Katharine Sarikakis and Sarah Ganter, *Priorities in global media policy transfer: Audiovisual and digital policymutations in the EU, MERCOSUR and US triangle*, European Journal of Communication, 2014, Vol. 2013, 29 (1), pp. 17–33.

总而言之，20世纪80年代以来，以英、美为首的西方国家在世界范围内极力推行新自由主义致使这一市场哲学在全世界范围内蔓延，造成的直接后果便是贸易与投资政策的进一步放松。2014年，投资政策措施的80%以上以改善准入条件和减少限制为目标。其中一个重点是投资便利化和具体部门的自由化。① 2015年，85%的政策措施旨在扩大开放、促进投资，亚洲新兴经济体在这方面表现得尤其突出。② 目前来说，世界各国仍然放宽对外国直接投资的限制，调整外资政策以促进外国直接投资的流入。③ 贸易与投资自由化的体制与机制的建构与完善为美国传媒企业的海外扩张奠定基础。在美国国内，传媒政策的去管制化与自由化是其明显特征与趋势。就世界范围内传媒政策而言，去管制化与自由化亦成为总体趋势。④ 传媒政策的重心在过去的许多年里发生了剧烈变化，从社会政治关注转向关注人们对基础设施、市场和产品的访问的技术和经济关注。对"公共利益"的解释更多地依赖于以市场为基础的解决方案而不是国家干预。⑤

（二）经济环境。与同时嵌入母国与东道国的政治法律环境一样，美国传媒企业同时嵌入不同的经济环境之中，母国的经济环境、东道国经济环境以及世界总体经济环境亦对其海外扩张产生重要影响。就美国国内经济环境而言，美国传媒产业的成长壮大与美国经济发展紧密勾连。宏观经济发展背景下人均GDP以及可支配收入的提高推动受众加大在传媒产品上的支出。数据显示，1960年

---

① 联合国贸易与发展会议：《2015年世界投资报告》，中国财政经济出版社2015年版。
② 联合国贸易与发展会议：《2016年世界投资报告》，中国财政经济出版社2016年版。
③ 联合国贸易与发展会议：《2017年世界投资报告》，中国财政经济出版社2017年版。
④ 前文已述。
⑤ EDITORIAL, *Media policy's new challenges*, Journal of Media Business Studies, Vol. 13, No. 3, 2016, pp. 125 – 127.

美国人均 GDP 突破 3000 美元。到了 1978 年美国人均 GDP 突破万元大关。美国 1996 年到 1997 年人均 GDP 为 30000 美元，高于德国与法国，比英国高出 33%。在此期间，美国花在原创节目上的国内开支为人均 63 美元，远远高于其他国家。① 国内经济的发展、人均可支配收入的增长、巨大的市场规模、国内受众基础以及由之而来的利润收入是美国传媒企业海外扩张的经济基础。

美国对外直接投资的增加、跨国公司的发展以及其在世界范围内竞争力量的不断上升更是为美国传媒企业的国际扩张奠定基础和提供条件。在学者指出，美国跨国公司的发展源头可追溯至 19 世纪 50 年代，② 第一次世界大战之前，美国许多公司都已走出国门抢占世界市场份额。这一时期美国企业对外直接投资呈现上升趋势，如由 1914 年的 26.5 亿美元增至 1919 年的 39 亿美元。③ 第二次世界大战之后，美国跨国公司发展异常迅速，究其原因主要在于世界经济形势的不断看好、美国国力的不断增强、国际贸易组织的协调与运作、美国企业国际化经验的不断积累以及竞争优势的不断提高等。从 1946 年至 1970 年，美国企业对外直接投资由 72 亿美元增长至 781 亿美元。④ 20 世纪 80 年代以来，美国跨国公司再次进入迅猛发展阶段，美国对外直接投资持续的大幅度增长为美国传媒企业国际化的加速发展提供驱动力，推动美国传媒企业国际化进入快速发展阶段。

从美国传媒产业发展的世界经济环境来看，历年来的世界经济 GDP 总量能够直观呈现经济环境变化之趋势。世界银行公布的

---

① 吉莉安·道尔：《理解传媒经济学》，李颖译，清华大学出版社 2004 年版，第 64 页。
② 陈宝森：《美国跨国公司的全球竞争》，中国社会科学出版社 1999 年版，第 5 页。
③ 南开大学经济研究所世界经济研究室：《跨国公司剖析》，人民出版社 1978 年版，第 34 页。
④ 联合国贸易与发展会议：《2003 年世界投资报告》，中国财政经济出版社 2003 年版。

数据显示，1960年全球GDP总量为13529.54亿美元，2017年全球GDP总量为80.68万亿美元。① 世界各国经济的不断发展以及新兴市场的开放带来对传媒产品需求的持续上升。以传媒产业具体产业门类来看，在过去的很多年里全球广播电视市场经历连续增长。数据显示，全球广播电视市场收入2015年为4457亿美元，预测2020年会达到5354亿美元。② 全球数字广告支出预计将以年均复合增长率（CAGR）12%的速度从2016年的1600亿美元增长至2020年的2850亿美元。③ 全球范围内尤其是来自新兴市场对传媒产品的强劲需求为美国传媒企业的快速国际扩张提供强大驱动力。

（三）技术环境。在政治法律环境、经济环境之外，技术环境的不断变化也对美国传媒企业国际化经营战略的选择产生直接影响。第二次工业革命推动电力、交通事业等的快速发展大大压缩信息与内容传递时间，随之而来的是美国通讯社、报纸、期刊等内容在世界各国的传播，传媒技术的发展使得美国传媒企业进入更多的国家和地区成为可能。而在计算机、微电子和空间相关技术的推动下，电信领域的一系列创新引发了国际通信领域的第二次爆炸，其中，最引人瞩目的当属光纤电缆和地球同步卫星的出现，卫星电视通过即时的图像和声音的同步传播让世界变成一个"与部落鼓共鸣的单一狭窄空间"，④ 美国传媒企业生产的电视节目在全球范围内可以被同步收看，通过提供标准化的电视节目内容实施全球化战略将世界变成一个地球村。近些年来，网络媒

---

① www.worldbank.org/.
② www.marketline.com.
③ www.pewresearchcenter.com.
④ Jean K. Chalaby, *From internationalization to transnationalization*, Global Media and Communication, 2007, 1 (1).

体和手机媒体等新媒体的不断出现与迅速发展更是改变了受众接触信息的方式并由此带来美国传媒企业在国际扩张时越来越多地需要在全球一体化和本土化之间取得某种平衡以更好地实现其国际扩张的战略目标。

对美国传媒企业而言，新媒体技术的飞速发展给其市场生存与发展同时带来挑战与机遇。传统媒体的生存困境进一步凸显，与之形成鲜明对照的是新媒体的蓬勃发展。有学者指出广告商最喜欢的18—49岁年龄段的受众领先于其他年龄组已经从传统媒体跃升到网络平台。[1] 以获取新闻信息为例，通过移动设备获取新闻的美国人已由2013年的54%上升到2016年的72%，一半以上同时从桌面和移动设备上获取新闻的美国人更偏爱移动设备。[2] 移动新闻受众增长如此之快，以至于有人怀疑它是否会完全取代其他平台。[3] 如何更好地利用新媒体技术带来的机遇，与新媒体进行融合关系到美国传统媒体的生存前景。

或许更为重要的是，新媒体技术的迅猛发展逐渐消解之前传统产业门类之间的清晰界限，使得传媒市场边界日益模糊不清从而进一步加大美国传媒产业市场竞争激烈程度。传媒技术的发展对美国传媒企业的海外扩张来说，一是使其海外扩张变得更加容易，降低进入海外市场的技术门槛，扩大其获得利润来源的范围以及降低进入成本；二是给美国传媒企业的国际扩张带来更加激烈的竞争局面，因为技术门槛的降低有可能带来现有竞

---

[1] idoia Portilla, mercedes medina, *Monetization strategies and audience data for online video*, The case of Atresmedia, Quaderns del CAC 42, Vol. XIX-July, 2016, pp. 27 – 36.

[2] Mitchell, Amy, Jeffrey Gottfried, Michael Barthel, and Elisa Shearer, *The Modern NewsConsumer*, http：//www.journalism.org/2016/07/07/the-modern-news-consumer, 2016.

[3] Wolf, Cornelia, and Anna Schnauber, "News Consumption in the Mobile Era", *Digital Journalism*, 2014, 3 (5), pp. 759 – 776.

争者、潜在竞争者的数量增多以及由此而来的产品与服务供给量的增加以及利润的下降;三是技术环境的剧烈变化带来的受众碎片化的现实状况使得美国传媒企业的海外扩张不仅必要而且必须,因为要拓展更多的地理边界从而提高覆盖更多受众的可能性。

(四)社会文化环境。美国传媒企业的国际扩张有着很好的社会文化环境基础。首先,美国传媒产品使用英语这一国际语言的现实情况从而使得其进入其他国家时所受到的文化排斥较小;其次,美国国内受众对传媒产品消费的历史悠久,也因此为传媒产业的发展奠定国内的受众规模基础;再次,美国传媒企业凭借其拥有传媒产业发展需要的专业人才、技术资源、管理经验以及产业集群等能够生产出具有竞争优势的传媒产品,为其输向海外市场提供重要的国际竞争优势。有学者提出,一家加拿大电视台从美国进口一部电视剧所花的费用大约是自己制作同样类型电视剧成本的十分之一。[①] 但是需要指出的是,受众需求偏好的剧烈变化是近些年来美国传媒企业面对的现实问题,受众的稀缺注意力愈发成为美国各大传媒企业竞争的至关重要的资源。自2008以来,美国报业一直呈螺旋下滑态势,2015年,报业广告总收入下滑8%。2016年1月调查数据显示,全美仅5%的成年受众通过纸质报纸获取总统选举的新闻。[②] 在报纸之外,电视观众尤其是年轻观众流失严重,这种受众流失不仅体现在有线电视,同样也指向依靠付费模式进行盈利的网站和电视台。正如前述,网络受众向移动设备迁移的倾向十分明显。广告商最青睐的年轻受众从

[①] Hoskins, et al, *Global Television and Film: An Introduction to the Economics of the Business*, Oxford: Clarendon Press, 1997.
[②] 《2016年美国新媒体研究报告》,www.pewresearchcenter.com.

传统媒体迁移至网络平台尤其是移动媒体平台的规模巨大。为了成功应对挑战，美国传媒企业必须持续创新以保证它的产品和服务对于受众具有吸引力，同时必须进行国际化经营战略选择争取在全球范围内到达更多的受众以应对受众偏好剧烈变化带来的挑战。

二 美国传媒企业国际化经营战略选择的产业环境

战略管理之父迈克尔·波特提出在分析产业环境时需综合考虑五个方面的因素，即现在竞争对手之间的竞争、替代品的威胁、潜在进入者的威胁、客户的价格谈判能力以及供应商的价格谈判能力。微观主体在进行战略选择时需对五种力量进行综合分析从而进行战略选择。本书使用这一分析框架对美国传媒企业国际化经营战略选择所面对的产业环境进行分析。

（一）现有竞争对手之间的竞争。现有竞争对手之间的竞争是五力模型中最为重要的一种力量，因而需要确认这个行业中的竞争对手是谁以及竞争对手的竞争优势是什么。迈克尔·波特认为，在分析竞争对手时应重点关注其长远目标、当前战略、竞争对手的假设和竞争对手的潜在能力。在不同的历史阶段，美国传媒产业竞争态势并不一样。对其竞争态势进行历时考察，可以知道美国传媒产业的市场结构经历了从垄断竞争到寡头垄断的变迁。在垄断竞争阶段，美国传媒产业市场上存在大量的竞争对手，每个微观主体依靠其产品或服务的差别化构建其竞争优势。到了20世纪80年代，美国传媒产业市场结构一个突出的特征便是其市场结构已经是非常明显的寡头垄断的市场结构，其中，主要寡头决定着传媒产品与服务的生产与供给，现有竞争对手之间的竞争主要体现在在位的几家主要寡头之间的竞争。寡头垄断的市场结构在全球传媒市场中同样存在，前述很多数据资料都在反复证明美国传媒企业在全球传媒行业中的霸主地位，无论是从纵向考察还是横向考察以及对具体产业部门的深入研究都能得到全球传媒市场由几家美国的巨型传媒集团主宰，其市场结构类型同样是寡头垄断市场结构。

全球范围的现有竞争对手都是美国的大型跨国传媒集团，这些跨国传媒集团体量惊人，能够利用规模经济与范围经济等从而成为令小公司无法撼动的竞争对手。早在20世纪90年代全球传媒市场基本上由几家巨型跨国传媒公司垄断，它们是新闻集团、迪士尼、时代华纳、维亚康姆等，今天这个情况仍然没有改变。传媒业日益的横向集中与纵向整合使得美国传媒企业面对的竞争更加激烈。美国传媒企业必须以成本效益高的方式在关键的海外市场获得足够规模的市场与受众以期能够在全球传媒市场上进行成功竞争。需要注意的是，就全球范围内现在竞争对手而言，近些年也有一些新的变化趋势，在传媒产业的不同门类中，一些国家的竞争实力逐渐上升，如日本的动漫产业、韩国的电视产业、印度的电影产业等也在积极瓜分全球传媒市场份额。现有的竞争者和潜在竞争者的存在使得美国传媒企业面对的竞争态势异常激烈。

（二）替代品的威胁。美国传媒企业提供的传媒产品类型众多，既包括以报纸、电视、电影为代表的传统媒体，也包括以自媒体、社交媒体等为代表的新媒体。无论是一分为二的新旧媒体之分，还是更细化的传媒产业门类的区分，美国传媒企业提供的内容产品盈利模式的基础仍然是双重市场的二次售卖。新媒体基于其不受时间地点的限制可自由使用，同时又集各种传统媒体的优势于一体，因而对传统媒体的替代性较强。传统媒体发展困境在美国早已出现。因而从受众层面上来说，基于其选择的传媒产品的可能性增多，传统媒体面对的替代品的威胁较大。对于传媒业重要收入来源广告来说，当下广告商在选择广告投放时也有了不同于以往的更多的投放平台，不仅可投放到传统媒体上，更可以投放到年轻受众偏爱的以社交媒体为代表的新媒体平台上，因而我们看到的一个现实状况是，传统媒体刊登的广告数量日趋下降以及广告收入来源锐减，因而传统媒体上投放的广告面对的替代品的威胁同样很大。

与传统媒体形成鲜明对照的是，新媒体在吸收广告收入方面异军突起，越来越多的资料数据表明新媒体在广告收入方面已远远超过传统媒体。[①] 因而对于美国传媒企业来说，如何平衡在传统媒体产品与新媒体产品上的投入以及两者之间的融合共生问题仍然是重要的战略决策问题。美国传媒企业普遍实施多元化战略，因此其产品或服务遍布新旧媒体，但我们也看到越来越多的美国传媒企业开始将传统媒体版块与新媒体版块进行拆分，拆分的目的在于一方面推动各自业务版块的独立发展；另一方面也有可能是美国传媒企业在面对新媒体挑战之下断臂求生的战略转型尝试，其背后的主要原因或许是对传统媒体在内容收入和广告收入双双下滑的情况之下的无奈选择。

（三）潜在进入者的威胁。潜在进入者的威胁的高低主要取决于两个方面：一是进入壁垒的高低，另一是现有在位企业的报复手段。进入壁垒主要包括市场壁垒和政策壁垒。市场壁垒主要包括在这个行业生存多年的企业所拥有的规模经济优势、营销渠道优势、原材料获取优势、经营经验、市场份额等；政策壁垒主

[①] 前文已述。

要来源于行业的限制性进入，在许多国家传媒行业的准入政策非常严苛，因而是阻碍潜在进入者进入的极大障碍。从现有在位企业的报复手段来看，任何一个全球传媒市场的新的进入者都极有可能遭到现有在位者极为有力地报复，现有在位者可以单独对抗，也可以与其竞争对手组成各类战略联盟联合对抗，这同样对潜在进入者设置了极大的进入障碍。

无论是从美国传媒产业来说，还是从全球传媒市场来看，现有在位者经营历史悠久，并且其市场结构已由垄断竞争市场结构向寡头垄断的市场结构类型转变，现有市场被几家主要寡头垄断，这些主要寡头无论是在规模经济、范围经济、营销渠道、生产及管理经验、交易成本、产业链等方面已经聚集核心竞争优势，因此对于潜在进入者来说，这些市场壁垒将会是极高的进入阻碍。另一方面，随着传媒技术的迅猛发展，有声音认为进入传媒产业的壁垒会降低，然而在技术开发与应用方面，相对于潜在进入者来说，现有在位者同样具有无可比拟的竞争优势。内容产品的创新与开发要求卓越的人力资源与持续的研发投入，美国传媒产业在人力资源和研发投入方面拥有的优势毋庸置疑。此外，美国传媒企业生产的传媒产品也已具有潜在进入者无法轻易超越的品牌认可度、美誉度与忠诚度。因而想要进入到美国传媒市场或全球传媒市场并成为重要的竞争对手都非常困难，因此对于现有的主要在位竞争者来说，潜在进入者的威胁较小。

（四）客户的价格谈判能力。传媒产业面对的客户主要包括两大类：内容购买者与广告购买者。无论是内容购买者还是广告购买者，其面对的客户范围极广，涵盖了从单个受众到公司组织再到政府组织。就客户的价格谈判能力而言，其谈判能力的高低取决于以下几个方面：购买数量的多少、市场结构的类型、产品或服务的标准化程度、转换成本等。一般来说，客户购买数量越多，其价格谈判能力就越强；产品或服务的标准化程度越高，其价格谈判能力越强；客户转移成本越低，其价格谈判能力越强。反之，客户的价格谈判能力则越弱。对于传媒产品的内容购买者来说，由于传媒产品的日益丰富，同时购买不同传媒产品的转换成本较低，因此从这方面来说，除非卖方在内容方面具有无可替代的竞争优势，否则内容购买者的价格谈判能力会越来越高。就广告的购买者而言，这一情况同样存在。随着受众选择可能性的增多、受众注意力愈发稀缺以及广告商广告投放平台的增多，广告商的价格谈判能力也在不断加强。但是有一点需要注意的是，由于美国传媒企业在全球传媒市场上的寡头垄断地位，因此尽管总体来看客户的价格谈判能力是高的，但当全球范围内的传媒产品生产与服务掌控在几家美国传媒集团手中的时候，客户的价格谈判能力实际上却是低的，因为无论是内容客户抑或是广告客户别无选择。另一个现实的情况是美国传媒企业之间已形成多元交错的相互投资或战略联盟的关系，这也从另外一个层面降低了客户的价格谈判能力。

（五）供应商的价格谈判能力。传媒行业供应商主要是两大类，一是内容供应商，另一是渠道供应商。供应商的价格谈判能力主要取决于几个方面，首先是供应商所在的市场结构类型；其次是供应商实现前向一体化能力的高低；最后是供应商提供产品与服务的标准化程度。如果供应商在寡头垄断的市场结构之中，供应商的价格谈判能力较强；如果供应商前向一体化的能力越高，其价格谈判能力就越强；如果供应商提供的产品或服务越具有无可替代的竞争优势，则其价格谈判能力越强。具体到内容供应商而言，由于美国传媒企业已打造出极度完善的价值链条，从前期融资到生产到营销再到衍生产品的生产，价值链的每个链条都能够为其带来利润，因此美国传媒企业完全拥有自给自足的内容资源，其他内容供应商的价格谈判能力较低。同时，也需看到人力资源在内容生产中的重要作用，有可能因此会推高内容生产过程中内容供应商价格谈判能力，如明星的天价片酬等。就渠道供应商来看，传统媒体的渠道供应较为稀缺，因此供应商的价格谈判能力较强，然而随着新媒体迅猛发展，稀缺的渠道资源的态势逐渐式微，渠道供应商的价格谈判能力会逐渐下降。但需要特别指出的是，美国传媒企业基本都是拥有内容与渠道双重优势于一体的微观主体，其可以通过前向一体化、后向一体化、横向一体化成为对内容和渠道都具有超高控制能力的传媒帝国，因而供应商的价格谈判能力较弱。

三 美国传媒企业国际化经营战略选择的内部环境

在分析企业内部环境时，通常从企业的内部资源、内部能力以及核心竞争力三个方面进行分析。内部资源主要是指企业拥有的对企业发展具有贡献的有形资源与无形资源。企业的有形资源主要包括财务资源和物质资源。前者可定义为可用于生产或投资的资金来源，具体包括未分配利润、股票发行、贷款、应收或应付款项等。后者指的是企业从事生产的基础，它包括企业拥有的土地、厂房、机器设备、原材料、产品等。企业的无形资源主要包括企业的人力资源，商誉、技术、企业文化、管理经验、品牌形象等。内部能力则是指企业整合其内部资源从而达到效用最大化的能力，具体包括生产能力、管理能力、营销能力、创新能力、人力资源配置能力等。核心能力是组织中的积累性知识，特别是关于如何协调不同的生产技能和有机整合多种技能的知识,① 是一个企业能够比其他企业做得出色,使企业长期、持续地拥有某种竞争优势的能力,能帮助企业获得商机和超额利润率。②

美国传媒企业市场化运营历史悠久,其竞争优势在于其产业链的完善、内容持续创新的能力、成熟的商业化运营模式、管理经验、技术诀窍、品牌与商誉等。大型跨国传媒集团自不必说,经过长时间的市场化运营,在内容生产、产品销售、品牌、商誉、企业形象、财务资源、资本运作、国际化等方面都积聚了丰富的经验。这些已有资源、能力、经验是持续构建其国际竞争优势的来源,更是帮助其进军海外市场获取源源不断的利润来源的核心能力。就小型的传媒企业来说,由于美国传媒产业市场化运营的成熟发达以及产业集聚优势明显,小型传媒企业可以利用市场溢出效应、传媒产业积聚优势、学习效应等快速成长起来,逐渐形成并构建自身的资源、能力、竞争优势、核心竞争力从而为其国际扩张奠定基础。

第二节 在全球整合与地方响应之间的平衡:
美国传媒企业国际化经营战略选择

美国传媒企业在国际化经营战略选择时需在综合考量内外部环境的基础之上进行战略选择。Bartlett & Ghoshal(1987)根据企业在"全球一体化"与"地方响应"两个维度的表现不同将国际化经营战略分为四种类型即国际战略、多国本土化战略、全球

---

① 杨锡怀、王江主编:《企业战略管理——理论与案例》,高等教育出版社2016年版,第79页。

② 同上书,第81页。

战略、跨国战略。① 这四种战略在战略重心、优势来源、组织结构以及适用情况方面各不相同。质言之,美国传媒企业国际化经营战略选择就是在全球整合与地方响应之间取得某种平衡,利润至上始终是主导其国际化经营战略选择的唯一逻辑。

一 从国际化到跨国化:国际化经营战略的演变过程

企业国际化经营战略的演变过程经历相当长的历史阶段,其演变过程与跨国公司发展过程紧密勾连,而跨国公司的发展历程又与政经环境、技术环境以及社会文化环境须臾相关。因此,考察企业国际化经营战略的演变需要进行历时地追溯与考察。如果我们依据管理思想的发展历程和国际商务环境中跨国公司这种独特的公司形式的变化路径来进行划分的话可将国际化经营战略的演变历程划分为4个阶段即国际战略阶段、多国本土化战略阶段、全球化战略阶段和跨国战略阶段。②

(一)国际战略阶段。第二次世界大战之后美国国力迅速上升,与之伴随的是其经济的迅速发展以及美国跨国公司在全球范围内实力的不断上涨。借由政治经济、技术环境的变化以及自身实力的增强,美国跨国公司不再满足于只在国内市场经营,而是开始不断拓展海外市场。20世纪四五十年代,由美国跨国公司引领的国际战略出现,这一国际化经营战略的出现主要取决于美国跨国公司当时所处的内外部环境。就外部环境而言,美国跨国公司处于海外扩张的有利时机,无论是政治经济环境还是技术环境

---

① Bartlett t, C. A. and Ghoshal, S., "Managing across borders: new strategic requirements", *Sloan Management Review*, Vol. 28, No. 4, 1987, pp. 7 – 17.
② 克里斯托弗·A. 巴特利特:《跨国管理:教程、案例和阅读材料》,赵曙明、周路路译,东北财经大学出版社2017年版,第19页。

方面都已为其海外扩张奠定了基础；从内部环境来看，美国企业在技术创新、生产经验、管理经验等方面已积累了丰富经验，可以将这种经验从国内转移到国外进行海外扩张。然而这一时期属于美国跨国公司经营的早期阶段，海外业务占公司总体业务比例不高，国际化经验相对缺少，海外市场业务并没有完全展开，还只是国内业务的有益补充，因而美国跨国公司选择国际战略将战略重心放置在母国，在进行海外扩张选择目标东道国时通常选择文化距离较近的东道国以降低因国际化经验不足带来的经营风险，同时也在不断地探索与积累国际化经验。

（二）多国本土化战略阶段。20世纪50年代末至70年代初，最初由欧洲跨国公司使用的多国本土化战略出现。彼时跨国公司之间的竞争异常激烈，其中，美国跨国公司异常迅猛的发展态势给其他国家的跨国公司带来极大压力。与此同时，不同东道国市场之间的差异性日益引起跨国公司注意，如何因应各国之间的社会文化方面的差异偏好从而更好地满足东道国消费者需求成为跨国公司海外扩张时重点考虑的问题。从内部环境来说，随着跨国公司的发展以及全球范围内跨国公司之间竞争激烈程度的加剧，国外业务在公司整体业务中的比重不断提高，跨国公司的国际化经营经验逐渐增多，海外市场的收入日益成为跨国公司收入的重要组成部分，海外业务的发展好坏直接影响跨国公司总体战略目标能否达成。因此，在内外部环境的双重作用之下，欧洲的跨国公司开始实施多国本土化战略以在全球市场寻找有利的竞争位置。该战略的核心要义在于根据不同东道国的差异化需求进行跨国经营活动。

（三）全球战略阶段。20世纪70年代至80年代中期全球战略开始出现，与之前的国际战略由美国跨国公司引领以及多国本土化战略由欧洲跨国公司引领不同的是，全球战略最初由日本跨国公司实施。其时的外部环境是，新自由主义在世界各国渐次推开从而导致贸易壁垒不断下降，同时信息产业、交通运输的进一步发展使得通信以及各种要素在全球范围内的流动更加便利。经过长期的海外扩张，这一时期欧美国家的跨国公司在竞争异常激烈全球市场上已占据重要的市场地位。而20世纪70年代以来日本进入到经济腾飞的重要发展时期，日本的跨国公司也开始不断加大对海外市场的扩张，为了对抗已占优势地位的欧美跨国公司，日本跨国公司认为，必须跳出为某一市场提供产品或服务的狭隘视野，在全球范围内提供标准化产品与服务以获取规模经济等竞争优势。全球化战略将全球作为企业国际化经营的分析单位，这种战略意识的根本假设是，不同国家的习俗偏好的共同之处大于相异之处。[①] 该战略的重点在于为全球消费者提供标准化产品。

（四）跨国战略阶段。跨国战略开始出现于20世纪80年代末90年代初，这一战略选择可谓是跨国公司在全球整合与地方响应之间不断妥协与折衷的结果。其外部环境是，虽然贸易自由主义在世界各国不断蔓延，但与这一现象相伴相生是区域经济一体化的趋势，区域经济一体化一方面推动区域内部的经济发展，对于内部成员国的经济发展起到推动作用，但在某种程度上对外部成员国却起到了限制与壁垒作用。另一方面，随着技术环境、社会文化环境的剧烈变化，消费者的需求变化剧烈，嵌入在不同东道国的消费者需求呈现出强烈的本土化需求特征。这些外部环境

[①] 克里斯托弗·A. 巴特利特：《跨国管理：教程、案例和阅读材料》，赵曙明、周路路译，东北财经大学出版社2017年版，第21页。

的变化推动跨国战略的出现。跨国战略既注重全球效率整合，又观照到不同东道国的差异化需求并对其进行更及时与灵活地反应与行动。其核心要义在于同时兼顾全球一体化效率和多国本土化响应的双重目标。相关研究显示，如果跨国公司能够同时兼顾这两方面的要求，那么在国际化经营战略的四种战略选择中，采取跨国战略的跨国公司的经济绩效最好，因而成为众多跨国公司进行国际化经营战略选择时经常使用的一种战略选择，但是该战略非常考验跨国公司领导者的战略眼光与战略决策能力。这一战略的难点在于如何在全球一体化和本土化压力这两个看似完全相反的战略方向与战略目标之间取得平衡。

二 美国传媒企业国际化经营战略选择：战略重心与实施情境

如前所述，美国传媒企业在国际化经营战略选择时需根据内外部环境在全球一体化和地方响应两者之间进行平衡从而决定最终的国际化经营战略。其在国际化经营战略选择始终面对的是全球一体化和地方响应之间的持续张力。这种张力既要求美国传媒企业实施全球一体化战略在全球范围内整合资源以获得效率优先、规模经济、资源共享等竞争优势，同时又要求美国传媒企业根据东道国的政府规制、竞争环境、市场需求等方面的具体特点来组织它在东道国的经营管理活动以满足东道国的本土化需求。

（一）国际战略：战略重心与实施情境

国际战略，根据 Bartlett 和 Ghoshal 的定义，意指公司意欲将其在母国的成功经验在全球范围内进行复制。[1] 实施国际战略的

---

[1] Bartlett, C. A. and Ghoshal, S., "Managing across borders: new strategic requirements", *Sloan Management Review*, Vol. 28, No. 4, 1987, pp. 7–17.

跨国公司通常拥有领先的技术水平从而能够将产品的研发与技术创新放在母国，通过母公司的创新能力向海外市场转移其成功经验从而提高海外分支机构的竞争能力。

很多美国传媒企业在国际化经营初级阶段均使用国际战略，这一战略的优势在于基于其投入资源承诺较小从而带来较低的国际化经营风险，其劣势在于既缺乏效率优先的全球一体化优势，又缺少对东道国的即时反应的本土化响应能力，因而从国际化经营绩效方面来看处于较低水平。一般来说，处于国际化初级阶段的美国传媒企业囿于内部资源、内部能力以及核心竞争优势等方面的限制可选择国际战略以进一步实现干中学的效应，在发展内部资源与能力的同时不断积聚国际化经营经验。如果其已具有较多的国际化经营经验与能力，则会追求更高等级的国际化经营战略，选择国际战略的可能性则慢慢降低。

（二）多国本土化战略：战略重心与实施情境

多国本土化战略要求根据不同东道国的特殊需求做出相当程度地战略变化，不同东道国的分支机构会自主决定其发展战略以更好地满足本地消费者的特定需求，[①] 具体表征为差异化的产品与服务、及时反应、分权等特点。

多国本土化战略关注国家之间的差异，通过差别化的产品或服务对消费者偏好、产业特征和政策法规方面的国别差异做出及时的有效的反应。其优势在于符合东道国的政策环境、产业环境、市场结构、消费者的需求等从而能够在东道国得以生存发展；其需要解决的问题是由于针对不同的东道国的特殊需求提供

[①] Taggart, Hood, *Determinants of autonomy in multinational corporation subsidiaries*, European Management Journal, Vol, 17, 1999, pp. 226 – 236.

相应的产品与服务而带来的资源分散与管理成本的上升。

对于以生产内容产品的美国传媒企业来说，多国本土化战略是文化多元背景下的必然选择。美国传媒企业在进入不同东道国的过程中，为了更好地与东道国的政治经济、社会文化背景相融合，纷纷采取本土化战略，针对目标东道国市场进行传媒产品的生产和营销。基于传媒产品本身所具有的文化偏好以及随之而来的文化折扣会对传媒产品的生产和销售造成重要影响，美国传媒企业进行海外扩张时都将本土化战略作为国际化经营中重要战略之一。美国传媒企业的本土化战略主要包括人力资源本土化战略和内容本土化战略。但是也需要看到的是，正如前述，多国本土化战略的实施对本土化管理经验要求很高，同时会出现管理成本上升、效率低下以及无法有效整合资源的情况。

（三）全球化战略：战略重心与实施情境

全球化战略将母公司置于战略选择与实施的中心位置，强调母公司全球利益最大化，通过母公司对国外子公司的高度控制在全球范围内生产与销售无差异化产品与服务以获取规模经济与范围经济从而实现对全球效率的追求，具体表征为标准化的产品与服务、效率优先、高度集权等特点。全球化战略意味着更大的生产规模、更大的规模经济与范围经济、更完善的分销系统、更深入的品牌开发、更低的国际化经营管理风险等。[1] 全球化战略无法回避的劣势在于其标准化产品无法对不同东道国的特殊需求做出及时反应。

---

[1] Sumantra Ghoshal, *Global Strategy: An Organizing Framework*, Strategic Management Journal, Vol. 8, 1987, pp. 425 – 440.

对于美国传媒企业来说，全球化战略在全球范围内提供统一的标准化的传媒产品与服务的优势在于通过在全球范围内进行最优资源配置从而获取利润最大化的战略目标。前述在谈到传媒产品特点时曾指出传媒产品的初始成本高、边际成本低的特点使得其在生产过程中极容易形成规模经济现象，也即随着产量的扩大长期平均成本不断下降的现象。规模经济来源于专业化生产、学习效应的存在、研究费用的分摊以及在原材料及供应商方面价格谈判能力等方面。传媒产品达到的受众越多，便可以形成规模经济从而获取更多的利润。传媒产业对于美国传媒企业来说，全球化战略还可以使其能够在全球范围内进行多元化布局，多元化布局既包括产品多元化布局，又包括地区多元化布局。产品多元化战略是指企业生产的产品跨越多种行业，包括相关行业的多元化战略和不相关行业的多元化战略。地区多元化战略则是指企业的产品在世界范围内的多个市场进行生产和销售，包括国内市场和国外市场。多元化战略能够给美国传媒企业带来如下优势：产品多元化战略建立在范围经济理论基础之上，即企业同时生产和销售两种或两种以上产品的成本低于分别生产和销售单一产品的成本。地区多元化战略通过在多个国家进行生产和销售，一方面可以在全球范围内进行资源的有效配置，为公司提高利润回报的可能性；另一方面，也可以通过对不同国家的投资，分散由于地区经济波动带来的风险。同时需要注意的是，对于美国传媒企业来说，全球范围内的标准化生产虽然能够在全球范围内进行资源协调从而实现规模经济和范围经济，但其不足之处当然也是显而易见的，那就是，不同的东道国的本土化需求难以满足，同时也缺乏对东道国环境即时与灵活反应。或许最为重要的是，如果不能有效地因应不同东道国的特殊需求，则可能由于传媒产品自身天然携带的文化折扣基因在其进入不同东道国可能会遭遇到文化排斥。

(四) 跨国战略:战略重心与实施情境

跨国战略既强调全球一体化效率,又强调本土化适应能力。这种战略的特点具体表征为以公司整体利益为取向、集权与分权相结合的组织结构、兼顾全球协调与本土化响应的双重需求。跨国战略允许选定的子公司成为特定产品或技术的战略中心,因而知识的流动不仅是发生在总部与子公司之间的纵向流动,也包括了不同的子公司之间的横向流动。子公司不仅是母国知识的接收方,也是重要知识的源泉,因而对跨国公司的总体竞争力有巨大的提升作用。[①]

对于美国传媒企业来说,如何在全球一体化和本土化进行平衡以实现全球效率与地方响应于一身的双重优势非常重要。很多美国传媒企业的国际化经营战略已由最初的国际战略、其后的全球战略转向跨国战略。尤其是 20 世纪 80 年代以来,越来越多的美国传媒企业在进行海外扩张时选择跨国战略,究其原因主要在于,跨国战略一方面满足传媒产品生产的全球一体化的效率需要,同时也考虑到传媒产品所具有较强的社会文化背景不同所带来的文化折扣问题从而提高本土化适应能力,因而能够在两者之间进行平衡以实现更好的经济绩效。

---

① Klaus E. Meyer, *Multinational Enterprises and Local Contexts: The Opportunities and Challenges of Multiple Embeddedness*, Journal of Management Studies, March, 2011.

第三节　四大传媒集团国际化经营战略的案例研究

国际化经营战略是企业国际化研究的重点领域，企业在进行国际化经营战略选择时需同时考虑内外部环境进行具体战略选择。学者基于不同的理论基础对企业国际化经营战略进行研究，并积累了丰硕成果。已有研究为美国传媒企业的国际化经营战略选择研究提供理论基础与借鉴启示。本节首先对企业国际化经营战略相关文献进行梳理以奠定案例研究的理论基础；其次，对四个目标案例进行国际化经营战略的单案例研究以呈现每个案例的具体情况；最后，对四个案例进行跨案例分析以寻找其中存在的模式与命题旨在更好地为美国传媒企业国际化经营战略选择提供情境化解释。

一　企业国际化经营战略选择的理论基础

Prahalad & Doz（1975）提出跨国公司的国际化经营活动受到两方面的压力：一方面是全球整合压力。这部分压力主要来源于跨国客户的重要性、跨国竞争者的存在、降低成本压力、原材料获取等因素的影响。另一方面是地方响应压力。这方面的压力主要源自消费者需求的差异、分销渠道的差异、替代产品的可获得性、产品调整的需求、市场结构、东道国政府的需求。[1] 跨国公

---

[1] Prahalad, C. K., *The strategic process in a multinational corporation*, unpublished Doctoral Dissertation, Harvard Business School, Boston, MA, Prahalad, C. K., Doz, Y. L., *The Multinational Mission: Balancing Local Demands and Global Vision*, The Free Press, New York, NY, 1987.

司在全球整合压力和地方响应压力之间进行权衡从而可以选择三种战略即全球一体化战略、跨国战略以及多国本土化战略。如果管理者感知到全球整合压力较高，则会选择全球一体化战略；相反地，如果管理者感知到的是地方响应压力较高，则会选择多国本土化战略；如果管理者感知的既有全球一体化压力又有地方响应的压力，则他们可能会选择跨国战略同时因应两方面的压力。

Bartlett（1986）区分跨国公司使用的三种不同的国际化经营战略即全球化战略、多国本土化战略、跨国公战略，并对每一种战略进行详细分析。① 在后续研究中，国际战略被增加进来。② Bartlett & Ghoshal 提出全球整合压力和地方响应压力的两维度研究框架，将国际化战略划分为四种类型即国际战略（international strategy）、多国化战略（Multinational strategy）、全球化战略（Global strategy）和跨国战略（Transnational strategy），并由此形成分析跨国公司国际化经营战略选择的主导性概念框架 GI – LR 模型。具体地说，全球化战略面对的是同质市场，追求的是全球范围内的整合效率、规模经济以及范围经济等，其组织结构是以母公司为中心的，对国外分支机构的控制能力较强。多国本土化战略面对的是异质市场，跨国公司须积极响应不同东道国的本土化需求，母公司对国外分支机构控制能力较弱，东道国市场拥有高自主决策权，因此要将东道国环境的复杂性、东道国市场已有的竞

---

① Bartlett, C. A., *Building and managing the transnational: the new organizational challenge, in porter*, M. E. (Ed.), Competition in Global Industries, Harvard Business School Press, Boston, MA, 1986.

② Bartlett, C. A. and Ghoshal, S., "Managing across borders: new strategic requirements", *Sloan Management Review*, Vol. 28, No. 4, 1987, pp. 7 – 17. Bartlett, C. A. and Ghoshal, S., Managing Across Borders: The Transnational Solution, *Harvard Business School Press*, Boston, MA, 1989, pp. 57 – 72.

争情况、市场规模的大小以及本地化需求纳入战略决策范畴。跨国战略在于同时对全球整合和地方响应做出反应，需要在两者之间进行平衡以达到既实现全球一体化的效率追求又符合地方响应的本土化需求的双重目标，因而该战略实施起来相对困难。国际战略无论是在全球一体化维度还是在地方响应维度都处于较低水平，国际战略主要依靠将母国开发的新产品或新技术转移到海外欠发达市场进行国际化经营。这种战略的优势在于其可以最大限度地利用研发成果并将其转移至海外市场从而获得利润，同时在转移的过程中可以将相关的商业机密保留在公司内部而不至于泄露，该战略的实施要求母国拥有技术领先的前提条件，否则无法进行海外转移。国际化经营战略研究已形成GI—LR模型的全球整合与地方响应的主导性概念分析框架，此后的研究基本上都是在这个框架下展开和深入的。正如前述，四种战略在战略重心、优势来源、组织结构及适用情况各不相同，这部分内容已在前文介绍，在此不再赘述。

二 单案例研究

（一）时代华纳

时代华纳在进行国际化经营战略选择时同时对内外部环境进行考察以决定其国际化经营战略，因而一个显而易见的结果便是时代华纳的国际化经营战略选择在其国际扩张的不同阶段有所变化。追溯时代华纳国际扩张的源头可以追溯至20世纪20年代。这一时期时代华纳的外部环境是美国国力的不断上升、美国跨国公司海外投资的持续增加、新传媒技术的出现与迅猛发展等。从内部环境来看，当时时代华纳的前身时代公司与华纳公司均处于不断积蓄力量的成长阶段。因而，在时代华纳的国际化的早期阶段，无论是时代公司的期刊抑或是华纳公司的电影主要通过出口方式进行海外扩张，通过向世界各国出口电影、电视节目、图书、杂志等将具有竞争优势的传媒产品输向海外市场赚取利润。这一时期时代华纳的主要业务与发展重心仍然在美国国内，海外市场只是国内市场的有益补充，或者可以说是其进行国际化经营的最初尝试，公司对海外市场的控制能力较弱，因此从其战略重心、经营方式以及公司对海外市场的控制程度等方面来看，在时代华纳的国际化早期阶段其国际化经营战略毋庸置疑地属于国际战略。

传媒技术的迅猛发展为美国传媒企业的海外扩张提供更多的技术方面的可能性，而自20世纪80年代以来经济全球化的浪潮席卷全球传媒产业，传媒政策的放松、美国政府的一以贯之的支持推动美国传媒企业的海外扩张进入快速发展阶段。这一时期的美国传媒企业的国际扩张动机更加明确，那就是在全球范围内抢占市场与资源从而多元化利润来源以期获得利润最大化。1989年时代公司与华纳公司正式合并组建成时代华纳。这一时期公司已进入到迅速成长阶段，无论是内部资源还是内部能力方面都较前一阶段有了更好地发展。时代华纳的海外业务一转前述阶段的只是国内业务的补充而成为公司发展战略的重要组成部分。时代华纳旗下的CNN成为世界上第一个全球频道，它通过苏联的卫星每天24小时向非洲、中东、印度次大陆和东南亚播送节目，[1] 通过在全球范围提供统一的标准化的传媒产品与服务以到达最大规模的世界不同国家和地区的受众，时代华纳可以在全球范围内统一

---

[1] Jean K. Chalaby, *From internationalization to transnationalization*, Global Media and Communication, 2017, 1 (1).

协调资源与配置资源从而实现效率最优和利润最大化,因此,这一阶段其国际化经营战略属于全球战略。

近些年来,外部环境中的社会文化环境与技术环境出现剧烈变化从而推动时代华纳的国际化经营战略从全球战略转向跨国战略。就外部环境而言,新传媒技术的迅猛发展导致世界传媒秩序不断重塑,东道国的本土化需求不断凸显。在这一背景之下,时代华纳的战略思维开始改变,正如时代华纳所说"作为世界领先的媒体和娱乐公司,'全球化思考、本土化行动'能够让我们的业务遍布世界,同时维持对不同的本土文化的强烈关注"。[①] 时代华纳表示不断寻找途径以扩大其消费者基础和寻找更多的市场从而为不同社会文化背景下的受众提供产品。因而时代华纳不再仅仅是通过标准化产品的提供进行海外扩张,而是开始在全球一体化和地主响应之间不断试图获得平衡从而既满足东道国的本土化需求,又满足公司作为一个整体所追求的效率最优的需求。显而易见,其国际化经营战略已由全球战略转变为跨国战略。

时代华纳的跨国战略体现在看似相悖其实统一的两面之中。一方面,时代华纳仍然在全球范围内追求全球一体化的效率优先与成本下降,如向其他国家和地区推销在美国国内成功的传媒产品,其传媒产品是标准化的而且主要通过它的分支机构进行推销。如时代华纳在全球范围内提供如 CNN, Cartoon Network, Boomerang, Turner Classic Movies, HBO, CimeMax 等品牌。另一方面,时代华纳不断通过内容本土化和人才本土化提高对东道国环境的适应能力。在不同的国家和地区,时代华纳通过与当地合作伙伴成立合资公司或组建战略联盟以更好地适应与满足东道国

---

① 时代华纳 2002 年年度报告。

的特殊需求。如时代华纳积极推动在法国、德国、意大利等国家的本土电影的生产。在人力资源的本土化方面，时代公司在东道国雇用本土员工，在谈到其在欧洲地区的业务运营时，时代公司表示"公司的成功取决于欧洲管理层对客户和本地区乃至全世界的业绩有深刻理解"。①

（二）新闻集团

同其他跨国传媒集团比较而言，默多克的新闻集团的海外扩张一直保持着高昂的劲头和全球化的战略野心。新闻集团表示，其目标是将其全球使命扩展到不同的东道国市场。用新闻集团的话说："正如我们的资产遍布世界一样，经过半个多世纪的海外扩张，我们'在世界各地创造和提供高质量的新闻、体育和娱乐节目使命'没有改变。这一使命无论是在美国电视连续剧、印度游戏节目、澳大利亚报纸、英国体育广播还是在全球票房中都有鲜明体现。②"

新闻集团的国际化经营战略同样具有鲜明的受内外部环境影响的特征。在新闻集团国际扩张的早期，其国际化经营战略也是国际战略，海外业务从属于国内业务。其后，新闻集团的国际化经营战略相继进入到全球化战略阶段和跨国战略阶段。在全球化战略阶段，新闻集团将业务重点放在美国，默多克将美国称为"世界上最大的软件生产中心"，大部分节目在美国制作之后通过出口、许可经营等方式向海外市场不断扩张从而实现效率优先的目标。20世纪80年代以来，新闻集团开始关注更为广阔的海外市场，其国际化经营战略也逐渐从全球战略转向跨国战略，更多

---

① AOL Time Warner：Europe Factbook 2002 - 2003，3.

② News Corporation：http：//www.newscorp.com/mission.html. December 3，2003. 9：30 a. m.

地从全球一体化和地方响应两个方面来快速进行海外扩张。

全球一体化的效率优先要求新闻集团在全球范围内生产其标准化产品,所有全球化产品基本在美国完成创作与生产过程。全球化产品跳出将受众局限于美国国内的限制而是将全球受众作为目标受众。这些可以从新闻集团的标准化产品在世界不同东道国的快速进入得到清晰反映。另一方面,本土化战略也成为公司发展的重要战略方向。新闻集团大力推行内容本土化战略以期同受众的文化背景相契合从而获得最大数量的受众。新闻集团为了满足世界不同国家和地区受众的口味,推出不同的地方版本。如道琼斯以当地语言推出了一系列《华尔街日报》专版,其中,《华尔街日报》美洲版分别以西班牙文和葡萄牙文在不同的国家发行。《绅士》《时装城》《时尚》《新闻周刊》等期刊进行杂志地方版本的运作以实施内容本土化战略。在印度这一新兴市场,新闻集团也在积极践行本土化战略。新闻集团提出之所以走向内容本土化运作不仅是东道国的政治环境的要求,而且也受到东道国受众对当地节目的明显偏好的驱使。新闻集团希望取悦不同东道国的受众,强调只有积极投入和参与本土市场时才能更好地取悦其利润来源的规模巨大的受众。除内容本土化战略之外,人才本土化也是新闻集团本土化战略的应有之义。在印度,新闻集团面向印度播放的 Zee 频道和体育节目的 Star Sport 频道,无论是编辑还是记者,又抑或是主持人,绝大部分节目使用印度人作为节目运作的主力人员。通过聘用本土管理者和员工实施人力资源本土化战略能够更好地了解东道国政策环境、市场环境、受众需求偏好等,帮助新闻集团更好地在东道国的生存和发展,同时融入东道国社会文化中去从而生产出东道国受众喜爱的内容产品。

（三）迪士尼

迪士尼的国际化经营战略先后经历国际战略、全球战略以及跨国战略三个阶段，每一阶段的国际化经营战略选择自然与其内外部环境紧密勾连。20世纪30年代迪士尼公司刚刚起步，然后在50年代进入电视产业和乐园与度假村，又进入衍生产品的授权等领域。在迪士尼国际扩张的早期阶段，主要通过出口等较为低级的国际市场进入模式进入海外市场，海外市场业务占总公司业务比重较小，对海外市场的控制能力较弱，因而这一时期其实施的是国际战略。

自1984年始迪士尼的所有权从其家族转移到投资者那里。迪士尼早已成长为同时经营公园与度假村、电影、电视节目、衍生产品等于一体的跨国传媒巨头。这一时期，迪士尼的海外市场业务快速发展起来，在全球范围内提供标准化的产品以实现效率优先的目标，因而其国际化经营战略开始由国际战略转向全球化战略。1993年，迪士尼的CEO迈克尔·艾斯纳说："我们的产品在美国之外已经几十年了，但是我们意识到，美国以外的增长机会将来要比美国大得多，公司没有兴趣为本地市场制作节目，我们的主要目标是继续出口我们的动画片《美女与野兽》等热门影片，它们在海外的表现甚至比在美国更好。"[①] 迪士尼乐园进军日本东京时，当时的总裁艾斯纳的观点是应提供标准化的产品与服务从而让日本游客不出国门就能感受到国外旅游气氛。这一全球化战略理念在日本东京迪士尼乐园与度假村的商业运作中得以实施成功。彼时迪士尼旗下的传媒产品同样以这一战略模式源源不断地输往海外市场为全球受众提供标准化的传媒产品。让迪

---

① Landro, Laura (26 March, 1993): Leaders of the Pack. In: The Wall Street Journal, R8.

士尼国际化经营战略得以转变的重要契机，或许可以说是法国巴黎乐园与度假村的巨额亏损给迪士尼当时的全球化战略造成的重要挫败，因而成为其国际化经营战略转向的重要节点。

1992年4月，迪士尼乐园与度假村拓展法国巴黎这一欧洲市场，这次海外扩张是在美国国内以及日本东京成功商业运作基础之上的一次海外扩张，基于之前的成功，迪士尼对其在法国巴黎的经营未来同样抱有乐观期待。然而现实情况是，由于在东道国环境方面考虑的不足，巴黎迪士尼很快便出现亏损的情况。公司对巴黎乐园的发展前景充满怀疑，也让迪士尼高层领导发现东道国环境因素的至关重要。迪士尼开始将东道国因素纳入战略决策范畴，其国际化经营战略也开始从全球化战略转变为跨国战略。

迪士尼的跨国战略体现在其众多的传媒产品的生产之中，也体现在其乐园与度假村的海外扩张中。跨国战略中的全球一体化压力让迪士尼在许多传媒产品的提供过程中统一使用传媒品牌，提供统一的标准化内容以最大程度的实现效率的提高与成本的下降。1999年年底 ESPN International 已到达超过190多个国家的152百万家庭用户。[①] 迪士尼的娱乐和动画频道在世界各地发布同样内容，位于美国的母公司总部负责内容创新，并严格控制海外业务。另一方面，近些年来，迪士尼的地方响应能力不断增强，本土化需求被迪士尼反复强调。迪士尼的地方响应体现其内容本土化战略与人才本土化之中。迪士尼旗下产品针对不同国家和地区提供本土化版本以满足东道国本土化需求。迪士尼乐园进入香港时要求园内工作人员需同时掌握中文、英文、广州话、普通

---

① 迪士尼1999年年度报告。

话。黄敬智说:"本土化对我们来说非常重要,所以我们在中国无论是思考也好,还是做生意也好,都自认是中国的迪士尼公司,而不是迪士尼公司在中国。"[①] 迪士尼在上海设立乐园与度假村时,更是投入大量的时间与精力论证本土化路径。在其他国家和地区,迪士尼同样重视东道国的本土化需求从而进行有针对性的本土化产品提供。纵观迪士尼的国际化经营战略的变化过程,我们可以清楚地看到在内外部环境推动之下的迪士尼如何有效因应从而选择与国际化不同阶段的海外扩张目标相一致的国际化经营战略。

(四) 维亚康姆

相较于其他三家传媒集团,维亚康姆在国际扩张道路上算是后来者。即便是我们把其源头尽可能早地追溯也已经到了1954年雷石东才从其父亲手中接过汽车影院连锁店,而1971年维亚康姆也才刚刚成立,可以说到了1987年雷石东入主维亚康姆才真正迎来维亚康姆的快速发展时期。维亚康姆自称是"多元化的全球娱乐公司"和"领先的全球传媒公司……其节目吸引所有人口类别的观众"[②]。维亚康姆在国际化的早期阶段使用国际战略进行海外扩张,但很快其国际化经营战略就转向了经济绩效更高的跨国战略。

维亚康姆的跨国战略一方面具有高度的全球化意识,另一方面也同时具有高度的地主响应能力,这从其旗下的传媒产品的海外扩张历程可以得到清晰体现。维亚康姆对全球一体化的追求体现在其旗下传媒产品的不断出口、横向一体化以及其在

---

① 揭秘迪士尼中国策略:白雪公主如何本土化,2010-02-11 14:30:35 网易财经。
② Viacom, Inc.: http://www.viacom.com/thefacts.tin February 3, 2004. 1:00 p.m. CET.

产业链上下游的纵向一体化的整合之中以获取规模经济、范围经济、资源共享的协同效应等竞争优势。维亚康姆的本土化战略体现在其内容本土化战略和人才本土化战略之中。就内容本土化战略而言，维亚康姆的国际扩张主要依靠其旗下的著名品牌网络如 MTV, Nickolodeon 等的海外扩张。而这些著名的传媒品牌很早之前就针对不同的东道国推出不同的 MTV 版本。如 1987 年 MTV 欧洲频道即已成立，随后的很多年里，MTV 的巴西频道、拉美频道、英国和爱尔兰的 MTV 频道、MTV 的澳大利亚频道、MTV 的荷兰语频道等相继进入不同的国家和地区。Nickolodeon 在进行国际扩张时亦是如此，即针对不同的东道国市场推出不同版本。1993 年 Nickolodeon 英国频道启动，之后的很多年里，Nickolodeon 的拉美频道、北欧频道、巴西频道、菲律宾频道相继启动。

　　MTV 的本土化战略也鲜明地体现在其进入中国传媒市场历程之中。从维亚康姆 1995 年在北京成立办事处开始，其在中国传媒市场的拓展一直具有强烈的内容本土化意识。MTV 中文频道进入到数千万用户家庭。雷石东 2004 年 3 月签署了与上海文广新闻传媒集团组建合资电视制片公司的协议，同年 9 月与北京电视台签订协议，并结成制作联盟，合作制作适应中国观众需要的音乐和娱乐类电视节目。2004 年 11 月 3 日，维亚康姆旗下的尼克儿童频道与上海文广新闻传媒集团双方成立合资公司"上海东方尼克电视制作有限公司"利用尼克频道的品牌效应以制作本土化的儿童电视节目为主。

　　人才本土化方面，维亚康姆强调应将已有的先进的管理经验与本土的文化背景相结合生产出让目标东道国市场受众喜爱的节目内容，吸引东道国优秀传媒人才的加入成为维亚康姆人才本土化的战略重心。在世界不同的东道国,维亚康姆通过雇佣本土员工以更好地满足东道国受众需求。在进入中国市场时,维亚康姆中国区总裁李亦菲对中国的政策环境与市场环境的熟悉与了解也帮助 MTV 成功进入中国市场。在李亦菲之后,维亚康姆又选择了同样具有中国背景的梅燕作为 MTV 中国区总裁,在成功进入中国之后,维亚康姆大量雇佣本土员工。

三 跨案例研究

美国传媒企业在国际化经营战略选择时会综合考虑内外部环境从而决定以何种方式进行国际化经营,不同的国际化经营战略意味着不同的战略目标、战略重心以及适用情境。国际化经营战略的选择固然与外部环境紧密相连,但内部环境更是战略决策的重心所在。同在一个行业中的企业完全可能选择完全不同的国际化经营战略,因而,本书认为,美国传媒企业在选择国际化经营战略时会综合考虑母国因素、东道国因素、全球政治经济环境的变化,同时还需考虑企业拥有的资源与能力。一般来说,资源与能力不具备优势的美国传媒企业会选择国际化经营中的国际战略,而拥有雄厚资源、卓越能力以及积累丰富国际化经验的美国传媒企业则会选择国际化经营战略中的跨国战略。上述单案例研究清晰呈现四大传媒集团国际化经营战略的具体选择,国际化经营战略选择的影响因素从上述四个单案例中涌现出来,如全球一体化的效率驱动、协调与整合资源的规模经济与范围经济、降低海外扩张的风险、地方响应的必要性、东道国需求的差异化、获取东道国本土知识等。具体归纳如下:

(一)国际化经营战略选择是在对内外部环境综合考量的基础之上的决定,因而在美国传媒企业国际化的不同阶段,其国际化经营战略会完全不同。包括宏观环境、产业环境在内的外部环境的变化对美国传媒企业的国际化经营战略的选择起到了极为重要影响。从四个单案例的分析中可以清楚地看到，随着外部环境的变化这四家公司在国际化经营战略方面所做出的调整和重新布局，因而可以说，国际化经营战略的选择与外部环境紧密相连。政治经济环境是影响美国传媒企业国际化经营战略选择的重要宏观环境，政治经济环境不仅包括母国的政治经济环境、东道国的政治经济环境还包括了世界政治经济环境的整体形势。技术环境不仅包括了传媒技术的迅速变迁，同样也包括了传媒相关产业的技术发展，这些技术上的变化为美国传媒企业国际化经营战略的调整与变化提供了更为便利的条件。作为提供媒介产品与服务的传媒企业必须面对社会文化环境的剧烈变化，本土化需求的特殊性以及传媒产品自身所独有的文化折扣方面的问题都会导致美国传媒企业进行国际化经营战略的调整。产业环境对美国传媒企业的国际化经营战略的影响在于，美国传媒企业早已在全球传媒市场占据寡头垄断地位，20世纪90年代以来美国传媒企业的霸主地位一直未有改变，这种霸主地位主要表现为由新闻集团、时代华纳、迪士尼为代表的几家美国传媒集团牢牢掌控美国传媒产业甚至全球传媒产业，产业环境竞争愈发激烈，并且早已超越国家边界进入全球传媒市场，因而一旦一家寡头选择或调整其国际化经营战略，其他寡头出于竞争的需要有可能也会进行相应地选择或调整以抓住竞争机会占据有利的竞争地位。

如果说外部环境的变化对美国传媒企业国际化经营战略的选择起到重要的作用，那么美国传媒企业内部环境的影响则更加至关重要。美国传媒企业内部环境包括内部资源、内部能力以及核心竞争力，是其进行国际化经营战略选择的基础所在。如前所述，有学者认为如果一个拥有丰富资源并且能够成功利用它们从而在母国获得超越其他企业的可持续竞争优势的企业可以通过海外扩张的方式将这种竞争优势转移至东道国，[1] 并且能够在国际市场上竞争并且获得它的长远目标。[2] 这些资源具体包括品牌资产、技术诀窍、管理经验、专业的人力资源、高效率的运作程序等。企业的国际化经营战略选择不可避免涉及资源的投入，而资源投入又与企业的规模、国际化经验、进行国际化经营的资源与能力等紧密相关。上述四个单案例都可以看到，在内部资源与内部能力方面这四家公司一直快速地积累与发展，在核心能力的构建方面以及产业链的不断完善方面不遗余力。

企业高层管理者对国际化经营战略的态度也会对国际化经营战略的最终选择产生重要影响。Perlmutter（1969）指出企业的高层管理层对国际化有三种不同的态度取向即民族中心主义（母国取向）、多国中心主义（东道国取向）和全球中心主义（世界取向），三种不同的态度取向反映高层管理者在国际化经营方面的不同的目标和理念，并由此导致不同的国际化经营战略选择。[3] 在 Perlmutter 看来，持有民族中心主义取向的企业会将海外业务视为国内业务的补充，在进行海外扩张时只是将国内剩余产量转移至海外市场。持有多国中心主义取向的企业则将更多地进行产品的本土化处理以满足东道国市场需求。不同于持民族中心主义

---

[1] Cheng, Y. M., *Determinants of FDI mode choice: Acquisition, Brownfield and Greenfield entry in foreign markets*, Canadian Journal of Administrative Sciences, 2006, 23 (3), pp. 202 - 220. Sharma, V. M., & Erramilli, M. K., *Resource-based explanation of entry mode choice*, Journal of Marketing Theory and Practice, 2004, 12 (1), pp. 1 - 18.

[2] Sharma, V. M., & Erramilli, M. K., *Resource-based explanation of entry mode choice*, Journal of Marketing Theory and Practice, 2004, 12 (1), pp. 1 - 18.

[3] Perlmutter H., *The tortuous evolution of the multinational corporation*, Columbia Journal of World Business, 1969, 4 (1), pp. 9 - 18.

取向和持有多国中心主义取向的企业，持有全球中心主义取向的企业将全球市场视为统一市场，但又考虑到不同东道国的特殊性。这一取向的企业在进行海外扩张时将效率优先与地方响应集于一身以寻求更好的经济绩效。可以说 Perlmutter 开启了管理者全球心智研究领域，此后，众多学者进入到管理者全球心智研究，并形成不同流派理论，尽管各个理论流派理论出发立场不同，但一个共同特点便是强调企业管理者拥有全球心智对企业跨国经营的重要性。上述四家传媒集团的单案例研究均显示高层领导尤其是掌门人对公司国际化的发展目标与发展路径的选择决定了其国际化经营战略的最终选择。

命题 1　国际化经营战略是在内外部环境的综合考量的基础之上决定的，其中，政治经济环境、社会文化环境、技术环境、产业环境以及企业内部环境均会对美国传媒企业的国际化经营战略产生重要影响。

命题 2　在美国传媒企业国际化的不同阶段，其国际化经营战略会完全不同。一般来说，在国际化初级阶段，会选择国际战略；到了国际化后期阶段，则会选择跨国战略。

命题 3　美国传媒企业拥有进行国际化的资源与能力越多与越强，其越会选择跨国战略；反之，则会选择国际战略。

命题 4　美国传媒企业的高层管理者对国际化经营的不同态度取向决定了其国际化经营战略的选择。若高层管理者对国际化经营的态度为民族中心主义取向，则会选择国际战略；若高层管理者对国际化经营的态度为多中心主义取向，则会选择多国本土化战略，若高层管理者对国际化经营的态度为全球中心主义取向，则会选择跨国战略。

（二）国际化经营战略的选择受公司感受到的全球一体化和

地方响应双重压力的影响。国际化经营战略的四种战略即国际战略、多国本土化战略、全球战略以及跨国战略都是公司在双重压力之下平衡与选择的结果。国际战略通常将核心优势放置在母国，海外业务在其总体业务中所占比例不高，属于国际化经营初期时经常使用的国际化经营战略。从上述四个单案例来看，在它们的国际扩张的早期阶段均采取过这种国际化经营战略旨在积累国际化经营经验，同时也为了规避因经验匮乏而带来的国际化经营风险。

多国本土化战略选择正是在因应不同东道国的本土化需求下产生的，对于生产传媒产品的美国传媒企业来说，因为传媒产品本身所具有的天然的文化折扣所带来的需求偏好，多国本土化战略的存在与选择更显示其必要性与不可缺少，然而正如前述，该种战略的劣势在于成本的上升以及全球范围内资源的无法有效整合，因而出于经济绩效的考量，美国传媒企业更可能选择既注重全球效率与本土化响应于一体的跨国战略。

全球化战略在世界范围内提供标准化的产品与服务从而实现规模经济与范围经济，同时母公司拥有高控制度的组织结构从而提高生产与管理效率，同时也拥有在全球范围内的品牌认知度与忠诚度。但是本土化需求特点为这一战略所忽视，因而可能会出现因文化折扣带来的传媒产品的受排斥情况。

在国际化历程的不同阶段，美国传媒企业可能选择不同的国际化经营战略。自20世纪80年代以来越来越多的美国传媒企业开始选择将关注重点同时聚焦于全球效率整合与地方响应于一体的跨国战略。对于美国传媒企业来说，这一战略的选择与实施既能够实现全球一体化带来的规模经济，又能够实现由于全球一体化进行资源配置所带来的范围经济，同时还能够观照到不同东道国的本土化需求从而减少文化折扣带来的负面影响并以此更好地吸引本土受众。

命题5　其他条件不变的情况之下，美国传媒企业感知的全球一体化压力越大，越会使用全球战略。

命题6　其他条件不变的情况之下，美国传媒企业感知的地方响应压力越大，越会使用多国本土化战略。

命题7　其他条件不变的情况之下，美国传媒企业越想兼顾全球效率整合与地方响应的双重需求，越会使用跨国战略。

如前所述，美国传媒企业国际化经营历史悠久，在其国际化不同阶段，其国际化经营战略选择呈现出不同特点。宏观环境、产业环境、企业的内部环境都会对其国际化经营战略的选择产生重要影响。本书发现美国传媒企业在国际化经营战略选择时会综合考虑多种因素进行最后选择，在外部因素之中，政治经济环境、社会文化环境、技术环境、产业环境对其国际化经营战略选择产生最为重要的影响。这与 Waheeduzzaman & Dube（2004）的研究一致。Waheeduzzaman & Dube（2004）研究同样发现企业的国际化经营战略选择会受到国家层面、产业层面以及企业自身层面的影响。[1] 该观点同样存在 Baalbaki, Malhotra,（1993）；Johnson, Aruthanes（1995）的研究中[2]。在内部环境中，企业拥有资源与能力、企业高层对国际化经营战略的取向不同、企业感受到

---

[1] Waheeduzzaman & Dube, *Elements of standardization, firm performance, and selected marketing variables: A general linear relationship framework*, Journal of Global Marketing, 16 (1/2), 2004, pp. 187–205.

[2] Baalbaki, I. B., & Malhotra, N. K., *Marketing management bases for international market segmentation: An alternative look at the standardization/customization debate*, International Marketing Review, 1993, 10 (1), pp. 19–44. Johnson, J. L., & Arunthanes, W., *Ideal and actual product adaptation in US exporting firms: Market-related determinants and impact on performance*, International Marketing Review, 1995, 12 (3), pp. 31–46.

的全球一体化和地方响应双重压力的不同也会对企业国际化经营战略选择产生重要影响,同样观点可以在 Prahalad,Hamel (1990);Craig,Douglas (2000) 等相关文献中找到。[①]

[①] Prahalad, C. K., & Hamel, G., *The core competence of the corporation*, Harvard Business Review, 1990, 68 (3), pp. 79 – 91. Craig, C. S., & Douglas, S. P., *Configural advantage in global markets*, Journal of International Marketing, 2000, 8 (1), pp. 6 – 26.

第七章

结　　语

　　本书主要围绕国际化动因、国际市场进入模式选择、国际化经营战略选择三方面从经济学与管理学视角出发对美国传媒企业国际化进行深入研究。本章首先呈现本书的主要结论。其次，提出进一步研究可以在研究方法与研究资料两个方面进行完善以对研究对象的国际化进行更加深入的研究。

第一节　主要结论

　　一、内外部的双重力量推动美国传媒企业的国际化发展。从内部因素来看，市场谋求、利润驱动、全球化战略布局等市场逻辑主宰的美国传媒企业自身发展的要求是推动其国际化的内部驱动力。质言之，对利润最大化的追求是美国传媒企业国际化最根本的动机，在这根本动机之下，美国传媒企业又有着直接的国际化动机即寻求市场、寻求效率以及寻求战略资产；从外部因素来看，不同历史阶段下的美国传媒企业面对着对其国际扩张至关重要的外部环境。前述研究可以看出，推动美国传媒企业"走出去"一以贯之是美国政府大力支持的重要战略,而世界范围内的政治环境、经济环境、社会文化环境、技术环境的变化同样为美国传媒企业的国际扩张提供条件与奠定基础。自20世纪80年代以来,外部环境出现剧烈变化,具体表现为新自由主义的兴起以及在全球的蔓延、传媒政策的放松、经济全球化的宏观背景和非传媒业跨国公司的加速发展、国际组织的积极协调与持续推动、新兴市场的不断涌现与相继开放、传媒技术的迅猛发展等。这些外部环境的变化推动美国传媒企业国际化加速发展。

二、美国传媒企业国际化呈现出阶段性特点,在国际化的不同阶段其国际市场进入模式也各不相同。1945年之前是美国传媒企业的国际化经营初期,这一时期,美国传媒企业国际市场进入模式尚处于较低阶段,主要以出口为主、其他模式为辅,如通过在海外设立分支机构的进入模式进行国际扩张;1945年—20世纪80年代,美国传媒企业国际化进入较快发展阶段。在这一阶段,美国传媒企业已积聚了一定的国际化经营经验,因而国际市场进入模式较前一阶段日渐多元丰富,采取多种国际市场进入模式向海外扩张,如使用出口模式、对外直接投资模式、许可协议模式,等等;20世纪80年代至今,美国传媒企业进入国际化的加速发展阶段。这一时期,美国传媒企业的国际市场进入模式日趋多元化与高级化,呈现高控制、高风险、高承诺以及高收益等特点,除了前述二个阶段中出现的出口、许可经营等国际市场进入模式之外,还出现在国际市场进入模式中属高级阶段的跨国并购模式。

三、美国传媒企业进行国际扩张时面对的首要问题便是如何选择合适的国际市场进入模式。在国际化进程的不同阶段美国传媒企业需要结合母国与东道国的政治经济环境以及传媒企业拥有的资源与能力综合考察影响国际市场进入模式的多种因素从而决定国际市场进入模式以更好地实现其国际化经营目标和整体发展目标。本书发现，无论是外部因素中的母国因素、东道国因素、产业环境因素、母国与东道国之间的文化距离等，还是企业内部因素中的企业所拥有的资源、能力、国际化经验等都会对美国传媒企业国际市场进入模式的选择产生影响。在种种影响美国传媒企业国际市场进入模式选择的因素之中，外部因素尤其是东道国的政策因素是影响美国传媒企业国际市场进入模式选择的最重要因素。具体来说，美国传媒企业进入对外资传媒限制较少的国家时，通常使用高控制度的进入模式，如采取跨国并购模式快速进入；反之则会采取低控制度的国际市场进入模式。东道国的经济环境尤其是对传媒产品的市场需求规模的大小也会对国际市场进入模式选择产生影响。具体观之，当东道国的市场需求较小，则美国传媒企业多采取出口、许可协议或合同生产等低控制度、低收益的方式进入；反之，则会选择如跨国并购、独资等方式直接进入东道国市场从而实现对东道国市场的高控制能力以及高收益。母国与东道国之间的文化距离越近，美国传媒企业越会选择高控制度的国际市场进入模式；反之，则会选择低控制度的国际市场进入模式。美国传媒企业拓展国际市场的意愿越强，越会选择高控制度的国际市场进入模式；反之，越会选择低控制度的国际市场进入模式。此外，美国传媒企业自身的资源与能力也是影响其国际市场进入模式选择的重要影响因素，如果美国传媒企业国际化经验与资源、能力不足，则其会选择低控制度、低风险、低承诺、低收益的国际市场进入模式；反之，则会选择高控制度、高风险、高承诺、高收益的国际市场进入模式。

四、美国传媒企业在国际化经营战略选择时需根据内外部环境在全球一体化和地方响应两者之间进行平衡从而决定最终的国际化经营战略。其在国际化经营战略选择始终面对的是全球一体化和地方响应之间的持续张力。这种张力既要求美国传媒企业实施全球一体化战略在全球范围内整合资源以获得效率优先、规模经济、资源共享等竞争优势，同时又要求美国传媒企业根据东道国的政府规制、竞争环境、市场需求等方面的具体特点来组织它在东道国的经营管理活动以满足东道国的本土化需求。美国传媒企业在国际化经营战略选择时会综合考虑内外部环境从而决定以何种方式进行国际化经营，不同的国际化经营战略意味着不同的战略目标、战略重心以及适用情境。国际化经营战略的选择固然与外部环境紧密相连，但内部环境更是战略决策的重心所在。在同一行业的企业完全可能选择完全不同的国际化经营战略，因而，本书认为，美国传媒企业在选择国际化经营战略时会综合考虑母国因素、东道国因素、全球政治经济环境的变化，同时还需考虑企业拥有的资源与能力。美国传媒企业在国际化的不同阶段，其国际化经营战略会完全不同。一般来说，在国际化初级阶段，会选择国际战略；到了国际化后期阶段，会选择跨国战略。美国传媒企业拥有进行国际化的资源与能力越多与越强，越会选择跨国战略；反之，则会选择国际战略。美国传媒企业的高层管理者对国际化经营的不同态度取向决定了其国际化经营战略的选择。若高层管理者对国际化经营的态度为民族中心主义取向，则会选择国际战略；若高层管理者对国际化经营的态度为多中心主义取向，则会选择多国本土化战略，若高层管理者对国际化经营的态度为全球中心主义取向，则会选择跨国战略。国际化经营战略的选择受公司感受到的全球一体化和地方响应双重压力的影响。其他条件不变的情况之下，美国传媒企业感知的全球一体化压力越大,越会使用全球战略。其他条件不变的情况之下,美国传媒企业感知的地方响应压力越大,越会使用多国本土化战略。其他条件不变的情况之下,美国传媒企业越想兼顾全球效率整合与地方响应的双重需求,越会使用跨国战略。

第二节 进一步研究方向

本书力图尽可能地在全面阅读文献和相关研究资料的基础上通过案例研究从国际化内外动因、国际化阶段、国际市场进入模式选择、国际化经营战略选择几个方面对美国传媒企业国际化进行深入研究。进一步的研究可以在研究资料的搜集与获取、研究方法两个方面进行完善。

(一)本书进行案例研究的数据和资料主要来自于美国各大传媒集团的上市报告、各大传媒集团的官方网站、相关媒体报道以及已有的文献资料,缺乏通过调查问卷、焦点访谈、小组访谈、深度参与等获得的一手资料。由于笔者与研究对象处于不同的国家以及笔者研究时间上的限制等多方面原因,从而导致获取第一手资料的难度,这是本书在案例研究资料获取方面需要解决的问题。

(二)本书主要使用案例研究方法,同时结合文献研究、历史分析与现实研究相结合等研究方法对美国传媒企业国际化进行研究以提高本书的严谨性和科学性。在研究方法上,除本书已使用的研究方法之外,还可以通过多元线性回归检验和多元逻辑回归检验对影响美国传媒企业国际市场进入模式选择、国际化经营战略选择的多种因素进行实证检验以对案例研究给予量化研究的补充。

参考文献

一 中文专著

H. N. 沙伊贝、H. U. 福克纳：《近百年美国经济史》，彭松建、熊必俊、周维译，中国社会科学出版社1983年版。

H. 伊戈尔·安索夫：《协同与能力》，见安德鲁·坎贝尔《战略协同》，机械工业出版社2000年版。

《世界十大传媒集团》，武汉大学出版社2007年版。

艾莉森·亚历山大、安·霍利菲尔德：《媒介经济学：理论与实践》，丁汉青译，中国人民大学出版社2008年版。

爱德华·赫尔曼、罗伯特·W. 麦克切斯尼：《全球媒体：全球资本主义的新传教士》，甄春亮等译，天津人民出版社2001年版。

爱伦·B. 艾尔巴兰：《全球传媒经济》，王越译，中国传媒大学出版社2007年版。

本·H. 贝戈蒂克安：《媒体垄断》，吴靖译，河北教育出版社2004年版。

陈宝森：《美国跨国公司的全球竞争》，中国社会科学出版社1999

年版。

陈继勇：《美国对外直接投资研究》，武汉大学出版社1993年版。

崔保国：《传媒产业蓝皮书》，社会科学文献出版社2016年版。

达雅·屠苏：《国际传播：延续与变革》，董关鹏译，新华出版社2004年版。

大卫·斯隆：《美国传媒史》，刘琛译，上海人民出版社2010年版。

富兰克林·R. 鲁特：《国际市场进入战略》，古玲香译，中国人民大学出版社2005年版。

高鸿业：《西方经济学》，中国人民大学出版社2001年版。

韩骏伟：《国际电影和电视节目贸易》，中国传媒大学出版社2008年版。

何秉孟：《美国经济与金融危机解析》，社会科学文献出版社2010年版。

胡惠林：《文化产业发展与国家文化安全》，广东人民出版社2005年版。

胡正荣：《外国媒介集团研究》，北京广播学院出版社2003年版。

花建：《软权力之争：全球化视野中的文化竞争潮流》，上海社会科学出版社2001年版。

黄绍湘：《美国通史简编》，人民出版社1979年版。

吉莉安·道尔：《理解传媒经济学》，李颖译，清华大学出版社2004年版。

金冠军、郑涵：《国际传媒政策新视野》，上海三联书店2005年版。

金润圭：《国际企业管理》，中国人民大学出版社2005年版。

克里斯托弗·A. 巴特利特：《跨国管理：教程、案例和阅读材料》，赵曙明、周路路译，东北财经大学出版社2017年版。

李平、曹仰锋主编：《案例研究方法：理论与范例——凯瑟琳·

艾森哈特论文集》，北京大学出版社 2012 年版。

梁能：《跨国经营概论》，上海人民出版社 1995 年版。

刘建丽：《中国制造业企业海外市场进入模式选择》，经济管理出版社 2009 年版。

刘有源：《美国新闻事业概况》，人民日报出版社 1982 年版。

鲁桐：《WTO 与中国企业国际化》，经济管理出版社 2007 年版。

鲁桐：《中国企业海外市场进入模式研究》，经济管理出版社 2007 年版。

罗伯特·K. 殷：《案例研究方法的应用》，齐心、周海涛译，重庆大学出版社 2014 年版。

罗伯特·W. 麦克切斯尼：《富媒体穷民主：不确定时代的传播政治》，谢岳译，新华出版社 2004 年版。

罗伯特·福特纳：《国际传播：全球都市的历史、冲突及控制》，刘利群译，华夏出版社 2000 年版。

马特拉：《传播的世界化》，中国传媒大学出版社 2007 年版。

迈克尔·埃默里·埃德温：《美国新闻史：大众传播媒介解释史》，展江、殷文译，新华出版社 2001 年版。

明安香：《美国：超级传媒帝国》，社会科学文献出版社 2005 年版。

南开大学经济研究所世界经济研究室：《跨国公司剖析》，人民出版社 1978 年版。

诺姆·乔姆斯基：《新自由主义和全球秩序》，徐海铭、季海宏译，江苏人民出版社 2000 年版。

乔治·J. 施蒂格勒：《产业组织与政府管制》，潘振民译，上海三联书店 1998 年版。

乔治·萨杜尔：《世界电影史》，徐昭、胡承伟译，中国电影出版社 1982 年版。

斯坦利·L.布鲁:《经济思想史》,邱晓燕译,北京大学出版社 2008年版。

谭力文主编:《国际企业管理》,武汉大学出版社 2002 年版。

唐润华:《解密国际传媒集团》,南方日报出版社 2003 年版。

唐润华主编:《解密国际传媒集团》,南方日报出版社 2003 年版。

陶坚:《美国自由市场经济》,时事出版社 1995 年版。

托马斯·L.麦克费尔:《全球传播:理论、利益相关者和趋势》,张丽萍译,中国传媒大学出版社 2016 年版。

王慧慧编译:《霸者无疆:默多克和他的新闻集团》,重庆出版社 2006 年版。

王学成:《全球化时代的跨国传媒集团》,社会科学文献出版社 2005年版。

薛求知:《当代跨国公司新理论》,复旦大学出版社 2007 年版。

雅普·梵·吉内肯(Jaap van Ginneken):《理解国际新闻:批判性导论》,李红涛译,中国传媒大学出版社 2016 年版。

张建清:《战后外国在美国投资发展研究》,武汉大学出版社 1995年版。

张隆栋:《外国新闻事业简史》,中国人民大学出版社 1988 年版。

张小蒂、王焕祥:《国际投资与跨国公司》,浙江大学出版社 2004年版。

郑伯埙、黄敏萍:《实地研究中的案例研究,组织与管理研究的实证方法》,北京大学出版社 2008 年版。

周鸿铎主编:《世界五大媒介集团经营之道》,经济管理出版社 2005 年版。

周小普主编:《全球化媒介的奇观:默多克新闻集团解读》,中国社会科学出版社 2006 年版。

邹昭晞:《跨国公司战略管理》,首都经济贸易大学出版社 2004 年版。

张金海:《世界十大传媒集团》,武汉大学出版社 2007 年版。

二 英文专著

Bartlett, C. A. and Ghoshal, S., *Managing Across Borders: The Transnational Solution*, Harvard Business School Press, Boston, MA, 1989.

Bartlett, C. A., *Building and managing the transnational: the new organizational challenge*, in porter, M. E. (Ed.), *Competition in Global Industries*, Harvard Business School Press, Boston, 1986.

Bartlett, C. A., *Building and managing the transnational: the new organizational challenge*, in porter, M. E. (Ed.), *Competition in Global Industries*, Harvard Business School Press, Boston, MA, 1986.

Bartlett, C. A., Ghoshal, S., *Managing Across Borders: The Transnational Solution*, Boston, MA: Harvard Business School Press, 1989.

Doz, Yves L., *The Multinational Mission: Balancing Local Demands and Global Vision*, New York: Free Press, 1987.

Dunning, J. H., *Trade, location of economic activity and the MNE: A search for an eclectic approach*, In B. Ohlin, P. O. Hesselborn & P. M. Wijkman (Eds.), *The international allocation of economic activity*, London: Macmillan, 1977.

Gershon, *The Transnational Media Corporation*, Mahwah, NJ: Lawrence Erlbaum, 1997.

Johanson, J., & Mattsson, L. G., *Internationalisation in industrial systems-A network approach*, In H. Hood & J. E. Vahlne (Eds.), *Strategies in global competition*, London: Croom Helm, 1988.

Prahalad, C. K., Doz, Y. L., *The Multinational Mission: Balancing Local Demands and Global Vision*, The Free Press, New York, NY, 1987.

Stephen Young, James Hamill, Colin Wheeler, Richard Davis, *International Market Entry and Development*, New York: Harvester Wheatsheaf, 1989.

Toyne, B. & Walters, P. G. P., *Global marketing management: A strategic perspective*, Boston, MA: Allyn and Bacon, 1993.

Vernon, R., *The multinational spread of U. S. enterprises*, New York: Basic Books, 1971.

Yin, R., *Case study research*, Beverly Hills, CA: Sage Publications, 1984.

三 学位论文

Fiona Roder, *Strategic Benefits and Risks of Vertical Integration in International Media Conglomerates and Their Effect on Firm Performance*, University of St. Gallen.

Jesper Nydam Wulff, *Empirical Research in Foreign Market Entry Mode*, Aarhus University, 2015.

鲁桐：《中国企业国际化实证研究——以工业企业为例》，博士学位论文，中国社会科学院，2001年。

谢军：《中国制造业企业进入国际市场的行为模式及国际化绩效

研究》，博士学位论文，暨南大学，2007年。

赵优珍：《中小企业国际化理论与实践研究——兼论我国中小企业的国际化经营》，博士学位论文，复旦大学，2003年。

郑琴琴：《服务业跨国公司扩张理论与应用研究》，博士学位论文，复旦大学，2004年。

朱吉庆：《国际新创企业成长机理研究》，博士学位论文，复旦大学，2008年。

四 中文期刊

曹书乐：《新闻集团进入中国媒介市场行为研究》，《北京电影学院学报》2003年第2期。

曹洵、崔璨：《中国网络抗争性话语研究的学术图景（2005—2015）》，《国际新闻界》2017年第1期。

陈继勇：《论战后美国海外直接投资对美国经济发展的影响》，《经济评论》1992年第5期。

陈杰：《新闻集团的国际市场进入模式分析》，《新闻传播》2009年第5期。

崔保军：《企业并购动机综述》，《企业经济》2004年第8期。

达雅·屠苏：《默多克新闻集团的亚洲战略及影响：印度个案分析》，《新闻与传播评论》2004年第10期。

段京肃：《媒介集团化的喜悦与尴尬》，《广播电视大学学报》2004年第3期。

郭庆光：《21世纪美国广播电视事业新构图——"1996年电信法"的意义与问题》，《国际新闻界》1996年第6期。

韩晓宁、王军：《国际传媒集团经营发展及战略转型分析》，《现代传播》2014年第6期。

韩晓宁、王军：《新闻集团拆分重组过程、效果及启示》，《中国出版》2015年第4期。

黄锦明：《跨国公司战略模式的评析与借鉴》，《对外经济贸易大学学报》2003年第6期。

林水源：《新经济自由主义与美国的"新经济"》，《国际经济评论》2001年第5期。

邵培仁、颜伟：《跨国传媒集团入粤的思索》，《新闻记者》2002年第8期。

苏雪串：《新自由主义与政府干预主义 理论与政策实践的演变——金融危机后对政府干预经济的再思考》，《学习与实践》2010年第5期。

王大树：《关于范围经济的几个问题》，《管理世界》2004年第3期。

王艳萍：《中外媒介集团的国际竞争力比较》，《经济研究导刊》2009年第25期。

王增涛：《企业国际化：一个理论与概念框架的文献综述》，《经济学家》2011年第4期。

韦依娜、肖华锋：《"模因理论"视域下美国传媒型跨国公司文化传播》，《新闻大学》2013年第6期。

闻学、肖海林：《境外大型传媒集团入华战略意图、特征和效应的分析》，《中央财经大学学报》2015年第3期。

肖赞军：《新自由主义经济思想的沉浮与美国电子传媒管制政策的变迁》，《湖南师范大学社会科学学报》2009年第4期。

谢佩洪、徐波：《国际新创企业理论中关系网络的研究进展述评》，《现代管理科学》2013年第6期。

杨强、汪波、吕荣胜：《企业多元化战略的动因及其风险分析》，

《北京大学学报》（社会科学版）2008年第7期。

张咏华：《美国新自由主义思潮和FCC新规定之争》，《新闻记者》2003年第11期。

赵月枝：《公众利益、民主与欧美广播电视的市场化》，《新闻与传播研究》1998年第2期。

赵月枝：《媒体全球化与民主化：悖论、矛盾与问题》，《新闻与传播评论》2003年第1期。

周穗明：《当代资本主义发展与自由主义的两次转型——当前欧美经济政治回归新自由主义主流》，《国际经济评论》2001年第5期。

周玉波、王菲：《从国外传媒业发展模式看我国新闻传媒业的发展策略》，《现代出版》2014年第3期。

五 外文期刊

Abida Eijaz, Rana Eijaz Ahmad, *Challenges of Media Globalization for Developing Countries*, International Journal of Business and Social Science, Vol. 2, No. 18; October, 2011.

Albert Moran, *Global franchising, local customizing: The cultural economy of TV program formats*, Journal of Media & Cultural Studies, Vol. 23, No. 2, April, 2009.

Ali Akbar Farhangi, *An empirical investigation on factors influencing choice of foreign market by media firms*, Management Science Letters, 2014, （12）.

Amelia H., *Arsenault, Manuel Castells, The Structure and Dynamics of Global Multi-Media Business Networks*, International Journal of Communication 2, 2008.

Andersen, O., *Internationalization and market entry mode: A review of theories and conceptual framework*, Management International Review, 1997, 37 (2).

Annika Laine, *Soren Kock: A Process Model of Internationalization——New Times Demands New Patterns*, http: www. impgroup. org/up/oads/papers/83. pdf.

Barney, J. B., *Firm resources and sustained competitive advantage*, Journal of Management, 1991, 17 (1).

Bettina Lis, *Heinz-Werner Nienstedt, Patrick Proner, SMEs Going Global: A Comparison of the Internationalization Strategies of Publishers and Online Social Networks*, International Review of Management and Marketing, Vol. 2, No. 1, 2012.

Chalaby, J., *At the Origin of a Global Industry: The TV Format Trade as an Anglo-American Invention*, Media, Culture & Society, 1999, 34 (1).

Charles W. L. Hill, Peter Hang, W. Chan Kim, *An Eclectic Theory of Choice of International Entry Mode*, Strategic Management Journal, 1990, 11 (2).

C. Ann Hollifield, Crossing Borders, *Media Management Research in a Transnational Market Environment*, Journal of Media Economics, 2001, 14 (3).

Dal Yong Jin, *Neoliberal restructuring of the global communication system: mergers and acquistions*, Media, Culture and Society, 2008, 30 (3).

David Waterman, *CBS-Viacom and the Effects of Media Mergers: An Economic Perspective*, Federal Communications Law Journal, 2000,

5 (1).

Di Fan and Chris Nyland, *Strategic implications of global integration and local responsiveness for Chinese multinationals: an area for future study*, Management research news, Vol. 31, No. 12, 2008.

Dunning, J. H., *Location and the multinational enterprise: A neglected factors*, Journal of International Business Studies, 1998, 29 (1).

Dunning, J. H., *Reappraising the eclectic paradigm in an age of alliance capitalism*, Journal of International Business Studies, 1995, 26 (3).

Dunning, J. H., *The eclectic paradigm as an envelope for economic and business theories of MNE activity*, International Business Review, 2000, 9 (2).

Ekeledo, I. & Sivakumar, K., *International market entry mode strategies of manufacturing firms and service firms: A resource-based perspective*, International Marketing Review, 2004, 21 (1).

Holtz-Bacha, C., *Development of the German Media Market: Opportunities and Challenge for U.S. Media Firms*, Journal of Media Economics, 1997, 10 (4).

Jaemin Jung, *Acquisition or Joint Ventures: Foreign Market Entry Strategy of Advertising Agencies*, Jouranl of Media Economics, 2004, 17 (1).

Jan Johanson, Jan-Erik Vahlne, *The Internationalization process of The Firm-A Model of Knowledge Development and Increasing Foreign Market Commitment*, Journal of International Business Studies, 1977, 8 (2).

Jan Johanson, Jan-Erik Vahlne, *The Internationalization process of The Firm-A Model of Knowledge Development and Increasing Foreign Market Commitments*, Journal of International Business Studies, 1977, 8 (1).

Jan Johanson, Jan-Erik Vahlne, *The Mechanism of Internation-lization*, International Marketing Review, 1990, 7 (4).

John H. Dunning, A. Rugman, *The Influence of Hymer's Dissertation on Theories of Foreign Direct Investment*, American Economic Revies, 1985, 75 (2).

John H. Dunning, Sarianna M. Lundan, *Institutions and the OLI Paradigm of the Multinational Enterprise*, Asia Pacific Manage, 2008, 25 (2).

John H. Dunning, *The Eclectic Paradigm of International Production: A Restatement and Some Possible Extentions*, Journal of International Business Studies, 1988, 19 (1).

John H. Dunning, *Toward an Eclectic Theory of International Production: Some Empirical Tests*, Journal of International Business Studies, 1980, 11 (1).

Klaus E. Meyer, *Multinational Enterprises and Local Contexts: The Opportunities and Challenges of Multiple Embeddedness*, Journal of Management Studies, March, 2011.

Kwon, Y. C. & Konopa, L. J., *Impact of host country market characteristics on the choice of foreign market entry mode*, International Marketing Review, 1993, 10 (2).

Li, P. P., *Toward an integrated theory of multinational evolution: The evidence of Chinese multinational enterprises as latecomers*,

Journal of International Management, 2007, 13 (3).

MA. Bartlett, C. A. and Ghoshal, S., "Managing across borders: new strategic requirements", *Sloan Management Review*, Vol. 28, No. 4, 1987.

Nickesia Stacy Ann Gordon, *Globalization and Cultural Imperialism in Jamaica*, International Journal of Communication 3, 2009.

Perlmutter H., *The tortuous evolution of the multinational corporation*, Columbia Journal of World Business, 1969, 4 (1).

Peter Andersen, Syed Zamberi Ahmad, Wai Meng Chan, *Revisiting the Theories of Internationalization and Foreign Market Entry Mode: a Critical Review*, International Journal of Business and Commerce, Vol. 4, No. 1: Sep, 2014.

Sanjay Bhowmick, *Towards Understanding Small Firm-Internationalisation Techndogy Based SME Focus*, http: www. ebrc. info/kuvart/758 – 770 – 04. pdf.

Sharma, V. M., & Erramilli, M. K., *Resource-based explanation of entry mode choice*, Journal of Marketing Theory and Practice, 2004, 12 (1).

Stephanie Peltier, *Mergers and Acquisitions in the Media Industries: Were Failure Really Unforeseeable*, Jouranl of Media Economics, 2004, 17 (4).

Sylvia M., Chan-Olmsted, Byeng-Hee Chang, *Diversification Strategy of Global Media Conglomerates: Examining Its Patterns and Determi-nants*, Journal of Media Economics, 2003, 16 (4).

Sylvie Chetty, *The Role of Business Networks in the Internationalisation of Manufacturing Firms: A Longitudinal Case Study*, http: www.

smib. vuw. ac. nz：8081/chetty107. pdf.

S. Freeman, R. Edwards & B. Schroder, *How Small Born-Global Firms Use Networks and Alliances to Overcome Constraints to Rapid Internationalization*, Journal of International Marketing, 2006, 14 (3).

Vernon, R., *International investment and international trade in the product cycle*, Quarterly Journal of Economics, 1966, 80 (2).

Yadong Luo, *Determinants of local responsiveness: Perspectives from foreignsubsidiaries in an emerging market*, Journal of Management, August, 27, 2001.

Yigang Pan, David K. Tse, *The Hierarchical Model of Market Entry Modes*, Journal of International Business Studies, 2000, 31 (4).

六 其他

http：//www. newscorp. com/.

http：//www. disney. com/.

http：//www. viacom. com/.

http：//www. timewarner. com/.

http：//www. dowjones. com/.

http：//www. cbs. com/.

http：//www. fcc. gov/.

http：//www. pewresearchcenter. com/.

www. Ofcom. com/.

www. worldbank. com/.